旅游与饭店服务实训系列丛书

JIUDIAN FUWU SHIXUN JIAOCHENG

酒店服务实训教程

（初级）（第3版）

韩 鹏 张新风 王 玲 主 编
刘晓芬 杨 丹 副主编

北京·旅游教育出版社

图书在版编目（CIP）数据

酒店服务实训教程：初级 / 韩鹏，张新风，王玲主编. -- 3版. -- 北京：旅游教育出版社，2025.4. (旅游与饭店服务实训系列丛书). -- ISBN 978-7-5637-4848-8

Ⅰ．F719.2

中国国家版本馆CIP数据核字第202547QB36号

旅游与饭店服务实训系列丛书
酒店服务实训教程（初级）
（第3版）

韩　鹏　张新风　王　玲　主　编

刘晓芬　杨　丹　副主编

责任编辑	刘彦会
出版单位	旅游教育出版社
地　　址	北京市朝阳区定福庄南里1号
邮　　编	100024
发行电话	（010）65778403　65728372　65767462（传真）
本社网址	www.tepcb.com
E - mail	tepfx@163.com
排版单位	北京旅教文化传播有限公司
印刷单位	北京泰锐印刷有限责任公司
经销单位	新华书店
开　　本	710毫米×1000毫米　1/16
印　　张	13.75
字　　数	223千字
版　　次	2025年4月第3版
印　　次	2025年4月第1次印刷
定　　价	43.00元

（图书如有装订差错请与发行部联系）

前　言

经过改革开放40多年的发展,我国的综合国力和人民群众的生活水平均有了显著的提升。2024年,国内居民出游56.2亿人次,国内居民出游总花费约5.8万亿元;出境旅游人数达到1.2亿人次,我国成为全球第一大出境旅游客源国。旅游职业教育事业发展形势一片大好,但回顾自身,我们还存在一些问题和不足。酒店管理类专业的教材建设和改革存在以下问题:首先,当今酒店业信息化手段迅速发展,比如人脸识别系统运用于酒店前厅管理,大大降低了用工成本,而酒店管理专业课程教材大多未能及时更新,许多教材仍然以20世纪的酒店为背景编写,由此培养的人才恐怕不能满足现代酒店的需求。其次,从学生的职业生涯来看,在酒店实习与工作中,技能和知识掌握需要不断学习,然而酒店管理专业实训类的教材大多没有体现出学习的渐进性。酒店相关知识纷繁复杂,往往需要几年时间才能掌握,而这些酒店专业核心课程的安排往往只有一个学期,不利于学生理解知识和掌握技能。最后,理论和实践结合程度不够,在实践中缺乏理论指导,理论教学中又缺乏实践案例,经常出现理论部分和实践部分各自独立的情况,不能很好地梳理理论知识和实践知识的相互关系,由此不利于学生更好地吸收酒店管理知识和提高技能。

为了让大家全面、系统地掌握酒店服务技能相关知识,我们以现代酒店业为背景,以学生认知能力为主线,以理论和实践结合为导向,以酒店核心部门为模块对学习内容进行了编排。本书内容重点针对酒店服务与管理基础部分,适用于刚刚接触酒店专业的学生,也适用于新入职的酒店员工。本书主要从前厅、客房、餐饮及English for Hospitality四个方面介绍了酒店服务实训基础知识。

为了让学生更好地吸收所学知识,本书还在每节后都编写了配套的习题,习题分为单选题和判断题,供同学们课后练习。对于新入职的员工和刚刚接触酒店专业的同学们来说,习题可以巩固所学知识。

本修订版在第 2 版编写框架不变的前提下,主要在以下几个方面进行了调整:

1.内容更新。由于酒店业快速发展,各项统计数据有所变化,根据 2023 年最新修订的《旅游饭店星级的划分与评定》(GB/T 14308—2023)国家标准,本修订版对相关数据进行了更新和补充。

2.勘误修改。由于编者水平有限,第 2 版中存在疏漏和不合理之处,枝江市职业教育中心的胡萌和刘倩倩老师根据多年的教学经验对教材的修订提出了宝贵意见,修订版重点做了修改。

本教材是在武汉职业技术学院、湖北艺术职业学院和旅游教育出版社的共同努力下完成的;主编武汉职业技术学院的韩鹏副教授完成了前厅部概述、客房部概述的编写工作;主编武汉城市职业学院的王玲老师完成了餐饮部概述相关内容的编写工作;副主编湖北艺术职业学院的刘晓芬副教授编写了菜肴与酒水知识和餐饮服务基本技能;副主编武汉职业技术学院杨丹老师编写了酒店管理信息系统和前厅部专业术语;主编鹤峰县中等职业技术学校的张新风编写了客房的功能设计与设备用品配备、清洁器具和清洁剂;武汉信息传播职业技术学院韩彧老师编写了 English for Hospitality;全书由武汉职业技术学院缪小玲主审。旅游教育出版社也为教材的编辑出版付出了巨大的努力。本书集可操作性、理论性与实用性为一体,不仅可作为职业院校酒店管理专业的教学用书,还可作为服务行业培训教材和酒店服务类技能大赛的用书。由于时间仓促、编者水平有限,书中难免存在问题和不足,敬请读者批评指正。

武汉·汤逊湖

武汉职业技术学院　韩鹏

2025 年 3 月

前厅部基础篇

第一章　前厅部概述 ·· 3
　第一节　前厅部的地位与主要任务 ·· 3
　第二节　前厅部组织机构与工作职责 ·· 7
　第三节　对客服务流程 ·· 11

第二章　酒店管理信息系统 ·· 20
　第一节　酒店管理信息系统概况 ··· 20
　第二节　管理信息系统在酒店管理中的应用 ····································· 27

第三章　前厅部专业术语 ·· 33
　第一节　岗位专业术语介绍 ·· 33
　第二节　前厅服务项目及物品专业术语 ··· 37
　第三节　房型、房态、房价及出租率专业术语介绍 ····························· 40

客房部基础篇

第四章　客房部概述 ·· 47
　第一节　客房部的地位和任务 ·· 47
　第二节　客房部的职能和特点 ·· 51
　第三节　客房部的组织机构及岗位职能 ··· 53
　第四节　客房部与其他部门的关系 ·· 60
　第五节　客房部的员工素质与能力要求 ··· 65

第五章 客房的功能设计与设备用品配备 ·············· 74
  第一节 客房的功能设计 ···································· 74
  第二节 客房产品的基本要求和客房种类 ··············· 87
  第三节 客房的设备和用品配置 ··························· 103

第六章 清洁器具和清洁剂 ·· 110
  第一节 清洁器具 ·· 110
  第二节 清洁剂 ·· 118

餐饮部基础篇

第七章 餐饮部概述 ·· 131
  第一节 餐饮概述 ·· 131
  第二节 餐饮部的组织机构及部际关系 ··············· 136
  第三节 餐饮服务人员的素质要求 ······················ 140

第八章 菜肴与酒水知识 ·· 143
  第一节 菜肴知识 ·· 143
  第二节 酒水知识 ·· 150

第九章 餐饮服务基本技能 ·· 161
  第一节 托盘 ·· 161
  第二节 餐巾折花 ·· 164
  第三节 斟酒 ·· 168
  第四节 铺台布 ·· 172
  第五节 摆台 ·· 174
  第六节 上菜与分菜 ·· 184
  第七节 其他服务技能 ······································ 188

English for Hospitality

Section 10 The Front Desk Service ································ 195
  Part 1 Front Desk Reservation 客房预订服务 ············· 195
  Part 2 Reception and Check-in 登记入住服务 ············· 197

	Part 3	Business and Information Center 资讯服务	199
Section 11		Restaurant Service	201
	Part 1	Food and Beverage Reservation 餐饮预订	201
	Part 2	Food and Beverage Reception 餐饮接待	202
	Part 3	Setting up Tables and Taking Orders 餐台布置及点餐服务	204
Section 12		Housekeeping Department	206
	Part 1	Guest Room 引客进房	206
	Part 2	Room Cleaning 客房服务	207

参考文献 ………………………………………………………… 209
参考答案 ………………………………………………………… 210

前厅部基础篇

第一章　前厅部概述

前厅部是酒店业务活动的中心、客人与酒店沟通的桥梁。它既是客人踏入酒店时最先接触的部门,也是客人离店时最后接触的部门。因此,前厅部工作的质量,直接关系到客人对住宿的满意程度和对酒店的整体印象。可以说,前厅部是现代酒店管理的关键部门。

第一节　前厅部的地位与主要任务

前厅部(Front Office)是设在酒店大堂,负责销售酒店产品与服务、组织接待工作、调度业务以及为客人提供订房、登记、提(搬)行李、转(接)电话、退房等各项服务,为酒店其他各部门提供信息的综合性服务部门。

一、前厅部在酒店中的地位

前厅部是现代酒店的重要组成部分,其重要地位主要表现在以下几个方面:

1. 前厅部是酒店业务活动的中心

客房是酒店最主要的产品。前厅部通过客房的销售来带动酒店其他各部门的经营活动。为此,前厅部积极开展客房预订业务,为抵店客人办理登记入住手续及安排住房,积极宣传和推销酒店的各种产品。同时,前厅部还要及时将客源、客情、客人需求及投诉等各种信息通报有关部门,共同协调全酒店的对客服务工作,以确保服务效率和质量。前厅部自始至终是为客人服务的中心,是客人与酒店联络的纽带。前厅部人员从客人抵店前的预订、入住,直至客人结账、建立客史档案,其服务贯穿客人与酒店往来的全过程。所以,前厅部通常被视为酒店的"神经中枢",是整个酒店承上启下、联系内外、疏通左右的枢纽。无论酒店规模大小、档次如何,前厅部都是酒店业务活动的中心。

2. 前厅部是酒店形象的代表

酒店形象对现代酒店的生存和发展至关重要。良好的形象是酒店的巨大精神财富。酒店前厅部的主要服务机构通常都设在客人来往最为频繁的大堂。客人进入酒店后,就会对大堂的环境艺术、装饰布置、设备设施和前厅部员工仪容仪表、服务质量、工作效率等,产生深刻的"第一印象"。而这种第一印象在客人对酒店的认知中会产生非常重要的作用,并长时间保留在客人的记忆表象中。客人离店时,也要经由大堂,前厅服务人员在为客人办理结算手续、送别客人时的工作表现会给客人留下"最后印象",优质的服务将使客人对酒店产生依恋之情。客人在酒店整个期间,前厅部要提供各种有关服务,客人遇到困难要向前厅部寻求帮助,客人感到不满时也要向前厅部投诉。而且,在大堂汇集的大量人流中,除住店客人外,还会有前来就餐、开会、购物、参观游览、会客交谈、检查指导等各类客人。他们往往停留在大堂,对酒店的环境、设施、服务进行评价。因此,前厅管理水平和服务水准,直接反映整个酒店的管理水平、服务质量和服务风格,同时也直接影响酒店的整体形象。

3. 前厅部是酒店组织客源、创造经济收入的关键部门

前厅部为宾客提供食宿是酒店的基本功能,客房是酒店出售的最大、最主要的商品。通常在酒店的营业收入中,客房销售额要高于其他各项。据统计,目前,国际酒店业客房收入一般占总营业收入的50%左右,而在我国这一比例更高。前厅部的有效运转有利于提高客房出租率,增加客房销售收入,从而提高酒店经济效益。

4. 前厅部是酒店管理的参谋和助手

作为酒店业务活动的中心,前厅部能收集到有关市场变化、客人需求和整个酒店对客服务、经营管理的各种信息,经认真整理和分析后,每日或定期向酒店提供真实反映酒店经营管理情况的数据报表,并定期向酒店管理机构提供咨询意见,作为制订与调整酒店计划和经营策略的参考依据。

综上所述,前厅部是酒店的重要组成部分,是加强酒店经营的第一个重要环节,具有接触面广、政策性强、业务复杂、影响全局的特点。因此,酒店以前厅部为中心加强经营管理是十分必要的。

二、前厅部的工作任务

前厅部的目标是尽最大可能推销客房及其他相关产品,并协助酒店各部门向客人提供满意的服务,使酒店获得理想的经济效益和社会效益。具体来讲,前厅部有以下几项主要任务。

1. 销售客房

前厅部推销客房数量的多少、达成价格的高低,不仅直接影响酒店的客房收入,还间接影响酒店餐厅、酒吧等业务收入。客房商品同时具有价值不可储存性的特征,是一种"极易腐烂"的商品。因此,前厅部的全体员工必须全力拓展客源,积极推销客房商品,提升客房出租率,以实现客房商品价值,增加酒店经济收入。前厅部销售客房的数量和达成的平均房价水平,是衡量其工作绩效的重要量化指标。

具体来说,前厅部销售客房商品的工作通常包括以下内容:

(1)参与酒店的市场调研和房价及促销策划的制定,配合营销部、公关部进行对外联络,开展促销活动。

(2)开展客房预订业务。

(3)接待有预订和未经预订而直接抵店的客人。

(4)为客人办理登记入住手续,安排住房并确定房价。

(5)控制客房的使用状况。

2.调度酒店业务,协调对客服务

调度酒店业务是现代酒店前厅部的一个重要功能。现代酒店是既有分工,又有协作,相互联系、互为条件的有机整体,酒店服务质量好坏取决于宾客的满意程度,而宾客的满意程度是对酒店每一次具体服务所形成的一系列感受和印象的总和,在对客服务的全过程中,任何一个环节出现差错,都会影响整体服务质量和酒店声誉。所以,现代酒店要强调统一协调的对客服务,要使分工的各个方面都能有效运转并充分发挥作用。前厅部作为酒店的"神经中枢",承担着对酒店业务安排的调度工作和对客服务的协调工作。具体表现在以下几个方面:

(1)将通过销售客房商品活动所掌握的客源市场、客房预订和到客情况及时通报其他有关部门,使各有关部门有计划地安排好各自的工作,互相配合,保证各部门的业务有序衔接。

(2)将客人的需求及接待要求等信息传递给各有关部门,并检查、监督落实情况。

(3)及时处理并反馈客人投诉,以保证酒店的服务质量。

为适应旅游市场需求,提高企业的竞争力,现代酒店尤其是高档大中型酒店的业务内容越来越多,分工越来越细,前厅部的这种调度酒店业务功能也就显得更为重要。

3.账务管理

前厅部除必须在客人预订客房时(记入定金或预付款)或在客人办理入住登记手续时建立正确的客账之外,还应及时、准确地将客人的各项费用(如房费、餐费、长途电话费、洗衣费等)入账。前厅部服务人员在收银处(Cashier)为客人处理账目,每天负责核算和整理各营业部门送来的客人消费账单,为离店客人办理结账收款事宜,确保酒店的经济利益;同时编制各种会计报表,以便及时反映酒店的营业活动状况。收银处的隶属关系因酒店而异,从业务性质来说,它一般直接归属于酒店财务部,但由于它处在接待客人的二线岗位,在其他方面又需接受前厅部的管理。

4.提供前厅系列服务

前厅部作为对客服务的核心部门,除负责预订和接待业务、销售客房商品、协调各部门对客服务外,还需提供多项直接服务:如行李服务、问询服务、商务中心服务、电话总机服务、委托代办服务等。由于前厅部的特殊地位,使这些服务工作的质量、效率显得非常重要。具体服务内容包括向客人提供优质的订房、登记、问询、留言、行李、委托代办、换房退房、配发房卡等各项服务。

5.整理和保存业务资料

前厅部应随时保存完整、准确的接待资料,并对各项资料进行记录、统计、分析、预测、整理和存档。

6.信息管理

前厅部作为酒店的信息传递中心,要准确地将各种有关信息加以处理,并及时向酒店的管理机构报告,以作为酒店经营决策的参考依据。大部分酒店运用酒店管理信息系统为住店一次以上的零星散客建立客史档案(按客人姓名字母顺序进行排列),前厅部还要建立住店客人(主要是重要客人、常客)的资料档案,记录客人在店逗留期间的主要情况和数据,掌握客人动态。对客史资料以及市场调研与预测等信息分类归档,并定期进行统计分析,形成以前厅部为中心的收集、处理、传递及储存信息的系统,这些资料是酒店提供有针对性的服务、研究市场营销的主要依据。通过运用已掌握的大量信息来不断改进酒店的服务工作,提高酒店的科学管理水平。

7.对外沟通,进行业务联络

前厅部还需同旅行社、外部订房机构、使领馆、机场、车站等保持经常性的联系与沟通,以便保证客源的稳定性和业务的顺利开展。

【课后练习】

一、单选题

1.(　　)不是前厅部的特点。
　A.政策性强　　　B.业务复杂　　　C.接触面广　　　D.业务简单

2.酒店最主要的营业收入来源于(　　)。
　A.餐饮　　　　　B.客房销售　　　C.票务　　　　　D.出租车

3.前厅部作为酒店的"神经中枢",承担着对酒店业务安排的调度工作和对客服务的协调工作。下面(　　)不属于这一功能。
　A.为客人办理登记入住手续,安排住房并确定房价。
　B.将通过销售客房商品活动所掌握的客源市场、客房预订和到客情况及时通报其他有关部门,使各有关部门有计划地安排好各自的工作,互相配合,保证各部门的业务有序衔接。

C.将客人的需求及接待要求等信息传递给各有关部门,并检查、监督落实情况。

D.及时处理并反馈客人投诉,以保证酒店的服务质量。

4.前厅部在酒店中的地位是尤其重要的,下面(　　)说法是错误的。

A.前厅部是酒店形象的代表。

B.前厅部不是酒店业务活动的中心。

C.前厅部是酒店组织客源、创造经济收入的关键部门。

D.前厅部是酒店管理的参谋和助手。

5.以下(　　)不属于前厅部的工作任务。

A.客房销售　　　　　　　　B.调度酒店业务,协调对客服务

C.送餐服务　　　　　　　　D.整理和保存业务资料

二、判断题

1.前厅部既是客人踏入酒店时最先接触的部门,也是客人离店时最后接触的部门。　　　　　　　　　　　　　　　　　　　　　　　　(　　)

2.同旅行社、外部订房机构、使领馆、机场、车站等保持经常性的联系与沟通,以便保证客源的稳定性和业务的顺利开展,这是属于酒店公关部的工作任务。
　　　　　　　　　　　　　　　　　　　　　　　　　　　　(　　)

3.客房是酒店出售的最大、最主要的商品。　　　　　　　　　(　　)

4.销售部主要负责推销客房商品,提高客房出租率,前厅部无须承担此项工作。
　　　　　　　　　　　　　　　　　　　　　　　　　　　　(　　)

5.前厅部应随时保存完整、准确的接待资料,并对各项资料进行记录、统计、分析、预测、整理和存档。　　　　　　　　　　　　　　　　　(　　)

第二节　前厅部组织机构与工作职责

一、前厅部组织机构

总体来说,前厅部组织机构的设置应兼顾运营效率与服务质量,同时满足客人需求。在前厅部组织机构的具体设置方面,各酒店不尽相同。目前,根据酒店规模不同,前厅部组织机构大致有以下几种。

(1)大型酒店:设客房事务部或称房务部,下设前厅、客房、洗衣和公共卫生四个部门,统一管理预订、接待、住店过程中的一切住宿业务,实行系统管理。其下设

的前厅部内部通常设有部门经理、主管、领班和服务员四个层次,这种模式一般为大型酒店采用,具体如图 1-1 所示。

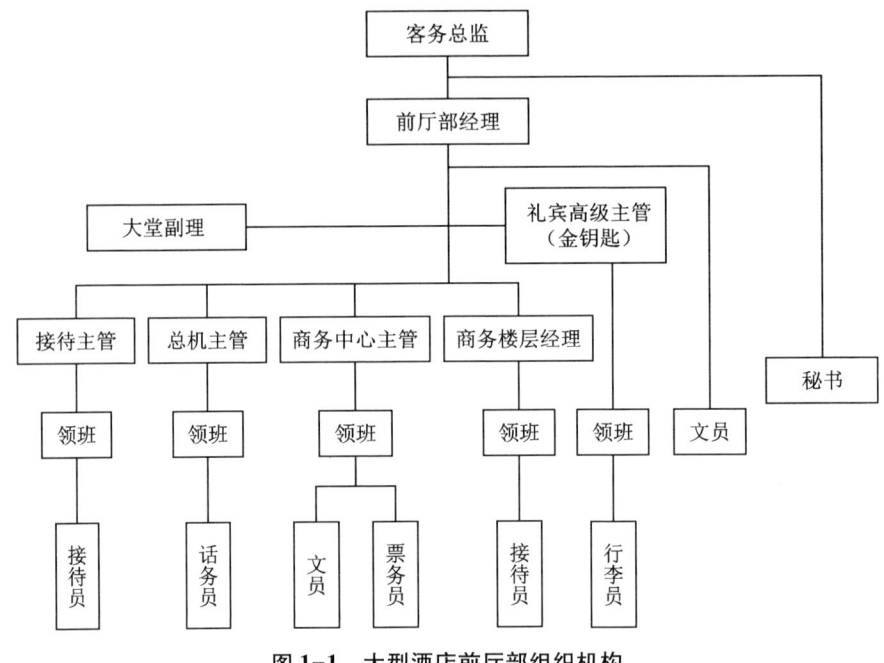

图 1-1　大型酒店前厅部组织机构

(2)中小型酒店:前厅部是与客房部并列的独立部门,直接向酒店总经理负责。在前厅部内设有部门经理、领班、服务员三个层次。具体如图 1-2 所示。

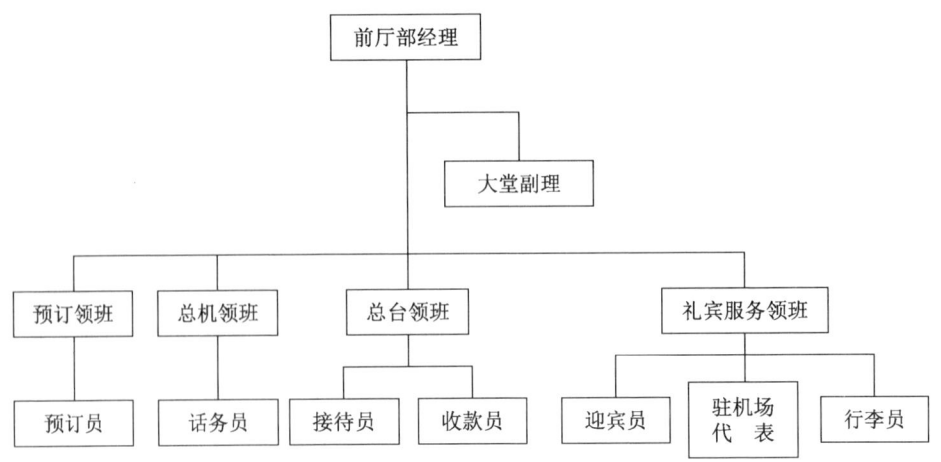

图 1-2　中小型酒店前厅部组织机构

(3)小型酒店:前厅一般不单独设立部门,其功能由总服务台承担,总服务台作为一个班组归属于客房部,只设领班(主管)和总台服务员两个层次。然而,随着市场竞争的加剧,许多小型酒店也增设了前厅部,扩大了业务范围,以强化前厅的推销和"枢纽"功能,发挥前厅的参谋作用,具体如图1-3所示。

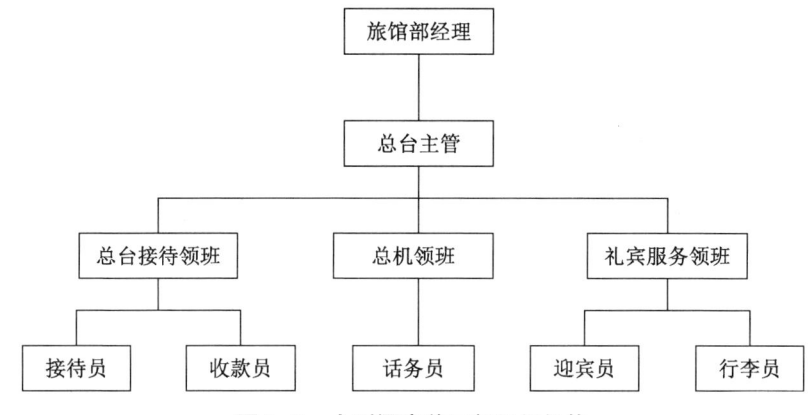

图1-3 小型酒店前厅部组织机构

二、前厅部各主要机构及工作职责

前厅部的工作任务是通过其内部各机构分工协作共同完成的。如前所述,酒店规模不同,前厅部业务分工也不同,但一般设有以下机构。

(1)预订处(Reservation Desk)。接受、确认和调整来自各个渠道的房间预订,办理订房手续;制作预订报表,对预订进行计划、安排和管理;掌握并控制客房出租状况;联络客源单位;定期进行房间销售预测并向上级提供预订分析报告。

(2)接待处(Reception Desk)。负责接待抵店客人,包括团体、散客、长住客、非预期到店以及无预订客人;办理宾客住店手续,分配房间(这是前台接待处的中心工作);与预订处、客房部保持联系,及时掌握房态;制作客房销售情况报表,掌握住房客人动态及信息资料等。

(3)问讯处(Information Desk)。负责回答宾客的询问,提供各种有关酒店内部和酒店外部的信息;提供收发、传达、会客等应接服务;负责保管所有客房钥匙。

(4)礼宾部(Concierge)。负责在店口或机场、车站、码头迎送宾客;调度门前车辆,维持门前秩序;代客卸送行李,陪客进房,介绍客房设备与服务,并为客人提供行李寄存和托运服务;分送客人邮件,转达留言、物品;代办客人委托的各项事宜;高星级酒店提供"金钥匙"服务。

(5)电话总机(General Switch Board)。负责接转酒店内外电话,回答客人的电话询问;提供电话找人、叫醒、留言服务;播放背景音乐;充当酒店出现紧急情况时的指挥中心。

（6）商务中心（Business Centre）。提供信息及秘书服务，如收发电传、传真和电报，以及复印、打字及电脑文字处理、代办邮件、快递等。

（7）收银处（Cashier's Desk）。负责酒店客人所有消费的收款业务，包括客房、餐厅、酒吧等各项服务费用；同酒店一切有宾客消费的部门的收银员和服务员联系，催收核实账单；及时催收长住客人或公司超过结账日期，长期拖欠的账款；夜间统计当日营业收益，制作报表。

（8）客务关系部与大堂副理（Guest Relations Department & Assistant Manager）。现在，不少高档酒店在前厅部设有客务关系部门，其主要职责是代表总经理负责前厅服务协调、贵宾接待、投诉处理等服务工作。在不设客务关系部的酒店，由大堂副理履行这些职责，并负责大堂环境、大堂秩序的维护等事务。

【课后练习】

一、单选题

1. 中型酒店的前厅部内部层次采用（　　）模式。
   A. 部门经理、主管、领班和服务员　　B. 领班（主管）和总台服务员
   C. 部门经理、领班、服务员　　D. 店长、领班（主管）和总台服务员

2. 金钥匙一般亦可称为（　　）。
   A. 礼宾高级主管　　B. 前台主管　　C. 前厅部经理　　D. 大堂副理

3. 五星级酒店里，总机的工作职责不包括（　　）。
   A. 回答客人的电话询问
   B. 提供电话找人、叫醒留言服务
   C. 代办邮件、快递等
   D. 当酒店出现紧急情况时的指挥中心

4. 高档酒店设置的客务关系部门的主要职责不包括负责（　　）。
   A. 前厅服务协调
   B. 贵宾接待
   C. 投诉处理
   D. 酒店在住客人所有消费的收款业务

5. 大型高档酒店里，负责在店口或机场、车站、码头迎送宾客的是（　　）。
   A. 接待处　　B. 预订处　　C. 商务中心　　D. 礼宾部

二、判断题

1. 大型高档酒店里，主管和领班是平级关系。　　（　　）

2. 前厅部内部通常设有部门经理、主管、领班和服务员四个层次,这种模式一般为大型酒店采用。   (   )
3. 收银处可为住店客人提供外币兑换和零钱兑换服务。   (   )
4. 不管酒店里有没有设置客务关系部,本着各司其职的原则,大堂副理都只需负责大堂环境、大堂秩序的维护等事务。   (   )
5. 前台接待处的中心工作是办理入住手续。   (   )

第三节　对客服务流程

前厅部为客人服务的全部过程是一个完整的循环过程,为客人服务全过程应开始于潜在客人与饭店的第一次接触,直至办理离店结账手续,从而构成相互衔接的服务流程。

一、预订

预订是指客人在抵店前,要求饭店为其保留客房的预先约定,也称订房。一旦预订完成,客人和饭店双方就拥有了各自的权利和义务,饭店要保证客人到达时有准备好的房间,客人则要保证按时抵达。客房预订工作是在客人到达之前就开始的,是客人对饭店形成印象的开始,其服务效率和服务质量直接关系到客人对饭店的"第一印象"以及是否选择该饭店。做好客房预订工作是饭店争取客源、扩大市场的重要一环。

1. 预订的种类

(1) 临时性预订。客人的订房日期与抵店日期非常接近,甚至是抵店当天进行订房。在这种情况下,饭店一般没有足够的时间(或没有必要)向宾客书面确认,通常只进行口头确认。临时类订房通常由接待员直接受理,接受此类预订时,应注意提醒客人预订将保留至当日 18:00,以免产生不必要的纠纷。按照国际惯例,饭店对预先订房的客人,会为其保留房间直至抵店日当天 18:00 为止,这个时限被称为"取消预订时限",或称"截房时间"(Cut-off Date)。

(2) 确认类预订。客人在提前较长时间提出订房要求,饭店以书面形式予以确认的订房方式。这种订房方式一般不要求客人预付定金,但规定客人必须在预计抵店当天的一定时限内到达饭店,否则饭店仍有权取消预订。

(3) 等候类预订。在客房已经订满的情况下,将一定数量的客人列入等候名单,如果有客人取消订房或提前离店,饭店则通知等候类预订客人。预订员在处理这类客人订房时,应征求订房人意见,是否同意将其列入等候名单,并向其说明情况，以免出现纠纷。

（4）保证类预订。客人通过预付定金、使用信用卡、签订商业合同等办法，来保证饭店应有的收入，同时饭店会保证为这类宾客提供所需的客房。保证类预订保护饭店和宾客双方的利益，约束双方的行为，因而对双方都是有利的。对饭店而言，如果客人预订未按时到，又未提前向饭店取消订房，饭店有权从预付定金中按合同收取一天的房费；对客人而言，饭店必须为客人保留房间到预计抵店日的次日中午，这样才可以保证客人的用房要求，以便其妥善安排行程。

保证类预订又有以下三种形式：

①预付款担保。即宾客通过交纳一定的款项作为预付定金。对于饭店来说，最理想的保证类预订方法是要求客人预付定金，定金的多少一般根据饭店规定和当时的具体情况而定，但一般不低于一天的房费。

②信用卡担保。宾客在订房时，承诺使用信用卡担保的方式，并将信用卡的种类、号码、有效期及持卡人的姓名告知饭店。如果宾客预订未到，饭店可通过信用卡公司收取房费。

③合同担保。饭店与有关单位签订了订房合同。合同内容主要包括签约单位的地址、账号以及同意对因失约而未使用的订房承担付款责任的说明，合同还会规定通知取消预订的最后期限，如签约单位未能在规定的期限通知取消预订，饭店可以向对方收取房费。

2. 预订的方式

（1）电话预订。这是应用最为广泛的预订方式。预订员和客人通过电话进行沟通，客人可以充分了解饭店是否能满足其订房要求、价格是否合适；预订员也可以全面了解客人的预订需求，如客人所需客房的种类、数量、价格、付款方式、抵离店时间、特殊要求等，以便提供个性化服务。

（2）面谈预订。这是指客人或其委托人直接到饭店，与订房人员洽谈相关订房事宜的方式。通过面对面的沟通，预订人员可以更清楚地了解对方的需求，必要时，预订人员还可以请客人参观饭店客房，有针对性地采取相应的推销技巧进行适当销售。在面谈时，预订人员应注意自身的仪容仪表，语调要适当、委婉。

（3）传真预订。采取传真预订客房的方式，传递信息准确、迅速，内容详尽，传真还可以作为书面凭证，不易出现订房纠纷，因此会议主办方和旅行社经常采用这种预订方式。

（4）网络预订。这是目前最先进的订房方式。该方式使用方便，可以提高订房效率，广泛争取客源。通过计算机订房网络系统，可以将连锁饭店的订房系统、航空公司、旅行社等机构进行联网，实现资源共享。

（5）信函预订。这是一种古老而正式的订房方式，其特点是较为正式，但传递速度较慢,目前已较少采用。

3.预订的渠道

预订渠道一般分为直接预订渠道和间接预订渠道。客人或客户不经过任何中间环节直接向酒店订房属直接预订渠道。客人通过直接渠道订房,酒店所耗成本相对较低,且能对订房过程进行直接有效的控制与管理。直接渠道主要包括:酒店预订部、销售部、前厅部、集团预订中心等线下渠道,以及酒店官方网站、酒店集团官方网站、订房APP、微信、自媒体公众号或小程序等。

间接预订渠道是利用中间商,通过间接的销售渠道,将客房更快地、更广泛地销售给客人的渠道。常见的中间商类型有:

(1)在线旅游分销商。也称在线旅行社、在线旅行代理商(Online Travel Agent,OTA),如携程网、去哪儿网、飞猪旅行、艺龙网、美团网、缤客网等。OTA旅游信息丰富、可选择性强、价格优惠、不受时间地点限制,是当下消费者比较喜欢的预订渠道。

(2)线下代理分销商。主要包括旅行社、合作酒店、航空公司、会展公司等。酒店通过与线下代理分销商签订合同,由其为酒店提供客源。

(3)协议单位。酒店与企事业单位、相关组织机构签订协议,以较优惠的价格向他们提供客房。企事业单位由于有经常性的接待工作,也可以为酒店争取更多稳定的客源。

(4)全球分销系统。全球分销系统(Global Distribution System,GDS)是一个在全球旅游行业中使用的预订系统。目前,世界四大全球分销系统分别是塞伯(Sabre)、阿美达斯(Amadeus)、伽利略(Galileo)、渥尔得斯班(Worldspan)。

(5)旅游电子商务平台。电子商务平台是当下旅游信息传播的新秀,通过与电子商务平台的合作实现酒店客房预订。如购物网站、电信运营商的电话服务中心、小红书、抖音、快手、高德地图等。

4.客房预订程序与操作步骤

客房预订是一项专业技术性较强的工作,为确保客房预订工作高效、有序地运行,前厅部必须建立完整而详细的工作程序。客房预订的基本工作程序如图1-4所示。

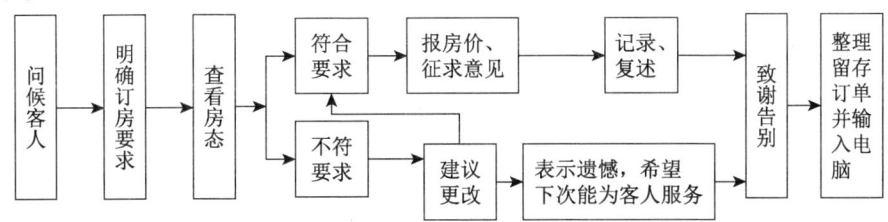

图1-4 客房预订流程

(1)散客电话订房的受理程序。

①接听电话:电话铃响三声内接听。

②问候客人:礼貌用语报部门名称及姓名,语调应诚恳热情,并尽可能用客人使用的语言回答。

③询问客人订房要求:询问客人预计抵达日期、预住天数、人数。

④询问客人姓名:询问客人姓名及英文拼写(中文要确认是哪一个字,避免出现同音字,英文要确认准确的拼法),复述确认。

⑤介绍房间:在电脑上查看房态,从高价向低价报房型、房间价格,注意报价范围合理。如果客人是合同单位,应报优惠价格。

⑥询问客人联系方式及付款方式:询问客人的付款方式,并在预订单上注明;留下客人的联系方式,以方便联系。

⑦询问客人抵达方式及时间:询问客人抵达的方式及时间,确认是否需要接站或接机。向客人说明,如无明确抵达时间,房间只能保留到入住当天 18:00。

⑧保证类预订:如客人预抵时间超过 18:00,要求客人做保证类预订。

⑨询问客人特殊要求:询问客人有无特殊要求,如有则详细记录;如客人的要求饭店确实不能代办,应用礼貌的语言婉拒或引导客人用另外的方式解决。

⑩复述预订内容以确认:复述预抵日期、所需客房种类、数量、房间价格、客人特殊要求、付款方式。确认完毕后向客人致谢,记录存档完成预订。

(2)变更预订的受理程序。

①接到客人变更预订信息:询问要求变更预订客人的姓名及原始到达日期和离店日期,以及客人需要更改的内容。

②确认变更预订:在确认新的预订情况前,先要查询客房的出租和预订情况;在有客房的情况下,可以为客人确认变更预订,并填写预订单。

③存档:找出原始订单;将更改的预订单放置在原始预订单上并订在一起;按新的预订单的抵店日期、客人姓名存档。

④未确认预订的处理:如果客人需要变更的内容饭店无法满足,应及时向客人解释。告知客人预订暂放在候补名单上,饭店有空房间时,及时与客人联系。

⑤变更预订完成:感谢客人及时通知并感谢客人的理解和支持(未确认预订时)。

(3)取消预订的受理程序。

①接到客人取消预订信息:询问要求取消预订客人的姓名及原始到达日期和离店日期。

②确认取消预订:记录取消预订代理人的姓名及联系电话;询问客人是否要作下一阶段的预订;将预订取消信息输入计算机。

③分析原因：尽量问清客人取消预订的原因；如果同一时期内取消预订较多，预订部要从价格、竞争对手、政治等方面进行综合分析，并将分析结果上报部门经理，以便及时调整营销策略。

④存档：查询原始预订单；将取消预订单放置原始预订单之上，订在一起；按日期将取消预订单放在档案夹的最后一页。

二、入住接待

无论是对已办理预订手续的客人，还是对未办理预订手续而直接抵店的客人，都要依照公安部颁布的《旅馆业治安管理办法》的有关规定办理入住登记手续。由于前厅部已经掌握了已办理预订手续的客人的个人资料，因而可以提前打印或者填写入住登记表，使客人在到店时经前厅接待员查明身份后，能立即入住，缩短其在前台滞留等待的时间。对未办理预订手续直接抵店的客人，接待员在定价、排房过程中，应进一步了解清楚客人对所需房间的类型、位置、朝向等方面的需求，把握面对面进行推销的机会。本阶段前厅部的主要工作任务如下：到店迎候→行李服务→确认预订→定价排房→确定付款方式→填写房卡，制作房间钥匙→建立客账→传递信息。

1.散客入住时行李服务程序及实训步骤

散客抵店行李服务流程：迎接客人→办理入住手续→引领客人入房。

（1）迎接客人：客人抵店时，行李员主动上前向客人表示欢迎；待客人下车后，迅速卸下行李，并请客人清点行李件数和确认有无破损。

（2）引领客人入店办理入住手续：引导客人至前台。当客人行李件数较少时，可用手提；行李多时启用行李车。对于客人的贵重物品及易碎品不必主动提拿；如果客人要求提拿，应特别小心，防止丢失和破损。引领客人至前台或接待处后，行李员放下行李，站在前台边侧客人身后 1.5 米处，等候客人办理入住手续。

（3）引导客人至房间：客人办理完入住手续后，主动上前从接待员手中接过房间钥匙，帮助客人提行李，并带领客人到房间。途中要主动热情问候客人并介绍饭店的设施和服务项目。引领客人到达电梯口时，放下行李，按电梯按钮，当电梯门打开时，用一只手扶住电梯门，请客人先进，然后靠电梯边侧站立。出电梯时，请客人先出，然后引领客人至房间。到达房间门口，要先按门铃或敲门，房内无反应再用房卡开门，开门后插卡取电，退至房门一侧，请客人先进房间。将行李放在行李架上或放至客人要求的地方，将房卡交还给客人。简要介绍房内主要设施及使用方法，如果客人曾住过本店则不必介绍。房间介绍完毕后，征求客人是否还有其他需求，如没有，即向客人道别，并祝客人入住愉快，然后迅速离开，将房门轻轻拉上。离开房间后迅速走员工通道回礼宾部，及时填写散客入住行李搬运记录单。

2. 入住登记的程序及实训步骤

向客人问好,表示欢迎→确认客人有无预订→填写入住登记表→分配房间、确定房价→确定付款方式→填写房卡,制作房间钥匙→通知相关部门客人入住信息→填写相关表格资料。

(1)已预订散客的入住登记程序。

①迎接客人:客人抵店表示欢迎;工作繁忙时,应向客人致歉,请其稍等片刻并表示会尽快为其提供服务;如客人等候时间较长,应致歉并迅速办理手续。

②为客人办理入住手续:请客人在登记表上填写相关内容,确认付款方式并签字;核对客人证件(中国公民的身份证件主要包括:中华人民共和国居民户口簿、居民身份证、临时居民身份证、护照、海员证、中华人民共和国往来港澳通行证、因公往来香港、澳门特别行政区通行证;中国人民解放军、中国人民武装警察部队制发的军官证、警官证、文职干部证、士兵证、学员证;港澳居民来往内地通行证;台湾居民来往大陆通行证、中华人民共和国旅行证);分配房间再次确认房价和离店日期,把房卡和钥匙交给客人。

③提供其他帮助:在办理入住手续过程中,查看客人是否有留言及电脑中注明的特殊要求和注意事项。入住手续完毕后,将房卡交行李员带房;如不需要行李员帮助,告知客人电梯的位置,并预祝客人住店愉快。

④信息储存:接待客人完毕后,立即将有关信息输入电脑;把包括房费、付款方式、旅游状况等相关资料记录在登记表上;检查信息的正确性并输入客人的客史档案。

(2)无预订散客的入住登记程序。

①迎接客人:客人抵店表示欢迎。了解客人的用房要求,根据饭店客房出租情况确定可否安排客人住宿,如饭店因客满无法安排,应征询客人意见是否帮其联系其他饭店;如果饭店有空房,则向客人介绍饭店可供出租房间种类和价格,确认客人能够接受的房价、折扣、房间种类、离店日期。

②为客人办理入住手续:请客人在登记表上填写相关内容,确认付款方式并签字;核对客人证件;分配房间再次确认房价和离店日期,把房卡和钥匙交给客人。

③提供其他帮助:在办理入住手续过程中,查看客人是否有留言及电脑中注明的特殊要求和注意事项。入住手续完毕后,将房卡交行李员带房;如不需要行李员帮助,告知客人电梯的位置,并预祝客人住店愉快。

④信息储存:接待客人完毕后,立即将有关信息输入电脑;把包括房费、付款方式、旅游状况等相关资料记录在登记表上;检查信息的正确性并输入客人的客史档案。

(3)团队入住的登记程序。

①准备工作:在团队抵达前,应预先准备好团队的钥匙,并与客房部联系确保所有房间为OK房;根据团队要求提前分配好房间,并备好早餐券等;根据要求通知客房部撤(或设置)酒水,关闭(或开启)长途电话。

②接待团队:当团队抵店时,首先表示欢迎;与领队确认房间数量,并把房间钥匙交给领队;与领队确认人数、早餐、叫醒时间、收行李时间及离店时间等;检查有效证件,由领队安排房间;接待人员需协助领队发放钥匙,并告知客人电梯的位置;在电脑中将该房间改为入住状态,并通知客房部该团队已抵店。

③信息储存:及时把有关资料输入电脑;将相关资料记录在团队登记表上并派发有关部门,如问讯处、礼宾部、客房部、总机和前台收银处等。

3.住店期间处理客人投诉和总机服务的程序及实训步骤

(1)处理客人投诉服务程序及实训步骤。

①聆听:仔细倾听客人的陈述。

②保持冷静:请客人移步至不引人注目的一角或专门的独立空间;除了自己保持冷静外还要让客人冷静下来。

③表示同情:对客人的遭遇表示理解和同情,使用恰当的语言予以安慰并对客人投诉表示感谢。

④给予关心:告诉客人会马上处理此事,不可随便走开或采取拖延的方式。

⑤认真做好记录:边聆听,边记录客人的投诉。

⑥采取行动,为客人解决问题:如果是自己能够解决的,迅速回复客人并告知处理意见;如果需要请示上级的,向客人解释清楚并取得谅解,留下地址和姓名,以便日后告知客人处理意见。

⑦记录存档:把事件经过及处理结果整理成文字存档备查。

(2)电话转接服务程序及实训步骤。

①转接电话:清晰地问候;听清电话内容;判断分机是否正确;迅速、准确地转接。

②电话占线:遇到转接电话占线或线路繁忙时,话务员应请对方稍等,并使用音乐保留键,播放轻松悦耳的音乐;及时跟客人说明占线情况;请客人稍后再试或留言。

③电话无人接听:向客人说明情况;主动征询客人是否稍后再接或留言。

三、结账离店程序及实训步骤

(1)为客人办理退房手续:客人在办理离店手续时,总台收银员按照账户设定、付款方式、预付款存额等情况,经核实后打印账单,并请客人过目查看,确定无误后再予以收款。

（2）将客人离店信息通知酒店相关部门：当客人即将离店时，需要将离店信息通知到客房、总机等部门（若有联网的酒店管理软件系统则无须人工通知），以便这些部门做好查房、打扫、结账等工作，并安排好新的接待工作。

（3）主动征求客人意见：前厅服务员在客人即将离店之时，主动、诚恳地征求客人意见，并请客人对服务的不足之处予以谅解，同时感谢客人光临本酒店。这是进行二次推销、培养忠诚顾客的好机会。

（4）提供其他帮助：根据客人离店时间和去处，主动了解客人需求，及时安排行李员，优先照顾老、弱、病、残、孕、儿童等特殊顾客。在店门、车门前送别客人，最后祝愿客人旅途愉快，并欢迎客人下次光临。

【课后练习】

一、单选题

1.（　　）是目前最先进的订房方式。
  A.电话预订　　　B.面谈预订　　　C.传真预订　　　D.网络预订
2.保证类预订的客房一般为客人保留到（　　）。
  A.预订当日中午　　　　　　　　B.预订次日中午
  C.预订当日下午6点　　　　　　D.预订次日下午6点
3.话务员转接电话而需要客人等候时，应（　　）。
  A.播放歌曲　　　　　　　　　　B.播放轻音乐
  C.保持静音　　　　　　　　　　D.每隔5秒说："对不起,请稍等！"
4.酒店里规定铃响（　　）声内必须接听。
  A.五　　　　　　B.七　　　　　　C.三　　　　　　D.四
5.服务员引领客人进房时，一般开门后应（　　）。
  A.马上离开房间　　　　　　　　B.直接带客人入房
  C.自己先进房,再请客人进房　　D.侧让一旁,敬请客人入房

二、判断题

1.我国公民入住酒店时需出示有效证件，有效证件包括机动车驾驶证。
（　　）

2.客人在办理离店手续时，总台收银员按照账户设定、付款方式、预付款存额等情况，经核实后打印账单，并请客人过目查看，确定无误后再予以收款。
（　　）

3. "Cut-off Date"的意思是取消预订时限。   （   ）
4. 对未办理预订手续而直接抵店的客人,前台接待人员需要依照公安部颁布的《旅馆业治安管理办法》的有关规定办理入住登记手续,而已办理预订手续的客人如果忘带身份证了,可以通融。   （   ）
5. 预订中,确认取消预订的标准包括记录取消预订代理人的姓名及联系电话、询问客人是否要作下一阶段的预订,将预订取消信息输入计算机。 （   ）

第二章　酒店管理信息系统

经济的发展促进了酒店业的快速发展,随着酒店档次的不断提升,酒店管理工作也变得越来越复杂。如今酒店行业的竞争日益激烈,争取更多的客源、提高酒店的满员率、制订正确的营销策略已经成为酒店的重要任务。但是酒店组织庞大,服务项目众多,信息量大且复杂,要想提高服务质量和管理水平,就必须借助当前蓬勃发展的 IT 技术,进行现代化的信息管理,从而拓展酒店的销售市场,提升经济效益,酒店竞争力实现经济利润和知名度快速增长。因此,酒店的管理信息系统需要建立一个庞大的数据库,而考虑到酒店的实际情况,以及操作酒店管理信息系统的对象,酒店管理信息系统应具备查询方便、安全保密性好、用户界面友好、容易操作等优点。下面我们就用两节内容来介绍酒店管理信息系统。

第一节　酒店管理信息系统概况

一、管理信息系统基本概念

酒店应用的管理信息系统是管理信息系统在酒店行业的具体应用。管理信息系统(Management Information System,MIS)是计算机技术较早应用于企业管理的系统(工具)之一,是企业处理各类信息的基本方法和途径。管理信息系统存在多种定义,现结合酒店行业对管理信息系统的基本概念介绍如下。

从管理信息系统自身存在的客观角度可以定义为:管理信息系统是一个由人、计算机及其他外围设备等组成的能进行信息的收集、传递、存储、加工、维护和使用的系统,目标就是实测(映射)企业的各种运行情况(数据)。系统的主要任务是利用现代计算机和网络通信技术,对企业经营的各类信息进行处理,从而达到事务处理的准确、高效、存储、再使用等。企业投入资金购买管理信息系统,目的就是科学处理信息(事务),提高企业的效率和效益。

从企业管理需求的角度可以定义为:管理信息系统是企业或组织对要管理的事务、流程、产品等生产要素进行信息化处理,它通过程式化、架构化的程序从各种信息源(公司外部和内部的)收集相应的信息,为企业的运作提供各层次需要的功能和信息。这表明管理信息系统的本质是一个关于内部和外部信息的数据库,这个数据库可以完成企业对信息处理的功能性需求,因此管理信息系统是从信息收集、传递、运算、处理、保存到再使用、挖掘等一系列的行为过程,其中收集、传递是管理信息系统的基础,目标是处理复杂、繁琐的信息,从而提高企业的整体运行效率。

从人是应用系统的第一要素的视角可以定义为:管理信息系统是以人为主导,利用计算机硬件、软件、网络通信等资源,进行信息的收集、传输、加工、存储、更新和维护,以利于企业提高效率和效益、竞争占优,为企业决策打基础的管理体系。这里有一个在认识上的提高,即将最关键的——人纳入系统中,成为系统的主角。由此管理信息系统不仅是一个技术工程系统,更是包括人在内的人机系统,它既是一个管理系统,也是一个社会系统。从这个定义认识,如图 2-1 所示可以把管理信息系统最直接表示为:

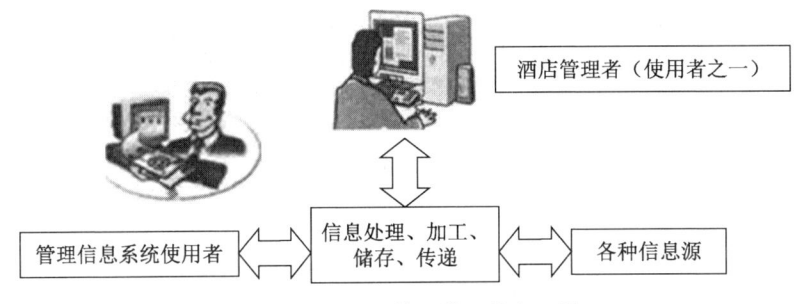

图 2-1 酒店计算机管理信息系统

二、国内外酒店管理系统概况

在世界范围的酒店 IT 商家中,Opera 被全球包括 Bass、Hilton 等连锁酒店集团选用其产品。而国内酒店 IT 技术开发的现状仍存在一些问题和不足:需求不明确,酒店项目工程性强,产品化不足,开发商的总体成本居高不下,研发缺乏原动力,没有行业统一标准,厂商各自为政,市场分化导致产品整合难度大。产品推广有难度抑制了新技术的引进和技术的创新,不利于形成自己的产品特色。国外优秀品牌的进入,垄断了国内高星级酒店市场,开发商的利润空间甚微。国内的酒店计算机管理系统最早是在 20 世纪 80 年代初发展起来的。它们充分吸收了国外管理系统的精华,再结合国内的实际情况,逐步发展成熟,到目前已经形成了几个较成熟的软件系统,同时产生了几家专职从事宾馆业计算机管理系统的公司。特别是到了 20 世纪 90 年代末,我国开发的酒店管理系统逐步开始进入五星级酒店,国内出名的有绿云 iHotel、西湖软件、中软好泰、北京泰能的 Delta 系列产品、广州万讯的千里马系列产品。下面我们主要介绍绿云 iHotel 酒店信息化平台和 Opera 酒店管理信息系统。

1. 绿云 iHotel 酒店信息化平台（见图 2-2）

图 2-2　iHotel 工作界面

近年来，国内异军突起的绿云 iHotel 酒店信息化平台已逐步扩大市场，其特点是不需要网管维护总服务器，只要能上网、有用户名密码就能看到酒店经营运作实时情况。该平台有两个优点：其一，绿云酒店数据中心总服务器让酒店无须花费几万元购买服务器、防火墙及维护升级，大大节约了运作成本；其二，酒店可以自己买服务器建私有云端，由云计算服务使酒店的信息化建设从原本的费用高昂与操作复杂变为目前的操作简单、成本低廉且高效。无论何种规模，酒店仅仅需要可以上网的计算机即可获得强大的管理和营销能力。无须初始系统软/硬件投入，无须系统本地维护，系统扩展性好、使用方便，成为新一代酒店管理系统的最佳 IT 服务选择。针对酒店连锁管理，绿云一体化的中央服务，无论是在运行成本还是在运行效率上，都远远优于传统的酒店管理系统的 N+1 集团版架构。绿云将最先进的云计算技术、基于互联网的 B/S 架构与 SaaS 服务模式合理结合，打造出全新一代酒店信息化开放平台——iHotel。帮助酒店在大数据时代新的市场环境和时代背景下迎接新挑战，创造新价值。

绿云 iHotel 酒店信息化平台包含云 PMS 基础平台、数据平台、电商平台三大业务群。

（1）云 PMS 基础平台。

云 PMS 基础平台是 iHotel 平台的构建基础，包含 PMS、CRS、CRM、POS、移动应用等业务，均为一体化云架构设计，可以根据酒店实际需求在公有云、私用云或酒店本地部署。包含标准版、商务版和快捷版三个版本,适用于每个层级每种类型的住宿业态。其灵活的服务及付费模式SaaS,让酒店可以按照自己的实际需求自由选择版本、功能模块及购买/租赁方式。目前,绿云已有6000余家客户,其中既有诸如君澜、建发、雷迪森、岷山、绿地等高星级酒店集团,也有诸如锦江之星、住友、维也纳等超大规模多品牌连锁酒店集团,还有高星单体、经济型连锁及中端精品主题酒店和民宿,可谓覆盖了住宿业的全业态。

(2)数据平台。

数据平台是一个面向酒店业的B2B交易和服务平台,包含酒店联盟平台、对接平台、CRS预订平台、置换平台、服务平台和管理平台。绿云的数据平台产品已获得了国内主流的酒店联盟、OTA、订房平台、旅游B2B平台的普遍认可与广泛合作。主要客户及合作伙伴有四方联盟、中国精品酒店联盟、亚太酒店联盟、云盟、簇盟、宿哪网、天府易住酒店互助平台、艾悠游、泰坦云、智游宝等,同时也与主流OTA、第三方支付、收益管理实现了对接。

(3)电商平台。

电商平台是为酒店建立的B2B2C直销平台,包括网站、微信平台等,建立酒店与客人的直接关系。绿云的电商平台业务已经初具雏形,并已经应用在锦江之星、云盟365等连锁及联盟酒店和超过300家的单体酒店中。绿云的信息化平台汇聚资源、连通交易,为酒店业在新形势下的发展提供了有力的信息引擎。

iHotel不仅有PC版,更可在平板电脑、手机上使用,是酒店降低各类成本、提高运营效率和管理效能的一大利器。更重要的是,iHotel将酒店的官网、微信预订、境内外OTA、大数据、扫码支付、银行、景区、航空公司、团购平台、智能门锁、自助机等酒店上下游资源与云PMS相连,前所未有地拓宽了酒店的在线营销渠道,加深了酒店与客人的直接联系,全方位地提高了订单量,并提升了客户的入住体验。

iHotel是国内目前唯一成熟的在星级酒店/集团的全面应用,并且是唯一具备中央结算功能的云PMS产品。同时,iHotel也是目前国内唯一有酒店联盟实际案例(四方联盟、中国精品酒店联盟、亚太酒店联盟、云盟、簇盟)支持的云PMS产品。

2. Opera酒店管理信息系统(见图2-3)

Opera是美国MICROS公司的产品,国内代理商为北京石基公司。Opera其实不是一个软件,而是针对一系列接待业服务形态的软件集合,其中酒店前台管理系统(Opera Property Management Solutions, Opera PMS)是其核心部分,由于酒店前台是酒店业最早实现信息化的部门,所以Opera PMS也特指酒店的前台操作系统。

Opera PMS是目前国际上最通用的酒店前台操作系统,它能满足不同规模酒店以及酒店集团的需求,为酒店管理层和员工提供全方位系统工具,以便其快捷高效地处理客户资料、顾客预订、入住退房、客房分配、房内设施管理以及账户账单管

图 2-3　Opera 工作界面

理等日常工作。同时,其强大的外接接口系统可以与 POS 机、PSB 公安系统、BMP 支付卡系统、Vincard 门锁系统等相连接。

作为全球较受欢迎的酒店管理解决方案,Opera PMS 系统覆盖全球多数国家和地区,主流国际酒店连锁集团(Marriott、Shangri-La、InterContinental、Hyatt、Starwood、Accor 等)指定采用 Opera PMS 系统作为酒店前台操作系统。在我国,Opera PMS 系统是高星级酒店,特别是外资或外方管理的酒店采用最多的软件系统。据不完全统计,在国内的四星级酒店中,有超过 60% 的酒店选用 Opera PMS 前台管理系统;在国内的五星级酒店中,有超过 85% 的酒店选用 Opera PMS 前台管理系统;在国内的外资或外方管理的酒店,无一例外地选用 Opera PMS 前台管理系统。由此可见,Opera PMS 系统在我国高星级酒店中应用最广,占有显著的市场优势。

(1) Opera 系统主要内容。

①酒店前台管理系统(Opera PMS),这是绝大多数酒店都会选择的模块,迈点论坛中大多数朋友谈到的 Opera,其实就是 Opera PMS。Opera PMS 分为完整版本(Full Services)和精简版(Express),主要区别在于内部功能开放度不同,比如接口数量等,但精简版可适用于绝大多数酒店。

②销售与宴会管理(Sales & Catering)。

③预订系统(Opera Reservation System,ORS)和客户资料管理系统(Opera Customer Information System,OCIS),能满足酒店集团化背景下酒店业整体运作的需

求,对应酒店呼叫中心和客户资料中心。

④渠道管理(Opera Channel Management,OCM),是在渠道越来越多样化,第三方渠道、垂直搜索引擎逐渐取代传统销售渠道的背景下,酒店渠道管理的工具。

⑤收益管理(Opera Revenue Management System,ORMS)。

Opera包含太多的内容,我们目前主要关注在Opera PMS上,Opera PMS是隶属于Opera系统的。

(2)Opera PMS系统的主要功能。

①客户资料管理。Opera PMS提供客户资料记录功能,全面记录统计包括个人客户、公司、联系人、旅行社、团队、预订源以及零售商等各方面的资料,这些资料是整个Opera PMS工作的基础。可以帮助酒店提高服务质量,提供个性化服务,帮助酒店分析客源市场及利润来源并制定具有竞争力的市场营销策略。

②客房预订功能。Opera PMS具备强大的预订功能,可以进行建立、查询、更新客人预订和团队订房等操作,并设有确认订房、等候名单、房间分配、押金收取、房间共享、团队客房控制以及批房预留等功能。该功能可用来帮助酒店简单快速地制订团队计划;实时监控可用房数并进行房价管理,自我控制预订以达到最佳出租率。

③前台服务功能。前台服务功能是整个酒店运作的焦点,主要用于为预抵店客人和住店客人提供服务。该模块功能极其强大,可以处理个人客户、公司、旅行社及无预订客户的入住服务,还设有房间分配、客户留言、叫醒服务以及部门间内部沟通跟进服务等功能。其应用大大缩短了客人办理入住的时间,提高了客人的满意度,同时便捷的操作也获得前台员工的满意。

④收银服务功能。Opera PMS的收银服务功能包括客人账单录入、转账分账、押金管理、费用结算、退房及账单打印等功能。该功能简单、易懂、高效,可以减少账目错误,保证交易安全。

⑤房间管理功能。Opera PMS中的房间管理功能可以宏观掌握房态的整体情况,有效监督实时房态信息,包括可用房、脏房、住客房、维修房等,这些信息将帮助酒店把房态冲突的可能性降到最低,有效提高出租率和收入,同时可以及时安排客房的清洁工作。

此外,Opera PMS系统还包括应收账款、佣金管理、报表、后台接口、功能设置等功能。

(3)Opera PMS系统当前存在的问题。

①成本高。该系统价格昂贵,购买成本根据模块的不同在百万元左右,每年的系统维护费也需要几十万元,而且还有昂贵的升级培训费用,这是制约Opera PMS系统在星级酒店普及的最主要原因。

②全英文操作难度大。Opera PMS 系统的一个重要特点就是全英文操作界面,这就要求使用者必须具备一定的英文基础。而目前就职于高星级酒店前台的一线员工大部分来自高职院校,全英文操作对他们而言难度较大。据调查,有80%的员工认为 Opera PMS 系统的全英文操作界面成为制约其使用该系统的首要影响因素。

③功能使用率较低。Opera PMS 系统本质上是一款层次极其复杂的管理软件,完成一项服务功能经常需要同时打开多个操作界面,其复杂性远远超过一般中文酒店管理软件。比如其报表功能,Opera PMS 系统提供了超过360个标准报表,同时可根据酒店的需求调整报表设置,并在系统中提供内置报表模块,依据客户要求,创建全新格式的报表。据调查,90%的员工只使用了其中很小的一部分功能。

④培训体系不健全,培训成本较高。该系统培训模式一般有两种:一种是传统的传、帮、带,培训效果取决于师傅的水平和能力;另一种是花重金将培训外包,这种模式的缺点是培训周期长,所以很多酒店都要培训一个月以上才能给新员工发放系统账号。同时,很多酒店前台员工流失率较大,经常出现刚培训好的员工就离职的现象,因此如何培育健全的 Opera PMS 系统培训体系,节约培训成本是目前酒店面临的一个难题。

【课后练习】

一、单选题

1.(　　)是我国自主研发的酒店管理信息系统。
　　A.Fidelio　　　　B.Logic Touch　　　C.Opera　　　　D.绿云 iHotel

2.Opera 系统不包括(　　)。
　　A.Vincard 门锁系统
　　B.Opera Property Management Solutions,Opera PMS
　　C.Opera Reservation System,ORS
　　D.Opera Revenue Management System,ORMS

3.绿云 iHotel 酒店信息化平台业务群主要不包含(　　)。
　　A.云 PMS 基础平台　　　　　　　　B.数据平台
　　C.电商平台　　　　　　　　　　　　D.接口系统

4.云 PMS 基础平台业务的三个版本不包含(　　)。
　　A.标准版　　　B.商务版　　　　C.精简版　　　D.快捷版

5.关于当前 Opera 系统存在的问题,以下(　　)表述错误。
　　A.培训体系不健全,培训成本较高　　B.系统功能使用得非常全面

C.全英文操作难度大　　　　　　D.成本高

二、判断题

1. 管理信息系统(Management Information System,MIS)是计算机技术较早应用于企业管理的系统(工具)之一,是各类企业信息处理的基本方法和途径。　　　　　　　　　　　　　　　　　　　　　　　　（　　）
2. 我们通常所说的 Opera PMS 就是 Opera 系统。　　　　（　　）
3. 酒店信息管理系统应具备查询方便、安全保密性好、用户界面友好、容易操作等优点。　　　　　　　　　　　　　　　　　　　　（　　）
4. 因为我国酒店管理信息系统的发展落后于发达国家,因此我国本土开发的绿云 iHotel 平台只有 PC 版,不能在平板电脑、手机上使用。　　（　　）
5. 管理信息系统是以人为主导,利用计算机硬件、软件、网络通信等资源,进行信息的收集、传输、加工、存储、更新和维护,以利于企业提高效率和效益、竞争占优,为企业决策打基础的管理体系。　　　　　　　　　　　（　　）

第二节　管理信息系统在酒店管理中的应用

酒店业是较早应用管理信息系统的行业,特别在高星级酒店,由于服务的即时性、随意性、动态性、实时性等特征,使其对管理信息的要求和依赖性较高。面对庞杂的经营服务数据,以 Opera 系统为代表的酒店管理信息系统一经问世,就被酒店业普遍使用,这也使得酒店管理系统不断完善提高。当前,无论国际品牌酒店还是国内管理酒店,从大酒店到小客栈都会使用酒店管理信息系统来进行经营管理。随着社会向高度信息化方向发展,酒店的信息价值成为继人员、物品、资金之后的第四个经营资源,其重要性与日俱增。众所周知,今天在管理能力及信息处理能力方面的差别是影响产品及服务品质的重要因素。酒店必须掌握经营管理、统计分析以及信息处理等技能,具有应用信息技术对包括信息在内的经营资源进行应用管理的能力。早在 20 世纪 80 年代,酒店行业就引进了酒店管理信息系统为本行业服务。正因如此,酒店行业无论是在应用信息技术上,还是在信息技术建设的标准上,都是起步比较早的行业之一。

一、酒店管理信息系统的应用

管理信息系统在酒店管理中的应用一般是从应用的功能模块上进行描述的。在整个酒店行业的发展过程中,酒店的管理信息系统应用范围和应用模块正不断地发展和扩大。

按照酒店行业管理划分的惯例,可以将酒店管理分为前台和后台,根据目前酒店应用管理信息系统的情况,一般包括如图2-4所示的功能模块。这些功能模块会在其他文献或课程中表述、学习。需说明的是,随着信息化程度的提高,酒店管理信息系统会和很多的信息系统有接口,这个发展趋势使得酒店管理信息系统与外部网络结合越来越紧密,应用的范围不断扩大,数据交换日益频繁,酒店管理信息系统功能也因此持续完善。

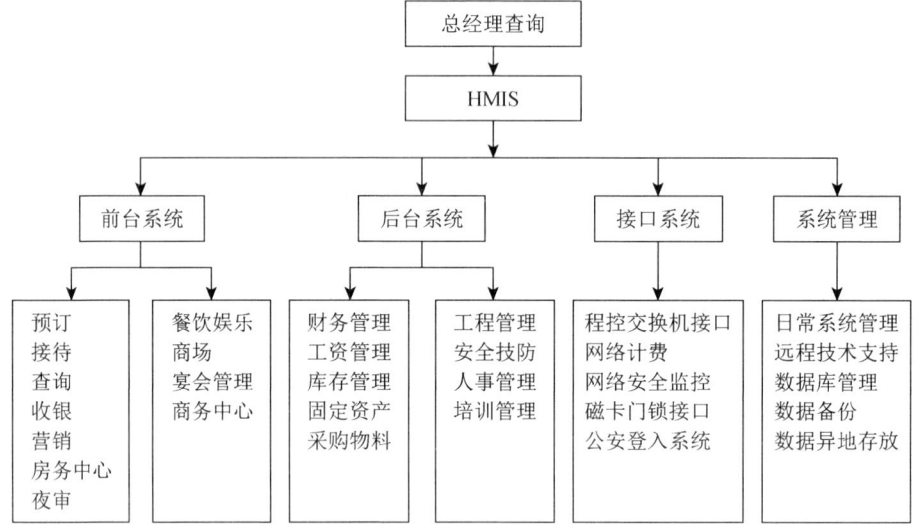

图2-4 酒店管理信息系统(HMIS、PMS)功能模块

按照酒店管理信息系统的一般规律,其应用可分为以下五种情况。

1.信息收集

信息收集是整个系统运行的基础,使用者不但要从内部收集信息,还要从外部收集信息。信息收集包括原始数据的收集、信息的分类、信息的结构等。信息收集工作占信息处理全部工作量的大部分时间和成本。在信息收集的工作中,要充分重视人的作用,必须按照统一的规范、操作要求来收集和输入信息。收集信息的人员要参加相关的培训和操作达标。只有正确、及时地收集信息,才能保证管理信息系统有效运作。

以Opera系统为例,第一大类是对客户资料的信息收集,客人的各种信息,包括住店期间的消费特征都可以通过系统,利用档案的功能进行收集和处理。档案对酒店来说是非常重要的资源和财富,可以为酒店提供市场的信息、有针对性服务的信息等。第二大类是对经营活动的信息收集,包括各类服务及其收入。各个营业点的终端,如前台、餐厅酒吧、商场、康乐部门及电话总机等终端的服务信息录入,是形成经营成果报告的基础资料。

2. 信息存储

信息存储是信息系统的特征,是区别于手工管理的重要特征。计算机能存储大容量的信息,并通过搜索技术(工具),快速找到所需要的相关信息。随着计算机技术的进步,存储技术得到空前发展,存储与检索能力持续提升。这是信息管理系统的核心优势。

以 Opera 系统为例,它有档案的庞大数据库。这个数据库可以是集团共享的中央数据库,所有集团下属的酒店提供的客人资料都统一存储在这个集团的中央数据库中,在世界各个角落的集团下属酒店都可以分享此数据库的客人资讯。

3. 信息加工

信息加工是计算机系统替代人加工的最有效的工具。信息加工包括查询、检索、分析、计算、提炼、优化、预测、评价、报表处理、综合等工作。信息加工是管理信息系统的核心,是业务运行的关键所在。信息加工涉及数据收集、模型、方法、经验、知识等要素。信息加工在各个行业有不同的侧重点,这是行业特征所决定的。加工的要求是使用者(如企业各个层面的管理者)提出的,更确切地说,行业管理软件的要求(需求)是该行业管理者要求的集合。加工的方法可以由使用者和 IT 技术人员通过软硬件系统来完成。

以 Opera 系统为例,一个最基本的信息加工的成果是酒店的营业报告,可以反映酒店的经营情况。由于计算机具备超强的信息处理能力,这种反映可以是即时的。另一个重要的信息加工成果是市场分析报告,它可以反映各个细分市场的经营表现,是酒店进行经营决策的重要依据。它与酒店财务系统连接,可以产生酒店的损益表(P&L 报表)等。

4. 信息交流

信息交流对任何管理信息系统而言都是基本的要求,没有交流功能,就没有使用者。信息的输入、输出是面向广大的使用者(特别是一线的操作者),因此信息交流的界面要清晰、简练、具体、易懂、方便。管理信息系统的最终用户就是各类管理人员、操作人员,对于计算机技术,他们是非专业人员。因此,一个良好的管理信息系统,一定要具备功能强、易操作的特点。随着计算机技术的发展,信息交流能够方便、正确地输入输出文字、图像、声音、影像。网络技术的发展使信息交流进一步突破了时空的限制,可以通过各种手段、渠道、空间向信息系统交流信息。信息交流最大的表现力是经营管理过程中的信息实时查询和报表输出,一个好的管理信息系统会输出有价值的各种报表,该系列的报表是信息系统有效性的显现。

以 Opera 系统为例,既可以在相关服务岗位的终端上查询客人及服务信息,如客人预订预测、入住情况、服务要求、消费情况等;也可以在相关运营管理岗位上查询运营信息,如出租预测、实时房态、营业报告等;还可以在经营决策管理岗位上查询市场分析报告、损益表等。

5. 信息管理

信息管理者(用户)是管理信息系统的使用者和组织结构,负责制定和实施管理信息系统的各项操作规程、标准和制度,并对该系统的运作进行监督、操控和协调。信息管理者(用户)对应用系统日益完善的要求也是管理信息系统发展的原动力。为了实现企业的整体目标,信息管理已经成为企业管理者的重要工作之一。在目前网络经济大发展的状况下,信息管理成为许多企业营销的手段和工具,信息资源管理成为战略资源管理。这说明,在管理信息系统的诸多要素中,用户是最重要的要素。

二、酒店管理信息系统需要解决的问题

酒店管理信息系统要解决的问题,也是酒店企业要解决的问题。酒店需要解决的几大问题都可以通过酒店管理信息系统来解决。

1. 提高酒店的服务质量,提高酒店业务运作的效率和准确性

由于计算机信息管理系统在管理上处理速度快,对酒店行业每天重复的预订、登记、结账、信息查询等工作尤显其优势。信息交换和加工是计算机系统的强项,用计算机管理系统处理酒店信息是目前最好的工具和方案。例如,用 Opera 系统处理酒店的宾客预订、接待、结账、查询等,是应用计算机管理信息系统拓宽管理范围的典型成功案例。

2. 扩展酒店服务项目

酒店企业是以营利为目的的,不断扩大和增加新的服务项目是获得利润的手段之一。这个过程中,无论是在管理上,还是在新的项目应用上,往往会涉及信息技术,特别是酒店管理信息系统,因为酒店管理信息系统会管理项目的运行(如项目的录入、营运的数据等),由此一定会和管理信息系统关联。例如,酒店会经常增加新的服务项目(如娱乐项目等),减少不符合酒店发展的项目(如减去 VOD 点播系统等)。这些项目的增减在酒店管理信息系统中要做相应的操作(如初始化等)。

3. 拓展客源市场,扩大销售

酒店之间竞争激烈,怎样才能在市场中增加自己的客源,提高市场占有率,是每个经营者要思考的问题。旅游电子商务的发展,为酒店提供了新的途径和方法。有些酒店在这方面很有作为,取得了骄人的成绩,有的酒店还没有在这方面下功夫,需要进一步跟上这一应用领域的发展。例如,计算机网络的发展,使酒店销售手段发生了变化,相应地,酒店管理信息系统要适应销售渠道、销售市场分析上的变化,为酒店企业提供新的统计方法和报表。有的网络预订系统可能会和酒店 MIS 系统做相应

的预订接口。这些都是酒店 MIS 系统应用的新任务和新课题。

4.提高酒店的经济效益

计算机管理信息系统会提高管理的效率和准确性,也可以控制资金和物资等资源,因此,管理信息流已经成为各级管理层的最主要手段。酒店需要对各种信息进行处理,如酒店资金信息、客源信息、人才信息等。在没有计算机技术的时代,酒店也要管理和控制上述信息,但存在手段落后、速度慢、信息查询不方便、数据统计正确性不高,服务往往跟不上宾客和市场的需求等问题。只有到了信息时代,用计算机网络处理信息,才充分解决了这此问题。

因此,酒店的管理层,特别是高层管理人员,一定要掌握和运用信息技术,只有这样,才能管理应掌控的资金流、物流、人流等企业经营要素,才能提高管理水平和经济效益。

5.提高酒店经营决策水平和对市场的综合分析能力

如今,酒店经营管理中的各种信息很多,有外部的也有内部的,有市场经营数据也有很多管理数据。在众多数据中,如何为经营管理层提供有力和有用的决策数据,一直是学术界和技术人员探索的课题。计算机技术发展到今天,对此有了很多解决方案,如智能系统(BI)、决策支持(DSS)系统、收益管理(Revenue Management)等。在这里要强调,信息技术的发展一方面从运用层面提供了引领性的理念、思路、方法,另一方面使用者应该积极提需求。需求驱动是科研的原动力之一,酒店行业想要提高经营决策水平和对市场综合分析能力需靠多方努力,这样才能使整个行业的综合分析和决策能力有较大的提高。例如,集团(连锁)酒店应用计算机管理信息系统后会产生大量的数据(特别是客源数据),这些数据可以用智能系统(BI)进行数据挖掘,为酒店集团提供高层次的决策数据。这方面的工作不仅需要科研人员努力,更需要酒店集团的高层领导提出需求。

上述的酒店需要解决的问题,往往就是经营管理者一直要解决并为此努力的方向,酒店管理信息系统就是为解决这些问题而产生和发展的。酒店管理信息系统是经营管理者最好的工具,也是最好的支持系统之一,经营管理者要学会使用和应用管理系统,为酒店的经营管理服务。

【课后练习】

一、单选题

1.目前酒店应用管理信息系统(HMIS、PMS)的情况,下面(　　)不属于前台系统的功能模块。

　　A.库存管理　　　　B.夜审　　　　　　C.接待　　　　　　D.收银

2.以下(　　)不是酒店管理信息系统信息加工的内容。
　A.查询、检索、分析、计算　　　B.收集信息
　C.提炼、优化、预测　　　　　　D.评价、报表处理、综合
3.酒店管理信息系统要解决的问题,也是酒店企业要解决的问题。以下(　　)不是酒店管理信息系统需要解决的问题。
　A.提高酒店的服务质量,提高酒店业务运作的效率和准确性。
　B.拓展客源市场,扩大销售。
　C.限制酒店规模的扩大。
　D.提高酒店经营决策水平和对市场的综合分析能力。
4.关于信息收集,说法不正确的是(　　)。
　A.信息收集是整个系统运行的基础,使用者只需要从内部收集信息,不用从外部收集信息。
　B.信息收集包括原始数据的收集、信息的分类、信息的结构等环节。
　C.信息收集工作占信息处理全部工作量的很大一部分时间和成本。
　D.在信息收集工作中,要充分重视人的作用,必须按照统一的规范、操作要求来收集和输入信息。
5.信息交流对酒店管理信息系统而言都是基本的要求,下面Opera系统不能体现这一功能的是(　　)。
　A.利用档案的功能进行搜集客人住店期间的消费特征。
　B.在相关运营管理岗位上查询运营信息,如出租预测、实时房态、营业报告。
　C.在经营决策管理岗位上查询市场分析报告、损益表。
　D.在相关服务岗位的终端上查询客人及服务信息,如客人预订预测、入住情况、服务要求、消费情况。

二、判断题

1.酒店管理信息系统可以提高酒店经营决策水平和提高对市场的综合分析能力。　　　　　　　　　　　　　　　　　　　　　　　　　　　(　　)
2.扩展酒店服务项目跟酒店管理信息系统无关。　　　　　　　(　　)
3.酒店管理信息系统的应用可分为:信息收集、信息存储、信息加工、信息管理、信息交流。　　　　　　　　　　　　　　　　　　　　　(　　)
4.21世纪酒店行业才引进酒店管理信息系统为本行业服务。　(　　)
5.西湖软件、中软好泰也是我国开发的酒店管理系统。　　　　(　　)

第三章　前厅部专业术语

掌握前厅专业术语的含义,是为了方便酒店员工在工作中灵活运用,提高工作效率,提升顾客的满意度,因此前厅部员工学好专业术语显得尤其重要,本章将前厅部专业术语按小节分为三类进行学习。

第一节　岗位专业术语介绍

前厅部作为酒店业务活动的中心,需要接触酒店的各个部门,因此前厅部员工需要了解酒店各部门岗位专业术语,接下来我们来学习各个部门岗位的专业术语。

1. 行政办公室 Executive Office
(1)总经理 General Manager;
(2)副总经理 Deputy General Manager;
(3)驻店经理 Resident Manager;
(4)行政秘书 Executive Secretary。

2. 人力资源部 Human Resources Department
(1)人事部 Personnel Department;
(2)培训部 Training Department;
(3)人力资源开发总监 Director of Human Resources;
(4)人事部经理 Personnel Manager;
(5)培训部经理 Training Manager;
(6)文员 Clerk。

3. 财务部 Accounting Department
(1)财务总监 Financial Controller(Director of Finance);
(2)财务部经理 Financial Manager;
(3)成本部经理 Cost Control Manager;
(4)信用审计经理 Credit Manager;
(5)采购部经理 Purchasing Manager;
(6)总出纳 Chief Cashier;
(7)仓储领班 Store Room Captain;

(8)营业点结账领班 F&B Cashier Captain；

(9)总台结账领班 F/O Cashier Captain；

(10)夜审计员 Night Auditor；

(11)收入费用结算员 Accounting Clerk；

(12)成本核算员 Cost Clerk；

(13)验货员 Receiving Clerk；

(14)信息管理员 Information System Clerk；

(15)保管员(工程,总务)Engineering Storekeeper,General Goods Storeman；

(16)采购员(工程,总务)Engineering Buyer,General Goods Buyer。

4. 市场营销部 Sales & Marketing Division

(1)销售部 Sales Department；

(2)公关部 Public Relations Department；

(3)市场营销总监 Director of Sales and Marketing；

(4)销售部经理 Sales Manager；

(5)公关经理 Public Relations Manager；

(6)宴会销售经理 Banquet Sales Manager；

(7)高级销售代表 Senior Sales Executive；

(8)销售代表 Sales Executive；

(9)公关代表 P.R.Representative。

5. 房务部 Rooms Division

(1)房务总监 Director of Rooms；

(2)房务部秘书 Director of Rooms Secretary。

● 前厅部 Front Office

(1)前厅部经理 Front Office Manager；

(2)前厅部副经理 Asst.Front Office Manager；

(3)宾客服务经理 Guest Service Manager；

(4)前台主管 Guest Service Supervisor；

(5)前台接待员 Receptionist；

(6)会员服务经理 Loyalty Manager；

(7)首席礼宾司 Chief Concierge；

(8)礼宾司 Concierge；

(9)行李领班 Bell Captain；

(10)行李员／门童 Bell Man/Doorman；

(11)商务中心主管 Business Center Supervisor；

(12)商务中心文员 Business Center Clerk；

(13)电话接线员 Operator；

(14)车队经理 Transportation Manager；

(15)车队主管 Transportation Supervisor；

(16)司机 Driver。

● 客房部 Housekeeping

(1)行政管家 Executive Housekeeper；

(2)助理行政管家 Assistant Executive Housekeeper；

(3)接单员 Order Taker；

(4)迷你吧管理员 Shift Leader(Mini Bar)；

(5)楼层主管 Floor Supervisor；

(6)客房服务员 Room Attendant；

(7)楼层清洁员 General Cleaner；

(8)花工 Florist；

(9)制服房/布草房主管 Uniform/Linen Supervisor；

(10)制服房/布草房服务员 Uniform/Linen Attendant；

(11)客衣传递员 Guest Laundry Valet；

(12)公共区域主管 P.A.Supervisor；

(13)公共区域清洁员 P.A.Attendant。

6.康乐部 Recreation Department

(1)康乐部经理 Recreation Department Manager；

(2)健身房服务员 Gymnasium Attenddant；

(3)健身教练 Gymnasium & Aerobics Trainer；

(4)救生员 Life Guard。

7.餐饮部 Food & Beverage

(1)餐饮总监 Director of Food & Beverage；

(2)餐饮副总监 Deputy Director of F&B；

(3)餐饮部经理 F&B Manager；

(4)餐厅主管 Restaurant Supervisor；

(5)餐厅领班 Restaurant Captain；

(6)餐厅服务员 Waiter/Waitress；

(7)餐厅预订员 Restaurant Reservationist；

(8)餐厅领位员 Hostess；

(9)餐厅划菜员 Restaurant & Kitchen Coordinator；

(10)走菜员 Kitchen Waiter；

(11)厨师长 Executive Chef；

(12)厨师主管 Head Chef；

(13)切配厨师 Butcher；

(14)冷盘配菜员 Cold Kitchen Cook；

(15)西餐厨师 Chef；

(16)酒吧调酒师 Bartender；

(17)酒吧服务员 Barman；

(18)面包房操作工 Baker；

(19)点心工 Pastry Cook；

(20)食品检验员 Food Hygiene；

(21)管事员 Steward；

(22)送餐部服务员 Room Service Guest Services。

8.工程部 Engineering Department

(1)工程总监 Director of Engineering；

(2)助理工程总监 Assistant Chief Engineer；

(3)工程维修部经理 Chief Engineer；

(4)机修工 Mechanician；

(5)水电维修工 Plumber；

(6)电梯工 Lift Man。

9.保安部 Security Department

(1)保安部经理 Security Manager；

(2)保安员 Security Officer；

(3)消防中心主任 Director of Fire Centre；

(4)消防专员 Fireman；

(5)门卫 Guard；

(6)巡逻员 Patrol；

(7)监控员 TV Monitoring Clerk。

【课后练习】

一、单选题

1.(　　)是表示岗位总经理的缩写。

　　A.GM　　　　B.AM　　　　C.RM　　　　D.DOF

2.Director of Rooms 是(　　)。
　A.驻店经理　　　B.行政秘书　　　C.财务总监　　　D.房务总监
3.下面(　　)术语不是描述酒店的工作岗位。
　A.Front Office Manager　　　　B.Food & Beverage
　C.Secretary　　　　　　　　　D.Financial Controller
4.人事部经理是(　　)。
　A.Front Office Manager　　　　B.Asst.Front Office Manager
　C.Personnel Manager　　　　　D.Cost Control manager
5.夜审员是(　　)。
　A.Information System Clerk　　B.Receiving Clerk
　C.Night Auditor　　　　　　　D.Guest Service Agent

二、判断题

1.Director of Human Resources 是指人力资源开发总监。　　　　(　　)
2.P.A.Supervisor 是指公共区域清洁员。　　　　　　　　　　　(　　)
3.Room Service Captain 是指是送餐部主管。　　　　　　　　　(　　)
4.Director of Food & Beverage 是指餐饮总监。　　　　　　　　(　　)
5.Assistant Executive Housekeeper 是指助理行政管家。　　　　(　　)

第二节　前厅服务项目及物品专业术语

上一节中我们已经学习了酒店各岗位的专业术语,本节我们将学习前厅部员工在工作中涉及比较多的专业术语。

一、前厅服务项目专业术语介绍

(1)预订(Reservaiton):酒店与客人之间的一个协议,酒店要为客人保留一间指定的房型,以确保客人在指定的时间居住。

(2)登记入住(Check-in):接待客人,在前台为客人登记,并为客人安排一间房。

(3)散客入住(Walk-in):没有事先预订而要求住店的客人。

(4)结账退房(Check-out):在客人离店时处理好客人的账目。

(5)换房(Room Change):根据客人的要求或是升级房间而对原本安排给客人的房间作出相应的调整。

(6)取消预订(Cancel Reservations):在客人的要求下取消一个预订。不同类型的预订会有不同类型的取消预订要求或处理政策。

(7)押金(Deposit):客人在到达酒店之前,为房间作担保而提前支付的款项。

(8)外币兑换(Foreign Currency Exchange):为住店客人提供兑换外币服务。

(9)问询(Information):接待并处理好客人提出的相关问题。

(10)接送机服务(Pick-up Service):从机场到酒店往返的接送机服务。

(11)叫醒服务(Wake-up Call):固定某一时间叫客人起床。

(12)请勿打扰服务(Do Not Disturbed,DND):请勿打扰,客人要求保密。如果房间出现DND的时间太久,大堂副理要去检查房间,看客人是否安全。

(13)失物招领(Lost and Found):客房部的一个分部门,那里会存放一些无人认领的客人丢失的物品。

(14)双重占用(Double Check-in):在同一时间里同一个房间由2个客人占有。

(15)内部留言(Trace):各分部门在客人账单中留下的需要特别重视的重要项目。

(16)今日应离房客清单(Due Out Guest List):一份完整的包括在客人预期的退房时间里所有的预退客人的清单。

(17)ETA:客人的预到时间。

(18)ETD:客人的预退时间。

(19)账单(Bill):在客人登记入住时就会产生,包括所有的明细。

(20)客人住史(Profile):记录客人之前的入住情况、房间分配、日期、特殊要求。

(21)住店客人清单(In Horse Guest List):在打印报表时,计算机会打印出所有已登记的客人列表。

(22)夜审(End of day):在夜间进行核算工作,夜间审核的工作对象是各收银点的收银员以及各营业部门交来的单据、报表等资料,其工作目的是要有效地审核由于客人消费而产生的收入,保证当天酒店的收益真实正确、合理和合法。包括所有房间和税务的抛账和平衡白天的抛账。

(23)加床(Extra Bed):房间里要求增加一位客人而需要另外增加一张床。

(24)锁房(Block Room):为某位特殊的客人安排的一间房间,并且不允许改变。

(25)候补名单(Waitlist):酒店没有足够的房间可供应,导致酒店无法与客人确定的预订状态称为候补名单。

(26)住房升级(Upgrade):客人得到的房间比原来预订的要高级,但还是按照原来预订的房间的房价结账。通常这种情况是由于房间缺少等。

(27)折扣(Discount):酒店管理人员根据相应情况给予顾客一定的房价折扣。

(28)超额预订(Overbooking):预订的房间数超过酒店实际可卖房间数。

(29)授权号码(Approval Code):给顾客的信用卡做预授权(冻结资金)时备查的号码。

二、前厅常用物品专业术语介绍

酒店前厅部工作人员在实际工作中经常要使用英语表达所需要的物品,前厅部员工常用物品的专业术语如表3-1所示。

表3-1 前厅部常用物品专业术语

常用物品专业术语	常用物品专业术语
预订确认单 Reservation Form	工作任务表 Check List
住宿登记单 Registration Card	信封 Envelope
欢迎卡 Welcome Card	房卡钥匙 Room Key
订房凭证 Voucher	安全保管箱 Safe Deposit Box
交接本 Log Book	

除以上前厅部术语外,还有很多其他的术语,后面大家可在工作中慢慢地接触和学习。

【课后练习】

一、单选题

1.在同一时间里同一个房间由2个客人占有,这种情况的酒店专业术语是(　　)。
　　A.Walk-in　　　B.Double Check in　　C.Reservaiton　　D.Check-in

2.Walk-in 是形容(　　)情况。
　　A.顾客通过公司预订来到前台办理入住
　　B.顾客通过团队预订来到前台办理入住
　　C.顾客通过电话预订来到前台办理入住
　　D.顾客没有预订直接来到前台

3.预订确认单是(　　)。
　　A.ETA　　　　　　　　　　　B.Foreign Currency Exchange
　　C.Room Move　　　　　　　　D.Reservation Form

4.酒店没有足够房间可供应,导致酒店无法与客人确定的预订状态称为候补名单,其专业术语为(　　)。

  A.Waitlist   B.Upgrade   C.Block Room   D.Voucher

5.护照的专业术语是(　　)。

  A.ID card   B.Schedule   C.Passport   D.Bill

二、判断题

1.通常所说的 RC 单不是住宿登记单(Registration Card)。　　　　　　(　　)

2.当客人要求保密。酒店工作人员就不能去打扰,如果出现房间 DND 的时间太久,大堂副理要去检查房间,看客人是否安全。　　　　　　(　　)

3.Trace 是非住店客人留给住店客人的留言。　　　　　　　　　　　(　　)

4.客人住史(Profile)是记录客人之前的入住情况、房间分配、日期、特殊要求。
　　　　　　　　　　　　　　　　　　　　　　　　　　　　　　(　　)

5.授权号码(Approval Code)是给顾客的信用卡做预授权(冻结资金)时备查的号码。　　　　　　　　　　　　　　　　　　　　　　　　　　　　(　　)

第三节　房型、房态、房价及出租率专业术语介绍

一、房型、房态、房价专业术语介绍

1.房型

(1)按房间床位的设置分单人间(Single Room)、双人间(Twin Room)、三人间(Triple Room)。

(2)按房间布置的等级分标准间(Standard Room)、豪华标准间(Deluxe Standard Room)、商务间(Business Room)、普通套间(Standard Suite)、豪华套间(Deluxe Suite)、行政间(Executive room)、总统套房(Presidential Suite)。

(3)按房间的位置分内景房(Inside Room)、外景房(Outside Room)、角房(Coner Room)、连通房(Connecting Room)、相邻房(Adjoining Room)、海景房(Sea View Room)、山景房(Mountain View Room)、城景房(City View Room)。

2.房态(Room Status)

房态又叫客房状态、客房状况,是指对客房占用、清理或待租等情况的一种标示或描述。前厅接待服务的质量在很大程度上依赖于有效的房态控制。因此,建立适当的房态显示系统和保持准确的房态,是做好酒店客房销售工作和提高前厅

接待服务质量的关键。为了保证房态信息正确,酒店各相关部门必须具有高度的责任心。同时,有必要借助于一定的房态显示设备才能了解房态信息。

房态的主要类型如下:

(1)住客房。住客房(Occupied Room,OCC),又称实房。指住店客人正在使用的客房。

(2)走客房。走客房(Check-out Room,C/O),又称走房。指客人已经退房,但服务员还未清扫的客房。

(3)空房。空房(Vacant Room,VAC),又称 OK 房。指客房已经打扫干净,并通过客房领班的检查,随时可以出租的客房。

(4)维修房。维修房(Out of Order Room,OOO),又称坏房。指房间内的设备设施发生故障或正在更新改造,暂时不能出租的客房。

(5)轻微坏房。轻微坏房(Out of Server),指房间内的设备设施发生小的故障,暂时不影响入住的客房,销售时需要跟顾客说明情况。

(6)保留房。保留房(Blocked Room,BLO),是酒店内部掌握的一种客房。酒店会为一些大型的团体预留他们所需的客房,同时还有一些客人在预订客房时,会指明要对某个房间进行预订。

(7)外宿房。外宿房(Sleep Out Room,S/O),指住客在酒店外过夜的房间,一般不在前台管理系统软件的房态图中显示。

(8)免费房。免费房(Complimentary)是指客房处于出租状态,但住客不需要付租金的客房。

(9)续住房。续住房(Stay Over)是指住客当日不离店,至少还会住一晚的客房。

(10)即将离店房。即将离店房(Due-out Room)是指住客将于当日退房的客房。

(11)脏房。脏房(Dirty Room)是指没有打扫的客房。

(12)干净房。干净房(Clean)是指已经打扫干净的客房。

3.房价

(1)门市价(Rack Rate):是由前厅部管理层制定的标准价格,列在房价表上,告诉总台接待员酒店各种房型的销售价格。

(2)门槛价(Hurdle Rate):在营收管理中,它是某一日期可接受的最低房价。

(3)促销价(Promotion Rate):这种价格给予那些团体中的优惠顾客,以激励他们的惠顾。在淡季期间,也会把这种价格给予任何一位客人,以提高出租率。

(4)公司或商务价或协议价(Contract Rate):这种价格给那些经常为酒店或其连锁集团提供客源的公司;也称批发价,酒店给予中间商的优惠价。中间商销售酒店的客房要获取销售利润,为此与酒店确定散客和团队的优惠价,使他们在销售酒店产品后有足够的毛利,用来支付销售费用并从中获得利润。根据中间商的批发量和付款条件,酒店给予中间商不同的数量折扣和付款条件折扣,例如携程、艺龙等。

（5）日用房价（Day use Rate）：一般情况下指客人退房超过了规定时间,酒店向客人收取白天租用的费用。目前,大多数酒店规定,客人在12:00时以后,18:00时以前退房,加收半天房费;在18:00时以后退房,则加收一天房费。

（6）奖励价（Encouragement Rate）：为了争取潜在客户,这种价格给予那些有业务往来的机构客人,如旅行社和航空公司的客人。还常常会为激励将来的客户,而向领队、会议策划人、旅游安排人以及其他能给酒店增加客房销售的人员提供这类价格。

（7）家庭房价（Family-Plan Rate）：为携带儿童的家庭保留的房价。

（8）小包价（Mini Package Rate）：一间客房与其他活动（如早餐、高尔夫球、网球或停车）结合在一起的价格。

（9）赠送价或免费（Complementary）：给特殊客人和/或重要工业巨头的房价。赠送价通常指客人住店期间免收房费,也可包括餐费。

（10）服务费（Surcharge）：通常为15%左右。

二、客房统计和出租率统计专业术语

客房出租率表示酒店客房利用状况,是反映酒店经营管理水平的一项重要指标。一般来说,酒店要获得更多的利润,必须扩大客房销售,提高客房出租率。因此,酒店经营管理者总是设法提高客房的出租率。但是,酒店想要严格控制质量,在市场竞争中保持长久的实力,就必须有意识地控制客房使用率,不能一味地追求高出租率。因为设施设备长期超负荷运转,会缩短使用寿命,而且会导致使用功能和效果不佳。客房服务人员长期超负荷工作,自然会工作疲劳,服务质量下降,而且没有时间参加培训学习,不利于未来发展。所以,一些专家建议客房理想的年平均出租率在80%左右,最高不要超过90%。

平均房价是酒店客房经营状况的第二个重要指标,它是客房销售总收入与已出租客房数的比值,影响平均房价的主要因素是每间客房的实际出租房价和已出租客房的数量及类型结构。一般来说,高价位客房销售数量越多,平均房价就越高;相反,低价位客房销售越多,平均房价则越低。由于客房销售时存在各种优惠、折扣等情况,客房实际出租的房价要低于门市价。所以,当客房销售数量和类型结构相同时,客人享受的优惠、折扣等越少,已出租客房的平均房价就越高。因此,前台接待员要掌握一定的推销技巧,一方面要根据客人需求情况,适时推销高档次客房;另一方面要善于传递产品价值,避免一味地以折扣优惠吸引客人。

较高的平均房价可能意味着较低的客房出租率,而较高的客房出租率则可能隐含着较低的平均房价,只有平均房价和客房出租率相结合,才可以作为衡量酒店客房经营状况的指标。客房出租相关专业术语如表3-2所示。

表3-2 客房出租相关专业术语

相关专业术语	相关专业术语
预离房 Expected Departure	预抵房 Expected Arrival
实际抵店 Actual Arrival	实际离店 Actual Departure
续住 Extension	白天用房 Day Use
提前离店 Early Departure	提前入住 Early Check-in
门市客 Walk in	预定未到 No Show
预定取消 Cancellation	在店客人 Stay Over
住店客人 In House	

客房出租率相关的专业术语还有:

(1)营业日报(Daily Operations Report):它总结24小时内酒店的财务活动,一份报告,一般由夜审制作,洞察与前厅部相关的收入、应收款、营业统计,以及现金交易。它又被称为经理的报告。

(2)预测(Forecasting):预告活动和业务趋势的过程;房务部门制作的预测通常有可销售房预测和出租率预测。

(3)出租率(Occupancy Ratios):一种衡量酒店客房销售业绩的尺度。标准的住房比例包括日平均房价、每间可销售房收入、每位客人平均价格、多人居住统计数和出租房百分比。单一的客房出租率是指酒店实际出租的客房数与酒店可供出租客房数的百分比。

(4)每日平均房价(Average Daily Rate,Average Room Rate):用客房净收入除以售出房数量。

(5)每位客人平均房价(Average Rate per Guest):用客房净收入除以客人人数。

(6)多人居住百分比(Multiple Occupancy Ratio):一种用于预测餐饮收入、说明布草洗涤需求和分析日营业收入的指标。这些数据来自多人居住百分比,或者由确定每间售出平均住客人数产生,也被称为双人居住比例。

(7)每间可销售房收入(Revenue per Available Room):一种注重每间可销售房营收的收入管理指标。

(8)房价变化报告(Room Rate Variance Report):列出未以门市价售出的房间的报告。

【课后练习】

一、单选题

1.下面( )不属于按房间的位置来划分房型。
　A.城景房(City View Room)　　　B.总统套房(Presidential Suite)
　C.山景房(Mountain View Room)　D.海景房(Sea View Room)
2.Rack Rate 是( )。
　A.促销价　　　B.门槛价　　　C.家庭房价　　　D.门市价
3.提前结账离店的术语是( )。
　A.Check Out　　　　　　　　B.Early Departure
　C.No Show　　　　　　　　　D.Cancellation
4.下面( )不属于按房间布置的等级来划分房型。
　A.标准间(Standard Room)　　B.商务间(Business Room)
　C.行政间(Executive Room)　　D.双人间(Double Room)
5.下面( )不是房态的主要类型。
　A.住客房(Occupied Room,OCC)
　B.走客房(Check-Out Room,C/O)
　C.预测(Forecasting)
　D.轻微坏房(Out of Server)

二、判断题

1.客房出租率是表示酒店客房利用状况,反映酒店经营管理水平的一项重要指标。( )
2.轻微坏房(Out of Server)是指房间内的设备设施发生故障或正在更新改造,暂时不能出租的客房。( )
3.出租率(Occupancy Ratios)是衡量酒店客房经营业状况的唯一指标。( )
4.公司或商务价或协议价(Contract rate)主要是给那些经常为饭店或其连锁集团提供客源的公司;也称批发价,饭店给予中间商的优惠价。( )
5.每日平均房价(Average Daily Rate,Average Room Rate)是用客房净收入除以售出房数量产生的一种出租比例。( )

客房部基础篇

第四章 客房部概述

饭店的基本功能是向客人提供食宿,满足其旅居生活需求。客房是客人旅游投宿的物质承担者,也是饭店经济收入的主要来源之一。在我国旅游饭店的建筑结构中,客房的建筑面积一般占总面积的60%以上,既是饭店的基本设施和存在的基础,是饭店档次和服务质量的重要标志。

第一节 客房部的地位和任务

客房部又称房务部、房口部、管家部,是饭店向客人提供住宿服务的部门,为住店客人提供各种客房服务,负责客房设施设备的维修保养,并承担着客房和饭店公共区域的清洁卫生工作。客房部是饭店的一个重要部门,在饭店的经营管理中起着举足轻重的作用。客房部的工作重点是管理好饭店所有的客房及其设施设备,组织好对客接待工作,让顾客留下美好的住宿经历。从工作性质看,客房部是饭店经营管理的重要职能部门,客房服务质量和出租收入的高低决定着饭店的经营和发展。

一、客房部的地位和作用

进入21世纪,现代饭店向多功能方向发展,饭店产品多功能化成为客人的需求,也为饭店创收增加了多种渠道。但是,不管市场如何变化,满足客人住宿要求仍是饭店最基本、最重要的功能,客房仍是其不可或缺的基本设施。

(一)客房是饭店的基本设施和存在的基础

1.客房是住店宾客购买的最大、最主要的产品

客房是饭店出售的重要商品,向宾客提供食宿和办公接待服务是饭店的基本功能,包括房间、设备设施、用品和其他综合服务。客房为客人提供清洁、美观、舒适、安全的住宿环境,是住店宾客购买的最大、最主要的产品。

2.客房面积占饭店建筑面积的绝大部分

按客房和餐厅的一般比例,在饭店建筑面积中,客房面积一般占60%以上,在我国中低档饭店客房面积甚至高达80%~90%。饭店的固定资产绝大部分在客房,饭店经营活动所必需的各种物资设备和物料用品大部分也在客房,所以说客房是饭店的基本设施和存在基础。

(二)客房收入是饭店经济收入和利润的重要来源

1. 客房收入是饭店收入的主要来源

饭店的经济收入主要来源于客房收入、饮食收入和综合服务设施收入这三部分。客房收入较其他部门收入更稳定,一般都可分为房费收入和配套服务收入两大类,是饭店收入的主要来源,在我国一般占饭店总收入的30%~60%。

2. 客房利润是饭店利润的主要来源

客房经营成本是由以客房为主的包括其各种设备设施在内的固定资产不变成本和以人工为主的包括其所有对客服务的变动成本两部分构成,并通过销售客房取得收入扣除经营成本、流通费用后,剩余部分便以税收和客房经营利润的形式得以明确。客户经营利润不仅是饭店利润的核心来源,更是推动饭店企业扩大经营规模、提升竞争力的关键动力。

(三)客房部的服务水平影响着饭店形象与效益

客房是宾客在饭店中逗留时间最长的地方,宾客对客房有"家外之家"的要求。客房服务质量的高低是宾客衡量"价"与"值"相符与否的主要依据,也往往成为宾客决定是否再次光顾的主要因素,直接影响到整个饭店的管理和运行。客房部服务与管理水平表现在以下几个方面:

1. 客房清洁卫生到位

饭店客房内的布草和相关日用品要做到每日一换、每日一洗或者每客一换、每客一洗,如枕套和床单;有的要用清洁剂消毒,如浴帘;还有的要注意除尘,如窗帘、沙发等,时刻保持客房的清洁卫生。

2. 设备物品齐全完好

客房是客人的"家外之家",是"旅客之家",因此,客房内的物品应满足客人盥洗、睡眠、休闲、社交等的日常需要,且完好无损,尽量避免床单被套有破洞或撕裂、杯子有裂痕、马桶不通、空调不工作等情况出现。

3. 服务态度热情周到

客房服务员应有较高的素质,全心全意为客人服务,主动提供超前服务,处处关心客人,不遗余力地为客人排忧解难,不厌其烦地热情解答客人提出的问题,面带笑容,语言亲切,让人如沐春风。

4. 服务项目周全丰富

服务项目是衡量饭店星级标准的一个重要指标。星级越高的饭店,其服务项目越多越全。客房的常规服务包括楼面迎送宾客服务、洗衣服务、叫醒服务、房间送餐服务、会议服务、会客服务、酒水服务、擦鞋服务、客房清扫服务、晚间服务等。

(四)客房部的管理直接影响全饭店的运行和管理

客房部负责饭店环境、设施的维护及保养,为饭店员工保管、修补、发放制服,为餐饮部提供各类布巾等。因此,客房部为饭店其他部门的正常运转提供了良好的环境和物质条件支持。另外,在饭店建筑面积和固定资产中,客房部均占有绝大多数。在全体员工总数中,客房系统所需的管理人员和服务人员也占有较大比例。因此,客房部的管理与饭店的全局管理直接相关,客房部管理是影响整个饭店管理的关键部门之一。

二、客房部的工作任务

客房部作为饭店经营中的一个主要部门,其主要任务是为宾客提供一个舒适、安静、优雅、安全的住宿环境,并针对宾客的习惯和特点做好细致、便捷、周到、热诚的服务。根据其特殊的工作环境与工作方式,客房部的工作任务一般有以下几个方面:

1.搞好饭店的清洁卫生,为客人提供舒适的环境

清洁卫生是客房部的生命线。清洁卫生在饭店的经营管理中具有特殊的意义,它是饭店商品使用价值大小和服务质量优劣的重要标志。现代旅游已成为一种普遍的消费方式,人们外出旅行,不仅需要休息的场所,更希望得到精神上的享受。饭店的良好气氛,舒适、美观和整洁的环境都要靠客房部员工的辛勤劳动来实现。客房部负责饭店绝大部分区域的清洁卫生工作,因此,搞好清洁卫生,切实提高服务质量是客房部的重要任务。对旅行者的调查表明,影响宾客再次光临某家饭店的首要因素是该饭店的清洁状况。而对外国客人而言,他们对卫生的要求尤其严格。据抽样调查,60%的宾客把卫生列为第一需求。

2.做好客房接待服务,保证客人住宿环境安静舒适

首先,客人在饭店里生活和停留时间最长的是客房。客人在客房除了需要安静地休息外,还有着其他多样的活动内容。例如,有的利用客房接待来访的亲朋好友,有的利用客房商谈业务。因此,如何做好客房接待服务,以便满足客人的各种需求,是客房部工作的重要内容。同时客房的接待服务不仅限于客人在饭店住宿期间,还应包括客人到来之前和客人离去之后为客人提供的服务。

其次,安全需要是客人进行旅游活动的前提条件。客房是为客人提供休息的地方,不论昼夜都要保持楼层的肃静,同时也要防止不法分子进入客房,保护客人的生命财产安全,为客人提供一个安宁的环境,只有这样才能使客人有安全感,乐意前来住店。

3.降低客房费用,确保客房正常运转

客房中的物品繁多,需要量也比较大,特别是低值易耗品。物资用品及其他费用开支是否合理,直接影响客房部和饭店的经济效益。因此,客房部的工作,一方面要根据客房的档次,满足客人以及员工工作需要;另一方面又必须控制物品消耗,减少浪费,加强设备的维修保养,延长其使用寿命,以取得最佳的营业效果。

4.协调与其他部门的关系,保证客房服务的需要

客房服务的质量不仅与客房部内部管理有关,而且还受其他有关部门的影响。例如,前台以及为客房部服务的物品供应、设备维修等部门,这些部门的工作能否跟得上,质量是不是过硬,会对客房服务质量产生很大的影响。所以,客房部要经常主动同有关部门保持沟通协调,使其掌握客房服务过程中的各种需求环节,为客房部服务质量的提高创造良好的条件。

5.配合前厅部销售,提高客房利用率

客房作为一种特殊商品,不具备储存功能,其价值实现的机会如果在规定的时间内丧失,便一去不复返。因此,客房部必须确定科学的客房清扫程序和规范,加快客房的周转,以便及时为前厅部的销售提供合格的产品。同时,客房部还必须密切配合前厅部做好客房的房态控制,为前厅部排房提供准确的信息,从而提高客房的出租率,避免客房价值产生不必要的损失。

【课后练习】

一、单选题

1.不属于客房部的称谓的是(　　)。
　A.房务部　　　　B.房口部　　　　C.管家部　　　　D.客务部
2.满足客人的(　　)要求仍是饭店最基本、最重要的功能。
　A.住宿　　　　　B.餐饮　　　　　C.娱乐　　　　　D.购物
3.在我国,客房的收入一般占饭店收入的(　　)。
　A.30%~40%　　　B.40%~50%　　　C.30%~60%　　　D.50%~60%
4.(　　)是客房部的生命线。
　A.安全　　　　　B.清洁卫生　　　C.舒适　　　　　D.方便
5.(　　)是住店客人购买的最大、最主要的产品。
　A.客房　　　　　B.餐饮　　　　　C.娱乐　　　　　D.购物

二、判断题

1.客房是饭店基本设施和存在的基础。　　　　　　　　　　　　(　　)
2.餐饮部是客人在饭店逗留时间最长的地方。　　　　　　　　　(　　)
3.服务项目是星级饭店标准的一个重要部分,星级越高的饭店,其服务项目越
　多越全。　　　　　　　　　　　　　　　　　　　　　　　　(　　)
4.抽样调查显示,60%的客人把安全列为第一需求。　　　　　　(　　)
5.客房服务的质量不仅与客房部内部管理有关,而且还受其他部门的影响。
　　　　　　　　　　　　　　　　　　　　　　　　　　　　　(　　)

第二节　客房部的职能和特点

客房作为顾客的"家外之家",饭店须着力营造出"家"的氛围,同时客房服务员也要扮演好"幕后者"的角色。客房要提供"家"所必备的设施设备,具备睡眠、盥洗、储存、饮食、阅读、书写、起居、休息、安全等功能;客房服务员负责为宾客提供优质服务,保障客人居住在整洁、干净、舒适、安全的环境下,以客人的需求为出发点,提供常规服务与针对性特殊服务。

一、客房部的主要职能

客房部负责管辖的范围广,其主要职能分为两个方面:一个是一级职能,主要负责客房部的日常管理;另一个是二级职能,主要包括以下内容:

(1)负责客房部的清洁、维护等工作;
(2)负责客房内的物品、设施设备的使用管理工作;
(3)巡视本区域公共设备的使用情况,发现问题及时处理;
(4)及时清理房间,相关物品一客一换;
(5)做好对客房客人的服务工作;
(6)监督管辖区公共卫生和备品补充、保管;
(7)主动介绍房内设备设施的正确使用方法。

二、客房产品的特点

随着现代旅游业的迅猛发展,饭店业的市场竞争更加激烈。来饭店住宿的客人已不仅仅满足于能有一个栖身之地,而且对客房环境、客房的设施设备、清洁卫生质量以及服务质量等都提出了更高的要求;同时,客房业务又必须在保证客房规格和满足客人需要的前提下,加强对客房费用的控制,这就给客房服务与管理提出了更高的要求。因此,要搞好客房部的工作,不仅要了解客房作为商品的基本要求,而且还必须研究客房产品在新形势下的特点。

1. 生存、享受和发展因素共存

一般来说,消费者在日常消费过程中通过付出一定的货币购买一件物品,满足其生活需要。到饭店住宿的客人所付出的不仅是货币,还包括一定的时间和精力,所购回的并不是一件具体的实物,而是一次完整的住宿经历。在此经历中,不仅要满足其住宿需要,更多的是获得一种精神上的满足。当客人心情愉快、精神焕发地离开饭店时,他的行李箱依然如故,没带走任何物质性的东西,但他带走了一次满

意的住宿"经历"。同时,现代客房的发展,为客人网上办公、查询资料、收集信息、业务洽谈提供了便捷和舒适的环境,客房产品满足了客人的商务办公需求。因此,现代客房是一种能同时满足客人生存、享受和发展需求的高级产品。

2. 价值不能储存

一般产品都是可以储存的,如一部照相机或者一台计算机,今天没有卖出去,可以储存起来待来日再出售。客房产品却是不可储存的,没有顾客的消费,客房的价值和使用价值就无法实现。客房产品具有时效性特征,以每晚租金288元的饭店房间为例,如果全天此房间租不出去,那么,这288元的价值就无法实现,也就是说,客房产品时段上具有不可储存性,价值实现的机会如果在规定的时间内丧失,便永久流失。所以饭店业的专家把客房比喻为"易坏性最大的商品",是只有24小时寿命的商品。这就是为什么饭店业普遍以"顾客第一"为经营信条,有时甚至宁愿以低于成本的价格销售饭店商品,而不愿饭店设施被闲置的根本原因。

3. 所有权不发生转移

客房商品的特殊性,主要表现在它是出租客房和提供劳务,而不发生实物转移。客人付出房租获得的仅仅是房间暂时的使用权和居住权,房间的所有权仍然归饭店。客房的运转过程中,服务人员一方面要尊重客人的使用权和居住权,以设备、供应物品为凭借,通过接待服务,不断地向客人提供使用价值和劳务;另一方面又要做好对客房物资用品的保管和使用过程的控制,以达到增收节支的目的。

4. 以"暗"服务为主

饭店看得见的服务为"明",看不见的服务即为"暗"。客房作为客人休息、睡眠的区域,饭店必须为客人创造一个安静的环境,同时客房作为客人的私人领域,客人是不愿让别人干扰自己的私生活的。客人住店期间,喜欢按自己的习惯安排起居,需要帮助时才求助饭店。因此,客房服务不能像餐饮服务那样,注重场面的渲染,服务于客人眼前,忙碌于客人左右,而是应该注意服务过程的"三轻"(走路轻、说话轻、操作轻),将服务工作做在客人到来之前或不在房内期间,让客人感到饭店处处都在为自己服务,却又看不到服务的场面,如同在自己家里一样方便、称心。

5. 随机性与复杂性

客房业务工作的内容是零星琐碎的,从客房的整理、补充物品、设备维修到客人的进店、离店,都是一些具体琐碎的事务性工作,具有很强的随机性。客人在何时何地,在什么情况下,需要哪些服务,事先都难以掌握;再加上客人来自世界各地,风俗习惯和兴趣爱好不一,从而为客房服务增加了复杂性。客房工作的随机性与复杂性,需要客房员工既要工作主动,也要善于揣摩客人的心理,进行规范性和个性化相结合的服务。

【课后练习】

一、单选题

1. 饭店客房服务应以客人的（　　）为出发点,提供常规服务与针对性特殊服务。
   A.利益　　　　B.需求　　　　C.方便　　　　D.舒适
2. 客房作为顾客的"家外之家",饭店须着力营造出"家"的氛围,客房服务员也要扮演好(　　)的角色。
   A.表演者　　　B.协调者　　　C.幕后者　　　D.服务者
3. 到饭店住宿的客人所付出的不仅是货币,还包括一定的时间和(　　)。
   A.精力　　　　B.经历　　　　C.体力　　　　D.脑力
4. 客房产品由于受到(　　)的限制,具有不可储存性的特点。
   A.时间　　　　B.空间　　　　C.大小　　　　D.位置
5. 客房服务是以(　　)服务为主。
   A.常规　　　　B.针对性　　　C.明　　　　　D.暗

二、判断题

1. 现代客房是一种能同时满足客人生存、享受和发展需求的高级产品。　　　　　　　　　　　　　　　　　　　　　　　　　（　　）
2. 饭店业的专家把客房比喻为"易坏性最大的商品",是只有24小时寿命的商品。　　　　　　　　　　　　　　　　　　　　　　　（　　）
3. 客房商品的特殊性,主要表现在它是出租客房和提供劳务,并发生实物转移。　　　　　　　　　　　　　　　　　　　　　　　（　　）
4. 客房服务就是将服务工作做在客人到来之前或不在房内期间,让客人感到饭店处处都在为自己服务,却又看不到服务的场面。（　　）
5. 客房工作的主动性与复杂性,需要客房员工既要主动,也要善于揣摩客人的心理,进行规范性和个性化相结合的服务。　　　　　（　　）

第三节　客房部的组织机构及岗位职能

客房部是一个组织,作为组织就要有一个正规的机构。组织机构的作用是规定组织内部的信息传递渠道,明确各岗位的职责与权限以及各组成部分之间的关系。组织结构的设置是否科学、职责制定是否合理、人员配置是否完善,都直接影响着客房管理的效率和效益。因此,客房部的组织管理就是要建立一个统一指挥、专职分工、层次分明、结构精简、行动高效、沟通良好的组织机构。

一、机构设置的基本要求

客房部组织机构的设置应以饭店管理系统及运行模式为基础,遵循组织管理原则,适应饭店现代化经营管理的需要,力求科学合理。如今的饭店消费需求已经从过去提供简单的基本食宿向多样化和个性化发展,饭店迫切需要了解消费者的信息。随着饭店产品的周期越来越短、产品需求不断创新,饭店企业中人能否发挥出主观能动性和创造性,已经成为饭店吸引顾客的关键所在。传统的饭店组织结构已经不能适应社会发展的需要,因此,目前不单单是饭店,现代企业重建及选择新型组织结构已经成为世界性组织改革的潮流,而在这潮流中,扁平化和小型化组织结构成为主角。

1. 扁平化

扁平化是相对于过去传统的大型机构形态而言的。扁平化的机构形态与大型机构形态相比较,其最主要的特点就是机构的层次较少,企业结构是围绕有明确目标的几项"核心工序"建立起来的,而不再是围绕职能部门建立,职能部门的职责随之逐渐淡化。减少组织机构的层次,也就减少了组织内部沟通的环节,而减少了沟通环节也就能够提高沟通的效率。现代化的饭店管理要求实行统一指挥,即组织内部的上传下达要逐层逐级,一般情况下不得越级指挥和越级请示汇报,说得通俗一些,就是每个员工只能有一个上司。因此,机构的层次多少与沟通的效率成反比。由于饭店客房部的工作技术含量并不是很高,管理人员及基层员工的素质也在逐步提高,所以各级管理人员的管理幅度可以加大,客房部的机构设置完全可以做到扁平化。

2. 小型化

小型化要求机构的规模要小,其分支机构和岗位设置应尽可能做到少而精。做到这一点,有利于强化管理、提高效率、减轻负担,从而提高效益。

客房部机构设置做到扁平化和小型化(压缩机构层次,减少分支机构和工种岗位),并非缩减整个组织的职能。压缩层次只是尽量不设或取消传统的、原有的一些层次,将这些层次的职能由其上级或下级分担;减少或取消传统的机构和岗位,将这些机构和岗位的职责重新加以整合。当然,要实行组织机构的扁平化和小型化,岗位职责的制定、工作程序的设计、人员的选择与培训等也都必须同步和配套。

二、客房部的组织机构

客房部的组织机构没有统一的模式和固定的形态,各饭店要根据自身的类型与规模等客观条件,以及经营指导思想等主观因素进行设计,并随着饭店的发展变化及时地作出调整。客房部组织机构在设置时应遵循以下原则:精简与效率相统一的原则;责、权、利相结合的原则;统一指挥原则;控制幅度原则(跨度原则);团结一致的原则以及劳动节约的原则,等等。

根据我国旅游饭店的普遍做法,一般把饭店客房部组织机构形态综合分为大中型和小型两类。

1.大中型饭店客房部组织机构(见图4-1)

在大中型饭店里,客房部的责任范围较大,管辖的区域往往也较多,因此这类饭店客房部组织机构的规模也就比较大,其分支机构和机构层次较多,工种齐全、分工细致、职责明确。大中型饭店客房部一般分为客房服务中心、公共区域和洗衣房三个基本部分,有的还将楼层和布件房单列,从而分为五个部分。在层次上,客房部通常有经理、主管、领班和普通员工等四个层次,有些饭店在客房部只设经理、主管和普通员工三个层次。

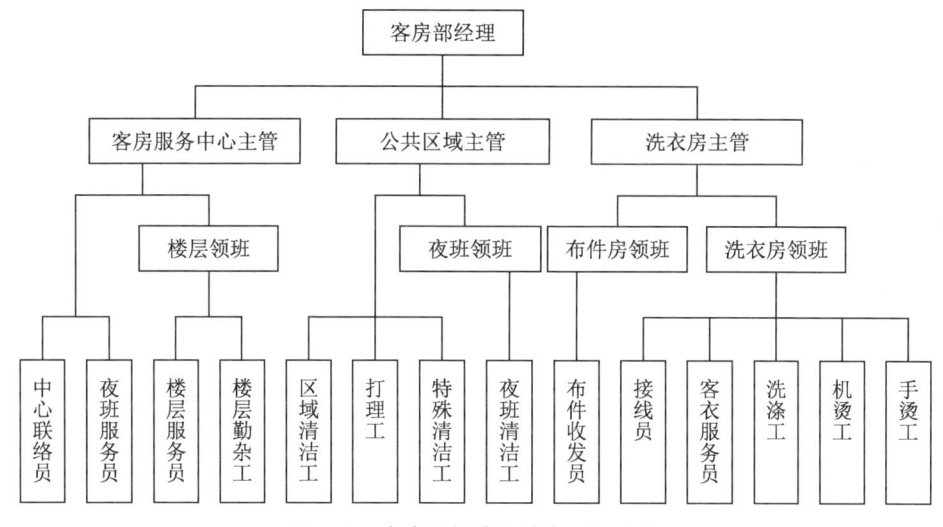

图4-1 大中型饭店客房部组织机构

2.小型饭店客房部组织机构(如图4-2)

与大中型饭店相比,小型饭店的规模小,配套的附属设施设备较少,其组织机构设置也比较精简。因此,在小型饭店里,往往不单设客房部,而是将客房部与前厅部合并为房务部,即将客房部作为房务部的一部分。即使将客房部单设,其分支机构、工种岗位和机构层次也比较少。因为小型饭店的业务量不大,只要做好部门内部或部门之间的分工与协调,与社会上的相关单位或行业建立并保持良好的协作关系,就能够保证饭店的正常运行与管理。例如,小型饭店的客房部一般不设客房服务中心和洗衣房,客房对客服务电话的接转可由总台接待人员负责,饭店的布件洗涤与供应可由协作饭店或社会上的专业公司承接。另外,客房部内部的相关岗位之间可以分工不分家,一专多能,便于统一调配。

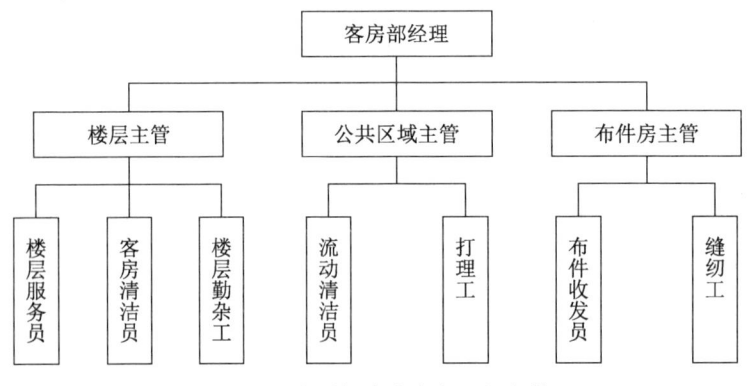

图4-2 小型饭店客房部组织机构

三、客房部的业务分工

1. 客房部经理室

客房部经理主要负责处理客房部的日常事务以及与其他部门之间的联络协调等事宜。在大多数饭店里,客房部经理室都与客房服务中心设在一起,其好处是便于管理、节约场地。在这种情况下,客房部经理室的部分事务就可以由客房服务中心的人员来承担。

2. 客房服务中心

客房服务中心是客房部的信息中心和联络协调中心,其基本职能是统一调控客房对客服务工作,收集和处理客情信息,保管和处理客人的遗留物品,领取和分发客房部所需物资并统计其消耗情况,协助有关管理人员进行人力调配,与其他部门及店外有关单位进行沟通和协调。

3. 客房楼层

客房楼层是客房部的主体,其主要职能是负责客房及楼层公共区域的服务与管理,以为客人提供优质的客房产品。

4. 饭店公共区域

饭店公共区域管理机构是大多数饭店必设的组织机构。其基本职能是负责本饭店前后台公共场所及行政办公室、库房等区域的清洁保养,饭店的一些专业性和技术性较强的清洁保养工作通常也由其负责。在部分饭店里,饭店公共区域管理机构还负责饭店的园林绿化。随着现代企业管理者经营意识的增强,很多有条件的饭店的公共区域管理机构在保证满足饭店内部需要的前提下开展对外清洁保养业务,为饭店创收。

5. 布件房

布件房通常也是饭店必设的组织机构。它的职能是负责饭店布件及员工制服的保管、收发、修补以及部分布件的加工制作,保证有足够合格的布件供周转和使用。

6. 洗衣房

饭店洗衣房的职能是负责本饭店布件和员工制服的洗烫,并为住店客人提供洗衣服务,有条件的还可以对外承接洗涤业务。随着洗涤业社会化程度的提高和饭店投资者创收意识的增强,加之其他因素的影响,越来越多的饭店,特别是一些中小型饭店已不再配置店属洗衣房。

四、客房部的岗位职责

岗位职责是组织对其员工进行选择、培训和考核的依据,也是各个员工选择岗位、了解工作、自我检查和自我约束的依据。由于各饭店客房部的规模和管理体制不同,岗位设置也略有不同。这里只介绍客房部主要岗位的基本职责。

1. 客房部经理

(1)向总经理或房务总监负责,主持客房部全面工作,严格贯彻执行饭店总经理的指示,策划部门人力、物力的安排,开源节流,确保营业计划顺利完成。

(2)抓好部门的组织建设和思想建设,制订部门培训计划,及时分析、研究员工的思想情况,做好团队建设工作。

(3)建立、健全各项规章制度,检查、督促岗位负责制和操作流程的执行情况,每天巡视本部门工作情况,发现问题及时整改,不断提高员工的服务质量,落实奖惩制度。

(4)加强与其他部门的联系,树立整体营销思想,互相沟通,实现饭店整体利益最大化。

(5)提出客房更新改造计划和陈设布置方案,确定客房物品、劳动用品用具的配备选购,提出采购方案。

(6)对员工进行考核并奖惩,选拔和培养员工,调动员工工作的积极性。

(7)抽查客房,检查 VIP 房,探访病客和常住客。

(8)检查各项安全工作。

2. 楼层主管职责

(1)接受客房部经理管理,主持所分管楼层的房务工作。

(2)认真做好本职工作,勤检查、勤督导、勤汇报,严格要求员工执行岗位责任制。

(3)巡视楼层,抽查客房卫生,查看VIP房和走客房。

(4)处理突发事件及投诉。

(5)与前厅接待处密切合作,提供准确的客房状况。

(6)对新员工进行入职培训,对在职员工进行岗位培训。

3. 楼层领班

(1)安排指导所分管楼层的服务员的工作。

(2)负责楼层物品存储消耗的统计与管理。

(3)巡视楼层,全面检查客房卫生情况、设施设备维修保养情况、楼面安全和服务质量,确保达到规定标准。

(4)熟练掌握操作程序与服务技能,能亲自示范和训练服务员。

(5)填写领班报告,向主管报告房况、住客特殊动向和客房、客人物品遗失损坏等情况。

(6)制订客房周期性清洁计划。

4. 客房服务员

(1)清洁整理客房,补充客用消耗品。

(2)填写做房报告,登记房态。

(3)为住客提供日常接待服务和委托代办服务。

(4)报告客房小酒吧的物品消耗情况并按规定补充。

(5)熟悉住客姓名、相貌特征,留心观察并报告特殊情况。

(6)检查并报告客房设备、物品遗失损坏情况。

(7)当有关部门员工需进房工作时为其开门并在旁边照看。

5. 客房服务中心值班员

(1)倾听住客电话提出的服务要求,迅速通知楼层服务员,如遇该楼层无法解决的难题,与主管协商或请总台协助处理。

(2)与前厅部、工程部等有关部门保持密切联系,尤其是与楼层和总台定时核对房态。

(3)接受楼层客房消耗的酒水报账,转报总台收银处入账,并与餐饮部联系补充事宜。

(4)负责楼层工作钥匙的保管分发,严格执行借还制度。

(5)受理住客投诉。

(6)负责对客人借用物品的保管、借还和保养。

(7)负责客房报纸的派发,并为VIP客人准备礼品。

(8)负责做好各种记录,填写统计报表。

(9)负责饭店拾遗物品的保存和认领事宜。

(10)负责员工考勤。

6.公共区域主管

(1)主管饭店所有公共区域的清洁卫生、绿化美化工作。

(2)督导领班和清洁员的工作。

(3)巡视公共区域,重点检查卫生。

(4)指导检查地毯保养、虫害防治、外窗清洁、庭园绿化等专业性工作。

(5)安排全面清洁工作。

(6)控制清洁物料的消耗量。

(7)协助部门经理对下属员工进行培训和考评。

(8)安排工作班次和休假。

7.布草房主管

(1)主管饭店一切布草及员工制服。

(2)督导下属员工工作。

(3)安排饭店员工定做制服。

(4)与客房楼面、餐饮部及洗衣房密切联系协作,保证工作任务顺利完成。

(5)控制布草和制服的运转、储存、缝补和再利用,制定保管领用制度,监察盘点工作。

(6)定期报告布草制服损耗量,提出补充或更新计划。

【课后练习】

一、单选题

1.下列不属于客房部机构设置扁平化和小型化的表现形式的是(　　)。

　　A.压缩机构层次　　　　　　B.减少分支机构

　　C.减少工种岗位　　　　　　D.缩减整个组织的职能

2.大中型饭店客房部一般分为(　　)、公共区域和洗衣房三个基本部分。

　　A.楼层　　　B.客房服务中心　　C.客房部办公室　　D.布草房

3.(　　)是客房部的主体,其主要职能是负责客房及楼层公共区域的服务与管理,为客人提供优质的客房产品。

　　A.客房楼层　　　　　　　　B.客房服务中心

　　C.公共区域　　　　　　　　D.办公区域

4.熟练掌握操作程序与服务技能,能亲自示范和训练服务员是(　　)的岗位职责。

A.部门经理　　　　　　　　B.客房主管
C.楼层领班　　　　　　　　D.高级服务员
5.负责饭店拾遗物品的保存和认领事宜是(　　)的岗位职责。
A.楼层领班　　　　　　　　B.楼层服务员
C.客房服务中心值班员　　　D.客房部办公室

二、判断题

1.组织结构的设置是否科学、职责制定是否合理、人员配置是否完善,都直接影响着客房管理的效率和效益。　　　　　　　　　　　　　　(　　)
2.客房部的组织机构应有统一的模式和固定的形态。　　　　　(　　)
3.客房服务中心是客房部的信息中心和联络协调中心。　　　　(　　)
4.布件房通常也是饭店必设的组织机构。　　　　　　　　　　(　　)
5.一些中小型饭店已不再配置店属洗衣房。　　　　　　　　　(　　)

第四节　客房部与其他部门的关系

饭店是由多个部门组成的一个有机整体。客房虽然是饭店向客人提供的最重要的产品,但如果没有饭店其他部门的配合支持,就无法保证客房商品令客人满意。因此客房部必须与饭店各有关部门保持密切的沟通联系,使客房工作得以顺利进行。

一、客房部与前厅部

饭店的客房部和前厅部是两个业务联系最多、关系最密切的部门。从经营角度讲,客房部是客房产品的生产部门,前厅部是客房产品的销售部门。两个部门之间能否密切配合,直接影响饭店客房的生产与销售。在很多饭店里,已不再分设客房部和前厅部,而是设置由这两个部门组成的房务部,或者饭店同时设有客房部和前厅部,但会设置一个房务总监来统管这两个部门,其目的是便于统一管理、减少矛盾。

客房部与前厅部之间的业务关系包括以下几个方面:

1.客房部为前厅部及时提供保质保量的客房,满足前厅部客房销售和安排的需要

客房部在安排客房的清扫整理时,应尽量照顾前厅部客房销售和为入住客人安排客房的需要。在入住率较高时,要优先清扫整理走客房、预订房和控制房,从而提高客房的周转率,避免让准备入住的客人等候太久。这样既能提高客房的出租率,又能提高客人的满意度。

2. 相互通报和核对客房状况,保证客房状况的一致性和准确性

对于前厅部来说,要销售客房,并能快速、准确、合理地为入住客人安排客房,就必须准确地清楚每一间客房当时的实际状况,避免出现差错。对于客房部来说,既要合理安排客房清扫整理工作、保证对客服务的质量,也必须准确地了解每间客房的状况。为此,前厅部和客房部须适时地通报和核对客房状况。

3. 相互通报客情信息

由于前厅部在客房销售和接待服务过程中,所了解和掌握的有关客房及客人的信息比较及时、全面,因此,前厅部应将这些信息及时通报给有关部门。其中,前厅部向客房部通报的信息主要包括:当日客房出租率;次日及未来一段时间的客房预订情况;饭店的重大接待活动;客人进离店的情况;客人的个人资料及对客房的特殊要求等。客房部可根据这些信息合理安排人力、物力,并调整客户服务方案,以加强工作的计划性和服务的针对性,有效控制人力、物力消耗,保证服务质量。

客房部在对客服务中对客人的具体情况及要求了解得比较全面、准确,客房部要及时将这些情况反馈给前厅部,便于前厅部做好客史档案的记录工作。另外,客房部还应在日常工作中协助前厅部做好诸如行李服务、留言服务、邮件服务、叫醒服务等重要工作。

4. 与前厅部共同安排客房的维修保养工作

客房的维修保养工作往往会影响客房的销售和客房的安排,同时也会牵涉前厅、客房、工程等各个部门。因此,这方面的工作最好由相关部门一同协商安排。

5. 两部门人员之间的交叉培训

在前厅部和客房部之间进行人员交叉培训,不但可以使员工相互了解和熟悉对方的业务,以达到加强沟通、增进理解、便于合作的目的,而且可以全面提高员工的业务能力,在营业旺季时,可在部门之间进行临时性人员的调配,从而为饭店的劳动力控制起到一定的推动作用。

二、客房部与工程部

客房部和工程部的关系十分密切,相互之间的矛盾也比较多。两部门能否很好地协调与配合,对于饭店的运行会产生很大的影响。他们之间的业务关系主要包括相互配合与交叉培训两个方面。

1. 相互配合,共同做好有关维修保养工作

发生在客房部与工程部之间的有关维修保养方面的矛盾主要有:责任不清、维修不及时、质量不过关、费用不合理等。为此,两部门应分别做好以下几点:

(1)客房部负责对其所辖区域和所管的设施、设备进行检查,发现问题尽可能自己解决,不能解决时,须及时按规定程序向工程部报告。

(2)工程部接到客房部的报告后,须及时安排维修,并确保质量,严格控制成本。

(3)当工程维修人员进场维修时,客房部的有关人员应尽力协助和配合,并对质量进行检查验收。

(4)共同制定有关维修保养的制度和程序,明确规定双方的责任、权利和奖惩措施。

2. 交叉培训

(1)工程部对客房部员工进行维修保养方面的专门培训,使客房部能够正确使用有关设施、设备,并能对设施设备进行检查和简单的保养与维修。

(2)客房部对工程部有关员工进行客房部运行与管理业务的培训,使工程部对客房部的运行规律和基本业务有所了解,从而提高协作配合的自觉性和责任感。

三、客房部与采购部

客房部与采购部的业务关系主要集中在物资的采购与供应方面。

(1)客房部提出申购报告。客房部要了解本部门所需各项物资的现存量,预测未来一段时期的需求量及目前饭店仓库的盘存量,并根据这些情况提出未来某一时期的物资申购报告,然后将报告送财务等部门审核,再由饭店有关领导审批。

(2)采购部根据经审批的物资申购报告,经办落实具体的采购事宜。

(3)客房部参与对购进物资的检查验收,把好质量和价格关。

(4)两部门相互通报市场及产品信息。

四、客房部与餐饮部

虽然客房部与餐饮部在业务内容上有很大的差异,但两个部门之间也有很多业务联系,主要表现在以下几点:

(1)客房部负责餐饮部营业场所的清洁保养工作。为保证餐饮服务人员集中精力做好餐饮服务工作,节省清洁设备和清洁用品的分散配置等,餐饮营业场所的清洁保养工作通常由客房部下属的公共区域清洁组负责。

(2)客房部负责餐饮部所有布件及员工制服的洗烫、修补工作。

(3)为饭店的大型接待活动做好协调配合工作。客房部和餐饮部常常是饭店大型接待活动的主要接待部门,因此,两部门必须密切配合,在事前、事中、事后全过程中相互支持。

(4)两部门配合做好贵宾房的布置、客房送餐等服务工作。在接待贵宾时,房间中大多备有水果和点心,以体现一定的接待规格,而这些水果、点心通常由餐饮部负责提供,并按一定的标准在客房内布置摆放。因此,凡有这些要求的贵宾房,都须由餐饮部参与布置。

(5)交叉培训。客房部和餐饮部之间也有必要进行人员的交叉培训,使员工做到一专多能。

五、客房部与财务部

(1)财务部指导和帮助客房部做出部门的预算,并监控客房部预算的执行情况。

(2)财务部指导、协助并监督客房部做好物资管理工作。

(3)客房部协助财务部做好客人账单的核对、客人结账服务和员工薪金支付等工作。

六、客房部与保安部

(1)保安部指导和帮助客房部制订安全计划和安全保卫工作制度。

(2)保安部对客房部员工进行安全保卫的专项培训,以增强客房部员工的安全意识,提高客房部员工做好安全保卫工作的能力。

(3)客房部积极参与和配合保安部组织的消防演习等活动。

(4)客房部和保安部相互配合做好客房安全事故的预防与处理工作。

七、客房部与公关营销部

现代饭店提倡全员营销的理念,要求每个部门、每位员工都参与饭店的公关营销活动。因此,客房部也必然要和公关营销部发生很多业务联系。

(1)客房部配合公关营销部进行广告宣传。

(2)客房部参与市场调研及店内外促销活动。

(3)公关营销部及时将有关信息反馈给客房部,为客房部提高客房产品和客房服务质量提供指导和帮助。

(4)部门之间需要进行交叉培训。公关营销部对客房部员工进行饭店公关营销技能的专项培训,以提高其公关营销能力;客房部对公关营销部人员进行客房产品知识的培训,使其对客房设施、设备及客房服务有全面的了解,以提高其销售工作的准确性与针对性。

八、客房部与人力资源部

(1)人力资源部审核客房部的人员编制。

(2)相互配合做好客房部的员工招聘工作。

(3)人力资源部指导、帮助、监督客房部做好员工的培训工作。

(4)人力资源部对客房部的劳动人事管理行使监督权。

(5)人力资源部负责审核客房部的薪资发放方案。

(6)人力资源部协助客房部进行临时性人员调配。

【课后练习】

一、单选题

1.饭店的客房部和(　　)是两个业务联系最多、关系最密切的部门。
　A.前厅部　　　　　　　　B.餐饮部
　C.工程维修部　　　　　　D.人力资源部

2.不属于客房部配合前厅部完成的工作内容的是(　　)。
　A.行李服务　　　　　　　B.叫醒服务
　C.送餐服务　　　　　　　D.留言服务

3.大型饭店会设置一个(　　)来统管客房部和前厅部,其目的是便于统一管理、减少矛盾。
　A.行政总监　　　　　　　B.房务总监
　C.餐饮总监　　　　　　　D.人事总监

4.餐饮营业场所的清洁保养工作通常由(　　)负责。
　A.餐饮部　　　　　　　　B.前厅部
　C.管家部　　　　　　　　D.客房部

5.客房部应与(　　)配合做好贵宾房的布置工作。
　A.前厅部　　　　　　　　B.餐饮部
　C.采购部　　　　　　　　D.营销部

二、判断题

1.客房部在安排客房的清扫整理时,应尽量照顾前厅部客房销售和为入住客人安排客房的需要。　　　　　　　　　　　　　　　　　　　　(　　)

2.在入住率较高时,要优先清扫整理走客房、预订房和控制房,从而提高客房的周转率,避免让准备入住的客人等候太久。　　　　　　　　　(　　)

3.前厅部和客房部须适时地通报和核对客房状况。　　　　　　(　　)

4.当工程维修人员进场维修时,客房部的有关人员应尽力协助和配合,并对质量进行检查验收。　　　　　　　　　　　　　　　　　　　　(　　)

5.客房部应积极参与和配合保安部组织的消防演习等活动。　　(　　)

第五节　客房部的员工素质与能力要求

饭店能否提供高水平的客房服务,关键的因素之一是客房部员工的综合素质和服务能力。客房服务员应具备的素质是多方面的。素质专指一个人经过长期锻炼、学习所达到的一定水平和素养,有多方面的内容和要求,如思想道德素质、文化科学素质、身心素质等。能力也称本领,是一种心身能量,主要包括三部分,即具备专业知识、执行能力和学习能力。素质高是具备能力的前提和基础,并通过不断地实践进一步转化为能力;能力强、本领大是素质高的充分体现。素质和能力,二者相互区别又相互统一,相辅相成、互相促进。

一、客房管理人员的基本素质要求

(一)客房部经理须具备的素质

1. 知识要求

(1)具有大专及以上学历或同等学力。

(2)掌握饭店管理理论知识,熟悉饭店客房经营管理专业知识及全面质量管理知识,懂得成本管理与核算,了解市场营销和公关知识。

(3)熟悉《旅游法》《消防条例》《治安管理处罚条例》,了解宗教常识和风俗习惯等。

2. 能力要求

(1)具有组织、指挥和控制、协调所辖部门完成工作目标的能力。

(2)具有协调各方关系,并有调动和激励下属工作的能力。

(3)具有提高服务质量和经济效益的能力。

(4)能与客户保持良好的关系,与其他部门保持协助关系。

(5)能果断灵活处理突发事件和客人投诉。

(6)有较强的文字和语言表达能力。

(7)外语会话流利。

(8)具有良好的沟通能力和团队合作意识。

3. 经历要求

曾任客房部经理助理一年或主管三年以上。

(二)楼层主管需具备的素质

1. 知识要求

(1)具有大专及以上学历或同等学力。

(2)掌握客房管理知识,懂得管理心理学和公共关系学知识,熟悉客房的服务规范和接待礼仪以及急救、消防、安保知识。

(3)了解旅游法规,治安和消防管理条例。

2.能力要求

(1)能带领和组织下属完成本辖区各项工作。

(2)能与有关部门和管区保持良好的合作关系。

(3)能对员工进行思想教育和业务培训。

(4)能处理客人投诉和各类特殊情况。

(5)能撰写工作报告,有较好的语言表达能力。

(6)外语会话流利。

(7)具有良好的沟通能力和团队合作意识。

3.经历要求

从事客房领班一年或客房工作三年以上。

(三)楼层领班须具备的素质

1.知识要求

(1)中等职业学校或高中毕业。

(2)熟悉客房服务、清洁和设备、物料管理规程和标准,懂得接待礼仪和了解各国风俗,掌握急救、消防、安保知识。

2.能力要求

(1)能安排和督导班组员工按照服务规范和质量标准,完成楼层各项工作。

(2)能及时准确地检查客房。

(3)能迅速、妥善地处理客人投诉。

(4)能撰写一般工作报告。

(4)外语会话流利。

(5)具有良好的沟通和团队合作意识。

3.经历要求

从事客房服务工作两年以上。

二、客房部员工的素质

面对面的对客服务使客房工作具有复杂性与随机性,对客房服务员的素质提出了较高的要求:如爱岗敬业,品行端正,有良好的卫生意识、服务意识、安全意识等;掌握基本礼仪和饭店管理与服务知识;身心健康;具有一定的艺术眼光和修养。

(一)思想道德素质

1. 爱岗敬业

热爱是工作最大的动力。只有热爱本职工作，不怕苦不怕累，才能做好客房工作。客房部的主要工作就是清洁卫生，如客房卫生、公共卫生、洗涤衣服和布草等，因此，在客房部工作的员工必须不怕脏，任劳任怨，吃苦耐劳。

2. 品行端正

客房工作人员必须遵守劳动纪律。由于所在岗位的特点，客房部的员工，尤其是楼层服务员会经常出入客人的房间，有机会接触到客人的行李物品，其中当然也包括一些贵重的钱物。如果没有良好的道德品质，见财起意，利用工作之便顺手牵羊拿走客人的物品，就会给饭店的形象与名誉带来不可估量的损失。

3. 职业意识

客房部属于服务性部门，客房服务员的职责是要为客人提供满意的服务。除需具备专业化、流程化、个性化服务品质外，客房服务员还需要具有很好的服务意识，做到全心全意服务；具备良好的卫生意识，搞好清洁卫生。对客房服务员而言，掌握房间清洁卫生程序与标准是必不可少的，除此之外，还要具有较强的安全意识，承担起对客人的生命、财产以及自我安全的保护责任。

【知识链接】
客房服务工作礼节规范

客房服务工作已形成了一套较完整的礼节规范，如"六无""三轻""八字""五个服务""五声""五先原则""十一个字"等。

（1）"六无"指客房卫生要做到无虫害、无灰尘、无碎屑、无水迹、无锈蚀、无异味。

（2）"三轻"要求客房服务员工作时，要说话轻、走路轻、操作轻。

（3）"八字"要求客房服务员从宾客进店到离店，自始至终要做到迎、问、勤、洁、灵、静、听、送八个字。

①迎：客人到达时要以礼当先，热情迎客。

②问：见到客人要主动、热情地问候。

③勤：服务员在工作中要勤快，为宾客提供快速敏捷、准确无误的服务，同时在工作中还要做到手勤、眼勤、嘴勤、腿勤，为宾客办事勤快，不图省事，不怕麻烦。

④洁：房间要清洁，勤整理，做到每日进房检查整理房间。坚持茶具消毒，保证宾客身体健康。

⑤灵：办事要认真，机动灵活，眼观六路，耳听八方，应变能力强。

⑥静：在工作中要做到说话轻、走路轻、操作轻，保持楼层环境的安静。

⑦听：在工作中要善于听取客人意见，不断改进工作，把服务工作做在客人提

出之前。

⑧送：客人离店要送行，表示祝愿，并欢迎其再次光临。

(4)"五个服务"包括主动服务、站立服务、微笑服务、敬语服务、灵活服务。

(5)"五声"指宾客来店有欢迎声，宾客离店有告别声，宾客表扬有致谢声，工作不足有道歉声，宾客欠安有慰问声。

(6)"五先原则"指先女宾后男宾、先客人后主人、先首长后一般、先长辈后晚辈、先儿童后成人。

(7)"十一个字"包括"您""您好""请""谢谢""对不起""再见"。

(资料来源：刘红专.客房服务与管理.桂林：广西师范大学出版社，2014.)

(二)文化素质

1.掌握基本礼仪知识

俗话说"礼多人不怪"，饭店也不例外，尤其客房是对外的服务窗口，是饭店的形象标志，与社会各界人士交往，日常对客服务量较大、涉及面广、变化性多、综合性强，更需掌握基本礼仪，提供优质的服务。

(1)正确的体态语。

①站姿。古人云："站如松。"尽量保持身体的挺直，不可歪斜。

②行姿。行姿往往是最引人注目的体态语言，最能表现一个人的风度，行姿优美，可增添个人的魅力。

③坐姿。正确规范的礼仪坐姿要求端庄而优美，给人以文雅、稳重、自然大方的美感。正确的礼仪坐姿要求"坐如钟"，指人的坐姿像座钟般端直。

④低身取物。女员工低身取物或工作时，切忌弯上身、翘臀部，要采用下蹲和屈膝动作。

⑤手势。适当地运用手势，可以增强感情的表达。

⑥面部表情。如果将对一个人的总体印象假定为100%的话，那么，其中75%的印象则来自人的表情，包括神态和态度，特别是微笑。而表情礼仪是指人们对目光和笑容两方面的礼仪规范。表情礼仪的总体要求是：热情、友好、轻松、自然。

(2)握手礼。

握手礼是人们在交往时最常见的一种礼节。行握手礼时，应距离受礼者一步远，上身稍前倾，两足立正，伸出右手，四指并齐，拇指张开朝上，向受礼者握手，礼毕即松开。

(3)致意礼。

点头致意是同级或平辈之间的礼节。当公共场合或在路上行走遇到相识的朋友或同事时，在不便打招呼的情况下，一般点头致意即可；距离较远时，可举起右手打招呼。

(4)操作礼。

操作礼主要是指服务人员在日常工作中的礼节。服务人员在日常工作中要着装整洁,注意仪表,举止大方,态度和蔼,工作期间不能大声喧哗、开玩笑、哼小曲,要保持工作地点或客房的安静。

(5)鞠躬礼。

鞠躬礼一般是下级对上级或晚辈对长辈以及初次见面的朋友之间的礼节。

(6)接电话的礼仪。

电话铃一响,应立即放下其他工作,及时接听电话。接电话以铃响三次以内接听为宜。拿起话筒后,要主动问好并自报家门。问候对方是礼貌的表示;自报家门则是为了让对方验证一下,是否拨错了电话、找错了人。

(7)乘电梯的礼仪。

客房的员工要乘员工电梯。管理人员因工作需要乘客用电梯时,注意让客人先行。进入电梯后应面向电梯门,站在操作面板前,为客人按电梯键。按电梯键时,一定要用手指轻按,一次即可,不要连续按键;不能用手中的物品直接按键,更不能用导电的金属代替,如钥匙等,以免发生意外。

(8)客房礼仪禁忌。

①举止禁忌。严忌姿势歪斜、手舞足蹈、以手指指人、拉拉扯扯、相距过近、左顾右盼、目光远眺、频频看表、舒伸懒腰等。

②谈话内容禁忌。严禁荒唐、淫秽语言及随意询问他人履历、子女私事、工资收入、私人财产、衣饰价格、批评尊长、非议宗教、嘲弄旧俗等。

③礼遇禁忌。严忌冷落他人、独谈到底、轻易表达、打断异议、纠缠不止、随意传话;严忌蓬头垢面,衣装鞋帽或领口袖口不洁;忌挖眼屎、擤鼻涕、抠鼻孔、剔牙齿、剪指甲等不雅动作及随地吐痰、乱弹烟灰、乱丢果皮纸屑或者其他不清洁之物。

2.掌握基本技能知识

(1)计量计价的知识。包括法定计量单位及其换算、行业用计价单位的使用、清洁用化学剂百分比配制和份数比配制等知识。

(2)清洁设备的知识。包括一般清洁器具、清洁设备的使用知识,如客房卫生间三大洁具、常用清洁剂的种类和使用知识。

(3)客房商品的知识。包括客房、床、布件的种类,功能空间的设备使用和维护,客房用品以及客房服务规程等知识。

3.具备一定的外语水平

在接待外国客人时,服务员要能用外语为客人提供服务。否则,就会影响服务质量和饭店在客人心目中的形象。

4.掌握相关法律法规知识

客人自入住就与饭店形成事实上的经济法律关系,为保护客人和饭店的合法权益,保障饭店的正常经营秩序,必须正确处理客人和饭店之间的纠纷。因此,客房部的员工必须掌握相关的法律、法规知识,具体包括:《劳动法》、《消费者权益保护法》、《治安管理处罚条例》、《旅馆业治安管理办法》、《旅游安全管理办法》、《涉外人员守则》、《消防条例》、企业经营管理法规、环境保护法律法规、有关旅馆安全的地方性法规等相关知识。

(三)身心素质

客房部的工作是为客人提供综合性的服务工作,一般来说,客人对服务的要求标准较高,其中包括有形的硬件服务和无形的软件服务。因此,对客房服务员来说,需要有很好的身心素质,才能做好客房服务工作。

1.身体素质

客房部的工作相对来说较为繁杂,体力消耗较大,一般的工作定额要求日班清扫服务员在8小时内完成12~14间标准房的清洁整理工作,晚班服务员负责40~50间房的夜床服务。日班领班要负责带6~8名服务员,检查80~100间客房;晚班领班要负责160~200间客房的检查工作。因此,员工必须具有健康的体魄。

2.心理素质

饭店员工存在文化素质相对不高、工作压力大、职业发展不稳定及人际关系等问题,会在不同程度上影响员工的工作效率,因此,饭店员工一定要树立正确的自我意识,自尊、自信、自强,保持积极乐观的态度,具备一定的自我心理调节能力。

(四)艺术素质

艺术素质,指的是对艺术的欣赏能力和表现能力的综合体现,主要包括对音乐、舞蹈、绘画、雕塑、建筑、文学、戏剧、影视等艺术的欣赏、感受、认知等。简单地说,艺术素质就是感受美、鉴赏美和创造美的能力。星级越高的饭店,对客房员工的艺术素质要求越高。在着装打扮、客房设计、待人接物上,都要求客房服务员有基本的艺术常识,如着装打扮上如何清新淡雅使客人觉得亲切温暖;客房设计上如何搭配颜色、物品,布置运用常用的装饰材料,让客房既时尚又高雅;在客房接待上,员工若能够欣赏诗词歌赋或擅长琴棋书画,和客人交谈交往时会提升自身的形象,让客房服务变得更美好。因此,客房员工要提高艺术鉴赏能力,正确引导自身的审美趣味,丰富精神生活,提升客房服务品质。

三、客房部员工的能力要求

能力,就是指顺利完成某一活动所必需的主观条件。能力是直接影响活动效率,并使活动顺利完成的个性心理特征。客房部员工的能力是一个人完成客房服务任务,从事与客房服务相关活动所必备的本领。客房部员工能力特征如下:注意力集中,思维敏捷,记忆客情能力强,反应迅速,形象、思维能力较好,语言表达能力较强,有一定的观察能力并且善于进行社会交往。饭店客房部员工的能力包括服务能力、业务技能、应变能力。

(一)服务能力

1.语言沟通能力

客房部的员工与各种各样的人打交道,直接对客服务,需要掌握一定的语言表达能力,这是服务与管理的必备能力。

(1)应当熟记和掌握本部门的专业用语和常用语。

①专业用语。客房里日常工作用语中所使用的一些专业用语通常是英语的缩写,如"OCC"是住客房"Occupied Room"的英文缩写;"DND"是请勿打扰房"Do Not Disturb Room"的英文缩写;"S/O"是外宿房"Sleep Out Room"的英文缩写等,需要用心记忆,否则会给日常工作带来困扰。

②常用语。通常包括:征询用语,如"我能为您做点什么?""请问您还有其他需要吗?""您觉得这个怎么样?""这里有……您想要哪一种?""您是不是先看一下房间?""您不介意我来帮助您吧!"等;应答用语,如"请稍等!""好的,没问题!""好的,我马上过来!""这是我的荣幸!""不客气!""不用谢,这是我应该做的!"等;赞赏用语,如"谢谢您!""感谢您的支持!""感谢您对我店的大力支持!"等;祝贺用语,如"祝您生日快乐!""祝您新春愉快!""祝您居住愉快!""祝您旅途愉快!"等;致歉用语,如"很抱歉先生,为了您的安全,我们需要核对一下您的身份证。""对不起,让您久等了!""实在对不起!"等。

(2)能够说比较标准流利的普通话。

普通话是现代汉族共同语,是消除方言隔阂、沟通各方言区人们交往的最好的交际工具,同时普通话也是个人素质和能力的外在体现。普通话较之地方方言,更显得优雅得体。一般来说,客房服务员在普通话上要求达到国家语言文字委员会规定的二级乙等水平。

2.对客服务能力

客房服务员在对客服务时态度要和蔼可亲,动作要快速敏捷,服务程序要准确无误。

饭店员工的言行举止应该做到以下方面:

(1)文明礼貌、安静祥和。见到客人和同事应该打招呼、问好,并主动询问客人是否需要帮忙。有客人在时应该停止内部的对话,转而关注客人的需求。如果在和另外的客人讲话或通电话时,应该用眼神向客人打招呼。由于工作需要乘客用电梯时,应该保持安静,不要大声和同事或其他客人讲话。

(2)礼让客人、主动回避。客人使用饭店公共设施时,服务员应该自觉礼让,让客人优先使用,如让客人优先出入电梯、在走廊通道礼让客人先走等。而在做客房清洁卫生时,如果住客回房间应该主动询问是否打扰客人,并主动回避。

(3)方便客人、细致周到。服务是为了方便客人,饭店服务员不应该因为正在为客人服务而使客人不便。如在清洁公共卫生间时,如果有客人使用,应该先让客人使用,然后再继续清洁;客人入住高峰期不应该安排大堂地板打蜡;客人使用电梯时不应该抢先在里面打扫;陪同客人到饭店内的目的地,而不是仅指明方向了事等。

(二)业务技能

业务技能是指从事某一活动的技术和能力。客房是客人的家外之家,要保证客人住得舒适满意,客房服务人员必须熟练掌握客房清扫、楼面接待及其他区域的清洁保养等相关工作的方法。如不同房态的清扫、铺床的速度与质量、大理石的抛光打蜡、地毯的吸尘等,可以通过针对性的培训和技能比赛来提高员工的业务水平。

(三)应变能力

应变能力是指应对突发事件和特殊情况的能力,诸如火警、客人遗留物品处理、客人生病等场景。应变能力是服务人员应具有的特殊服务技能。客房部每天要接待大量客人,免不了会发生这样或那样的事情,这就要求服务员具备较强的应变能力,能随时解决各种突发问题。

【课后练习】

一、单选题

1. 饭店能否提供高水平的客房服务,其中一个关键的因素是客房部员工的综合素质和客房部员工的(   )。
   A.服务能力   B.应变能力   C.协调能力   D.业务能力
2. 客房部经理必须具有曾任客房部经理助理一年或主管(   )以上的经历。
   A.五年   B.四年   C.三年   D.二年
3. 客房部的主要工作就是做好(   )工作。
   A.清洁卫生   B.楼面接待   C.楼层安全   D.服务质量
4. 饭店客房部员工的能力不包括(   )。
   A.服务能力   B.业务技能   C.语言能力   D.应变能力
5. 一般来说,客房服务员在普通话上要求达到国家语言文字委员会规定的(   )水平。

A.一级乙等　　　B.二级乙等　　　C.二级甲等　　　D.三级甲等

二、判断题

1. 楼层主管能安排和督导班组员工按照服务规范和质量标准,完成楼层各项工作。　　　　　　　　　　　　　　　　　　　　　　　　　（　）
2. 点头致意是同级或平辈之间的礼节。　　　　　　　　　　　　（　）
3. 行握手礼时,应距离受礼者一步远,上身稍前倾,两足立正,伸出右手,四指并齐,拇指张开朝上,向受礼者握手,礼毕即松开。　　　　　　（　）
4. 客人使用饭店公共设施时,服务员应该自觉礼让,让客人优先使用。（　）
5. 服务是为了方便客人,饭店服务员不该因正在为客人提供服务而给客人带来不便。　　　　　　　　　　　　　　　　　　　　　　　　　（　）

第五章　客房的功能设计与设备用品配备

客房是饭店的基本设施。饭店的投资中有相当一部分是用于客房的土建、内外装修和设施设备购置。客房是饭店经营的主要部分，出租客房是饭店的主要任务，也是饭店设计的一个重点。力求使饭店客房具有独特的风格和一定等级的舒适程度，给客人留下良好的印象，是饭店经营者追求的目标。饭店客房产品设计布置是否合理，直接影响饭店经营效益和对客人的服务质量。

第一节　客房的功能设计

客房是饭店的主要产品之一，也是宾客在饭店的主要活动场所，更是享受旅途乐趣的场所。伴随着我国经济的快速发展，客房的风格特点越来越为入住饭店的客人所关心，客房从过去的以住宿为主要功能转向以体现生活品位和享受舒适为主要功能。饭店的经营决策者也越来越注重使自己饭店的客房与众不同。客房的设计和布置是一种艺术，更是一种科学，艺术来自人的审美，科学源于人的需求。

一、客房设计理念

宾客入住饭店后，其在餐厅用餐的时间可能会有 2 小时，在康乐区域娱乐的时间可能会有 4 小时，但是其在客房内逗留的时间会长达 10 小时，甚至更长时间。所以，客房的个性化设计、装饰会对客人产生深远的影响，也是客人选择是否再次入住的重要因素。如今饭店的经营者已越来越注重对饭店的更新改造，目的就是让住店宾客感觉常住常新。

在过去较长一段时间里，客人被传统的饭店客房设计培育出了一种相当牢固的观念，或者说已经形成了一种心理定势：只有这种"刀把型"的客房才看得惯；只有这种客房里的"黑洞"式的卫生间才用得惯；只有自己在这类客房里见过的、熟悉的家具才用得惯。相反，只要有一处不同，有一处未曾见过，有一处有点"怪"，就无论如何都接受不了，而不接受的原因则经常是"没见过""未必客人认可"等。事实上，客房设计具有完整、丰富、系统和细致的内容，这已经是对世界上很多优秀饭店几十年经营管理经验的总结。同时，随着时代与技术的进步，以及人类生活与消费观念的更新，又使客房这个与旅行者个人关系最为密切的私人空间，面临着不断的变革与新的需求。

(一)功能、风格与人性化的统一

饭店客房的室内设计有三个主要内容：一是功能设计，二是风格设计，三是人性化设计。

在设计的顺序上，三项内容先后顺序应该是功能第一、风格第二，人性化第三；但在设计的整体构思上，三项内容则要统一思考、统一安排，不分先后，不可或缺。功能服务于物质，风格服务于精神，而人性化设计是对物质与精神融合以后实际效果的检验与深加工。这三项工作的共同目的就是要为饭店赢得品牌和经营上的真正成功。

(二)营造宾至如归的家庭氛围

一般入住饭店的宾客，无论工作还是观光旅游，在异地劳累了一天，总希望回到饭店犹如回到家里一样温馨和舒适。营造宾至如归的家庭氛围即最大限度地满足不同宾客的物质需求和精神需求，充分考虑不同宾客的需求特点和审美趣味。对来自不同国家、不同民族和不同地区的宾客，或来自同一国家、同一民族和同一地区的不同年龄、不同性别、不同职业和不同文化背景的宾客，由于生活习惯、文化习俗不同，应有不同的考虑。

(三)体现饭店的经营宗旨和目标

不同的饭店有其不同的经营宗旨和目标、有其不同的客源市场，因此，不同类型的饭店，其客房设计的重点与要求也各不相同。客房的平面布局、环境设计应以饭店的经营理念为出发点，如度假型饭店客房应营造轻松愉快的度假气氛，商务型饭店客房则应注重商务设施的完善。另外，同一饭店不同等级标准的客房应通过装潢设计体现不同的礼仪规格。

(四)体现高雅的文化品位

客房的装修风格和气氛，应传承一定的文化内涵，形成饭店的风格和特色。在客房设计中，首先应根据饭店的建筑风格确定客房主题，形成整体的装修构思，要通过整体的搭配来形成风格和特色；然后围绕主题，在室内空间的组织、家具的选用、材料的运用、饰物的质感和色彩等方面进行考究。并且，饭店的每一间客房设计都应不尽相同，各具特色。宾客每次来饭店，入住的房间都不一样，这就能引起宾客极大的兴趣，吸引其重复入住，在满足客人物质与精神需求的同时，也稳定了饭店的客源。

二、客房设计的原则

(一)客房设计的一般原则

客房是宾客生活、起居、办公的重要场所，其设计布置应综合考虑安全、健康、舒适、实用与美观等原则。

1. 安全性原则

安全性是"健康、舒适、效率"的前提。饭店客房的安全主要表现为防火、治安和保持客房的私密性等方面。

(1) 防火。

根据资料统计,城市公共建筑中以饭店的火灾事故发生率最高,造成死亡人数也很多。饭店火灾很大比例是由客房内客人在床上吸烟引起的。由于客房空间小,着火易产生大量烟雾而使人窒息。因此,把消灭火灾的重点放在预防上是饭店消防的重要工作。

(2) 治安。

饭店客房治安的重点是加强门锁的控制。配备电子暗码锁和与其相匹配的电子磁卡钥匙,可大大提高客房安全程度。因为使用电子门锁既便于对日常钥匙的使用进行控制,又可减少钥匙遗失带来的不良后果,同时,客房最好配备具有防盗和呼救功能的安全设施。

(3) 客房私密性。

饭店客房是私密性场所,要求安静,不受他人干扰。因此,应采取走廊错开客房门的设计手法,以加强客房的私密性;也可采取葫芦形走廊的手法,拉大房门之间的距离,使客房门前形成一个较安静的空间。

2. 健康性原则

环境直接影响人的健康。噪声危害人的听觉健康;照明不足影响人的视觉健康;生活在全空调环境内,会因新风不足、温湿度不当而损害人的身体健康。因此,建造高层饭店首先要选择在环境良好的地区,并有合理的总体布局。

3. 舒适性原则

(1) 客房空间的舒适感。

客房的舒适感由无数主观评价形成,不像声、光、热那样有具体的测定数据。来自不同国家、地区的客人因生活习惯不同,对客房的主观评价也不同。因此,需要以国际客人的习惯进行设计与评价,只满足某种传统习惯是不合理的。

客房空间能反映一定的舒适感,等级越高越宽敞。依据最新修订标准《旅游饭店星级的划分与评定》(GB/T 14308—2023),各星级饭店客房面积须遵循以下强制性规范:

一星级标准间净面积≥15m^2,套房≥24m^2,客房卫生间须确保3.5m^2净使用面积并配置基本盥洗设施;

二星级标准间≥18m^2,套房≥28m^2,客房卫生间须确保提升至4.0m^2且须干湿分离;

三星级标准间≥20m²(其中起居区域≥12m²),套房≥32m²,客房卫生间要求达到5.0m²并配备浴缸及独立通风系统;

四星级标准间≥24m²(起居区域≥14m²),套房≥36m²且须配置独立行李间,客房卫生间规范为6.0m²以上且强制设置双台盆及智能卫浴设备;

五星级标准间≥30m²(起居区域≥16m²),套房≥48m²并强制设置步入式衣帽间卫生间,须满足8.0m²基准面积,并配置分离式卫浴空间、应急呼叫装置及无障碍设施。

新标准增设智能客房专项要求:五星级饭店30%客房须配备环境智控系统,四星级需达15%。绿色饭店认证企业需额外增加5%客房面积用于生态设施布局。新国标特别强调,所有星级卫生间须配置节水型器具且照度标准不低于150lx。

客房的窗户也反映了一定的舒适感。饭店位于海边时,窗即向海;饭店位于山下,窗则向山。面对绚丽的风光,窗愈大愈能更好地欣赏优美的风景。广东珠海石景山庄坐落在石景山麓,客房窗外均能见到优美的景色。有时,在天空与美景的映衬下,精致的阳台栏杆也可使客房平添几分情趣。

(2)家具与装修创造的舒适感。

不同国家、不同经济水平、不同文化素养的客人对客房氛围有不同的要求:或浓郁粗犷,或清新细腻,或奢华富丽,或简洁雅致。客人的心理要求可以分为两大类:一类希望客房符合客人本人的生活习惯和水平,走进客房如同回到家中一样方便舒适、亲切愉悦;另一类则希望客房与旅游地、饭店公共活动部分一样具有鲜明的地方特色、异国情调,进入客房能继续感受异乡客地的空间环境,享受新鲜有趣的异国风情。

饭店客房设计要充分考虑这两个方面的要求,既舒适又有特色。上海和平饭店拥有最具特色的九国式特色套房,分别表现了各国的典型建筑风格;驰名于世的日本东京帝国饭店,既有豪华的西式套间,又有表现浓郁乡土情调的和式套间。

创造客房气氛主要依赖家具和装修。一般双床间客房家具占客房面积的33%~47%,是客房的主要内容。家具承担着相当一部分反映文化传统、体现民族风格的重任,是饭店设计的重要课题之一。

(3)现代设备提供的舒适感。

现代科学技术为饭店客房提供了不少可供选择的设备,这些设备提升了客房的舒适感。

饭店专用电话使来自不同国家的客人在不熟悉所在国语言、文字的情况下,无须通话,只要按电话按键就能迅速与洗衣、美容理发、送热饮料等有关服务部门取得联系,从而马上得到上门服务。

呼唤系统使饭店客人能方便地找到服务员。系统不仅设在客房床头,有的还设置在浴室中,以便沐浴的客人能在紧急情况下呼叫服务员。

音响系统给客房带来生机,备有音乐、新闻、商情等多种可以选择的频率是十分必要的。

电视系统无论是城市电视还是店内闭路电视,与音响系统一样,是客人消遣娱乐的主要设备。开关控制、频道选择及各种微调能否遥控,反映了不同等级的客房的舒适度。

空调设备的微调方便客人自行调节温度,来自热带、寒带等不同地区的客人可按照自己的习惯要求调节室温,以达到主观感觉的最佳状态。

(4)卫生间的舒适感。

卫生间面积一般为 $3.5\sim 8m^2$,因等级不同,设施设备的数量与大小也不同。一个卫生间面积不足 $4m^2$ 会显得局促,面积过大也会显得空旷。

为方便双床间的客人使用卫生间,有的饭店将马桶独立设置,有的将面盆独置,也有的设置两个面盆。豪华级饭店客房卫生间常将各种卫生设备分开设置,专设洗脸室、洗澡室与厕所,空间均有特殊处理,以产生独特布局,其面积也大为增加。

卫生间的建筑五金与水暖五金也是提高舒适感与等级的重要因素。

现代饭店毛巾分类很细,浴巾、面巾、地巾、抗菌处理面巾、专属 Logo 刺绣方巾、擦手巾及婴幼儿专用巾等的安放位置要明确各不混淆。为保证毛巾的干燥,毛巾架位置需避免洗浴水珠溅湿,不宜置于浴盆顶端;为方便淋浴、盆浴,肥皂架应一高一低;为避免淋浴时淋湿头发,淋浴器宜定为 1.7m 高,且应备有浴帽;为方便客人化妆或剃须,卫生间还应配有具备放大功能的镜子;浴盆旁的拉手应分坐、立两种不同高度,它与浴盆高度密切相关,离地尺度应细致讲究;水暖五金中混合龙头以一手能控制各种性能为最佳(指一手能控制开、关及热水、冷水的调节)。

4.实用性原则

客房布置得好坏不但会影响服务效率,还会直接影响客人对饭店的印象,并最终影响客房的服务质量。因此,做好房间的布置工作具有重要意义。客房设计与布置要注重实用性,要恰到好处地利用空间,既方便客人在室内的生活起居,又方便服务员的清洁操作。此外,镜子的高度、灯光的亮度等都要适宜。要选择价廉物美、便于清洁和保护的室内用品和设备。

5.美观性原则

客房的装饰布置是一门艺术,在注重实用的基础上,客房的设计和装饰布置还要强调和谐与美观,要使客房内的设施设备、各种用品及其色彩成为一个和谐的整体。为此,一些大饭店甚至设有专职的室内装饰员,负责房间内部的装饰,家具的摆设,室内颜色的搭配,窗帘、壁画、灯光的调节等。

(二) 卫生间设计的原则

卫生间是客房的重要组成部分。清晨,当客人为一天的开始做准备时,最迫切需要的空间是卫生间;傍晚,结束了一天的旅游活动或忙碌的工作,浴室则是消除疲劳、放松身心的最佳场所。随着社会的进步、人们生活质量的提高,卫生间的功能开始走向多样化,其已不仅是传统的满足人们生理需求的地方,而且日益成为人们化妆、健身和享受生活、追求美的场所。因此,人们对卫生间的要求也越来越高。卫生间的设计应遵循宽敞、明亮、舒适、安全、方便、实用和通风等原则。

1. 宽敞

星级饭店强制要求客房卫生间实现盥洗、沐浴、如厕三区分离,五星级须设置独立化妆区域,四星级以上客房100%配置无障碍卫生间,通行净宽≥800mm。卫生间要有宽敞的活动空间,使客人感到舒适,避免由于空间狭小,使客人活动不便或感觉压抑。另外,还要有足够大的化妆台,供饭店放置各种卫生用品和供客人搁置自带的化妆用品,以满足客人(尤其是女性客人)追求美的需要。按照我国饭店的星级评定标准,卫生间的面积通常应在 $4\sim6m^2$,这与国际上3件套设施卫生间的面积基本一致。

2. 明亮

四、五星级饭店客房的卫生间需配备智能镜面系统,集成环境监测与照明控制功能。卫生间要明亮,以免客人有压抑之感,尤其是梳妆台及镜面位置要保证足够的亮度,以便客人梳妆打扮。

3. 色彩搭配

随着社会的进步、人们生活水平的提高,人们的审美意识逐渐增强,对客房的色彩搭配要求越来越高。如果饭店客房与卫生间的色彩搭配欠协调,就会使客人在心理上产生不舒适的感觉。如某饭店客房的基调是杏黄色,而卫生间的地面、墙壁、洁具采用的却一律是淡蓝色。这样的处理就不太恰当,从暖色调一下子跨到冷色调,会给人以冰冷的感觉,而这恰是大多数人淋浴时所忌讳的。

4. 保健

随着社会的进步,人们的保健意识和保健需求越来越强烈。客房卫生间成了很多人的健身场所,因此,在设计卫生间时,就应考虑客人这方面的需求。如在卫生间内放置磅秤,选用具有保健功能的按摩浴缸等。现在,已有越来越多的高档饭店在其客房卫生间内设置冲浪式按摩浴缸。

5. 方便

卫生间内各种设施设备的配备和安装,一定要方便客人使用。电话、电源插座、毛巾架、香皂架、浴缸扶手架、淋浴器以及卫生纸盒等的安装位置一定要合理。要根据人身活动的规律作为卫生间设计的依据之一,如根据人身活动半径来确定淋浴喷头的高度,淋浴肥皂盒、盆浴肥皂盒的高度,安全把手的位置;以坐便器为轴心、以手臂的长度为半径,确定电话分机、卫生纸盒等的位置。此外,为了方便客人,卫生间还应选用镀层良好、平滑的优质镜面,使得水蒸气容易蒸发(当然,也可以采用在镜面后安装加热导线等方法,使镜面上的水蒸气能够尽快蒸发)。随着老龄化时代的到来,旅游者的年龄也趋向老龄化,为了满足老年客人的需要,一些饭店开始采用300~400mm的低矮浴缸。

6. 实用

卫生间设施设备的选择和安装要贯彻实用的原则。例如,卫生间的地面材料应用大块贴面材料,以减少拉缝。另外,由于担心感染上各种皮肤病、妇科病和肝炎等传染性疾病,尤其是艾滋病,客人(尤其是我国南方客人)已很少使用饭店卫生间的浴缸(有的甚至自带毛巾等个人卫生用品),浴缸便失去了它的作用。因此,一些地区的新建饭店可以考虑在普通客房的卫生间内不安装浴缸,而以淋浴器代之(很多豪华饭店及套间已设立了采用玻璃或有机玻璃做箱体的独立的箱式淋浴间)。这样不但节省浴缸的购置费,还可以节约劳动力和清洁保养费用,并且可以节省空间,可谓一举多得。

7. 安全

卫生间的设计还应考虑客人的安全需要。国际上许多饭店在卫生间设有紧急呼救钮或紧急电话,也有供客人沐浴晕眩时用的紧急开门器。卫生间的电器开关均改为低压电器开关,电动剃须刀、吹风机等插座均标明电源种类,配漏电断路器。此外,所有星级饭店建议安装双向通风系统,地面须有摩擦系数≥0.6的防滑处理,保证卫生间内通风状况良好,浴缸旁及卫生间地面要有防滑措施,浴缸墙面要有扶手杠等。

三、客房室内功能布局

饭店客房的基本功能有:休息、办公、通信、休闲、娱乐、洗浴、化妆、行李存放、衣物存放、会客、早餐等。由于饭店的性质不同,客房的基本功能会有增减。根据功能的特点,客房可以分为5个功能区域:睡眠空间、盥洗空间、起居空间、书写和梳妆空间、储存空间。

(一)睡眠空间

这是客房中最基本的空间,也是面积最大的功能区域。从功能上讲,睡眠区在色调、陈设方面不应花哨,太多的装饰反而让人眼花缭乱。因此,该区域的设计应该简洁明快而不失神韵。

1. 床

床是睡眠区最主要的家具,床要有优美的造型且方便移动,其高度以床垫离地面 50~60cm 为宜,也有设计为离地 40cm 的,以达到室内宽敞的目的;床垫要软硬适中,使用时不发出响声。

2.床头柜

床头柜也是这个空间内的重要家具。床头柜可分为单人用床头柜和两人共用床头柜。传统的床头柜只是作为客人摆放书籍及小物品的家具;而现代饭店的床头柜的功能则可满足客人在就寝期间的各种基本需要:上面放有一部电话、便纸条和一支削好的铅笔,为客人通信联络提供便利。有的饭店还在床头柜上放上晚安卡和常用电话号码卡。

床头柜配有音响设备,供客人收听有关节目及欣赏音乐。不少饭店已开始采用分区照明控制和在床头设置总开关控制的电气设备,既显示了客房的豪华程度,又给客人带来了方便。

床头柜的长度一般为 60cm 左右。过小,会使两床之间的距离过窄,给客人的活动带来不便。床头柜的高度必须与床的高度相匹配,通常在 50~70cm,以便人躺在床上,眼睛能平视床头柜上的平面。床头柜的宽度,单人用的为 37~45cm,双床间两人用的床头柜为 60cm。

(二)盥洗空间

客房卫生间是客人的盥洗空间。卫生间是客房不可缺少的部分,也是显示饭店等级的一个重要方面。客人可以在卫生间通过沐浴消除一天旅游或工作的劳累,以恢复体力。一般饭店的卫生间均有设置浴缸、马桶与洗脸台 3 件卫生设备。

1.浴缸

浴缸有铸铁搪瓷、铁板搪瓷、工程塑料与人造大理石等多种。以表面耐冲击、易清洗与保温性良好者为最佳。浴缸应配置有标识的冷、热混水龙头,并装有淋浴喷头——既能固定也可手拿。浴缸底部采用光面和毛面相间的防滑结构并配置防滑垫。浴帘杆固定在浴缸上方两头,与浴缸外沿垂直线平齐,与浴缸上沿平行。浴巾架固定在浴缸水龙头对面的墙上。另外,还有活动的晾衣绳供客人晾衣物用。高星级饭店还配有访客等待按钮及紧急呼救按钮。

豪华房间的浴缸内还可装上能产生漩涡的装置,也可在卫生间装上带有小型电动蒸汽发生器的桑拿浴和蒸汽浴装置。

2.便器

便器分坐式和蹲式两种。一般房间只装坐便器,但高级套房两种都装,并在坐便器旁设有下身冲洗器。

3.洗脸盆与云台(洗脸台)

洗脸盆一般镶嵌在由大理石面、人造大理石面或塑料板面等铺设而成的云台里,上装冷、热水龙头各一个,还可装有供客人饮用的凉水龙头一个。在墙面配一面大玻璃镜,大镜面里或大镜面侧装有放大镜,以供客人剃须或化妆使用。为了解决因客人沐浴而使镜面蒙上水蒸气的问题,有的饭店还在镜子的背面装有除水雾装置。

云台上可放置各种梳洗、化妆及卫生用品。在云台侧面墙上,设有国际标准型(扁形和圆形)的110/220 V不间断交流电的电源插座(供客人使用电动剃须刀)。有的饭店还装有吹风机和电话副机。云台的大小一般无统一的规格,但其高度一般为80cm。

此外,卫生间应有通风换气设备,地面还应有泄水的地漏口。

(三)起居空间

起居空间应在标准间的窗前区。这里放置着软座椅、茶几(或小圆桌),供客人休息、会客、观看电视等。此外,还可供客人在此饮茶、吃水果及简便食品。

(四)书写和梳妆空间

标准间的书写与梳妆空间在床的对面,沿墙设置一长条形的多功能柜桌。一般包括行李架、写字台和电视机柜。

1. 行李架

所有客房都应设有行李架或行李台。它可以设计成写字台、化妆台的扩充部分或者作为单独的一件家具设置。行李架的高度为45cm、宽为65cm、长为75~90cm。大房间的行李架可大于此,以方便客人放行李箱和拿取衣物为准。行李架的表面一般都有木条并按一定间距固定在面层,以防止皮箱的金属饰钉损害行李架,同时不能有任何尖锐东西突出,以免损坏客人的皮箱。有的饭店还在行李架上附设有软垫或靠背,当箱件收藏好后,便可以作为座位来使用。

2. 写字台、化妆台

客房使用的写字台和化妆台一般为全木制品。标准间的写字台和化妆台可分开配置或兼作两用,并装有抽屉,可放置文具。它的宽度应与其他家具统一,通常为40~50cm,其高度为70~75cm,相应的梳妆凳高度为43~45cm。写字化妆合用台所靠的墙面应设有梳妆镜,梳妆镜的高度应能使客人站在写字台前照全其头部。为了达到好的化妆效果,上方应装有照明灯以提高亮度。

3. 电视机柜

电视机柜(架)是每个房间的必备物品,其材质有木制、金属和金属与木料混合结构三种。电视机柜上方放电视机,下方柜内往往是放置各种饮料的小冰箱,即mini-bar。

电视机架的高度一般为45~47cm或65~70cm,正好是人坐在沙发或椅子上时其视线低于或平视电视屏幕的高度,以减轻看电视时眼睛的疲劳,起到保护视力的作用。

（五）储存空间

储存空间主要是指设在房门进出小过道侧面的壁橱和小酒柜。

1.壁橱

壁橱设在客房入口的小过道内侧,便于客人在离开饭店时检查橱内东西是否取完。壁橱的长度应不小于100cm,进深不少于50cm。为了方便挂衣,同时又保证衣服不致触地,挂衣棍高度应为170cm,棍上部应留有7.5cm的空间,以便衣架的移动取挂。橱门可以用推拉门,也可用折叠门。壁橱内应有照明灯。采用随门开启而亮的照明灯是节约用电、方便客人的一种举措。有的橱内还设有鞋箱、私人保险箱等。

2.酒柜

酒柜上层摆放烈性酒、酒具、茶水具以及小吃食品,下层为储存饮料的小冰箱,以满足客人饮用酒水的需要;同时还可让茶几留出更多的面积,供客人摆放自己的物品。

此外,客房内的主要设备还有:

（1）房门安全装置。客房门上装窥视镜（警眼）和安全链（安全环）以及双锁。门后张贴安全指示图,标明客人现在所在的位置及安全通道的方向。

（2）消防装置。房内天花板上设有烟感报警器（烟感）和温感喷淋头（花洒）,供报警和自动灭火之用。

（3）空调。中央空调系统或房间空调器,可调节房内的温度和湿度,并有提供新鲜空气的出风口。

饭店客房标准间必须具备以上功能,才能满足客人住宿的基本要求（见图5-1）。而套房则是分别用专设的房间来各司其职,或具备某主要功能同时兼顾其他功能,如标准套间是一间作卧室,另一间作起居室。在五间以上的套房里,可分别各设一主要功能,如卧室、卫生间、起居室、书房、餐室等。

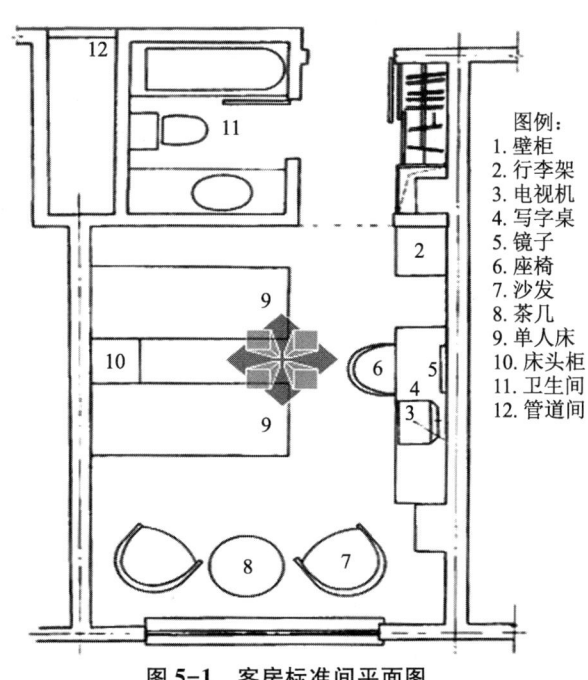

图例:
1. 壁柜
2. 行李架
3. 电视机
4. 写字桌
5. 镜子
6. 座椅
7. 沙发
8. 茶几
9. 单人床
10. 床头柜
11. 卫生间
12. 管道间

图5-1 客房标准间平面图

四、客房设计的发展趋势

进入 21 世纪,客房设计将更加体现"以人为本"的理念,呈现出以下发展趋势。

(一)客房

(1)窗台下移,落地窗将更加普遍。

(2)电视电脑化及使用点播系统。

(3)去除多开关的控制面板,床上只设床头灯的控制及总控开关,房内其他灯具就地控制。

(4)使用红外线与空调一体化的控制器,房间、卫生间无人时,灯就自动熄灭,有人时就保持正常的照明状况。

(5)变氟利昂式小冰箱为吸收式小冰箱,实现无噪声环境。或者取消小冰箱,学习国外饭店的做法,在客房楼面配置制冰机、饮水机、自动售卖机,需者自便。

(6)房内灯光向顶灯、槽灯方向发展,摇臂灯及台灯的使用越来越少。

(7)吧台改顶射灯为背后照明,台面石材化;吧台配电热水壶,有电源插座。

(8)电源插座同时具备中式和英式插头,减少提供接线板的麻烦。

(9)家具多元化,布置分散,有挂墙趋势。

(10)走火图、房门号码、空调风口设计工艺化,安装位有上墙的趋势。

(11)房门外有光源不强的局部照明射灯,看房门号及插锁孔更方便。

(12)门锁除电子门锁外,还出现指纹锁、视网膜锁等。

(13)客房地面改变满铺地毯的传统,在小过道和窗前使用硬地面。

(14)墙面有改用涂料的趋势。

(15)客房配电脑及可移动的电脑桌、椅,并能够接入互联网。房内配置手电筒及消防防毒面罩。

(16)窗帘逐步电动化。

(17)客房色彩多元化。

(18)对床本身的关注与改造也是一种趋势。很多酒店开始使用能够改善客人睡眠、具有多种功能的保健床。

(二)卫生间

客房卫生间是体现饭店整体硬件标准最重要的地点之一。客房卫生间的设计除了要考虑其功能和方便、卫生、安全的因素之外,还要考虑格局的创新、空间的变化、视觉的丰富和照明光效的专业化标准等。

1.功能上的多元化

卫生间最基本的功能是满足客人盥洗、如厕、淋浴等个人卫生要求,而在 21 世纪,除了这些基本功能外,卫生间将成为健身与享受温馨的空间,其设施性能、室内装修等都有相应的改变。在卫生间的诸多功能中,化妆功能将得到进一步强化。台面上可供客人摆放各种自带的梳洗、化妆用品。为此,台面要宽阔。另外,一些酒店化妆台除正面使用大面积的镜子外,侧面还设有供化妆、剃须用的放大圆镜。此外,越来越多的三星级及三星级以上的饭店还在卫生间放置磅秤和安置吹风机,以满足客人保健和美容美发的需要。

2.设施的现代化

现代化的卫生间设施设备将为客人提供更加方便、舒适的环境。

(1)具有保健功能的按摩浴缸。很多高档饭店竞相在豪华套间设置冲浪式浴缸,以显示档次,其四周与下部设有喷头,喷射水流冲击人体肌肉,起按摩作用,以消除疲劳,恢复体力。

(2)将出现方便、舒适的自动化马桶。客人如厕时,可根据需要调节坐盖的温度。如厕结束后,可自动冲洗下身(水温可自动调节)。

(3)在卫生间安装音响。为了使客人在使用卫生间(如在浴缸沐浴)时得到彻底的放松和享受,越来越多的饭店除了在卧室内安装音响以外,还在客房卫生间安装音响设施,以便为客人提供更加舒适的环境和高标准的服务。除了音响以外,有的豪华饭店甚至在卫生间内安装小电视,方便客人随时收看经济行情、重要新闻、球赛和各种娱乐节目。

(4)卫生间不用排风扇。为了降低噪声,卫生间排风不采用排风扇,而采用管井集中排风。

3.独立的淋浴装置在客房卫生间装修中大行其道

越来越多的饭店在其客房卫生间设有独立的箱式淋浴间,且多为拼装结构,采用玻璃或有机玻璃箱体。这一趋势将从很多豪华饭店发展到普通饭店。在一些热带国家和地区,还可能出现用这种独立的淋浴装置替代传统浴缸的趋势。

4.卫生间的空间扩大化

卫生间总的趋势是面积越来越大。我国饭店星级评定将卫生间的面积定为 $4\sim 6m^2$,这与国际上3件套(洗盆、浴缸、马桶)设施卫生间的面积相同,但对5件套设施(增加净身盆和箱式淋浴器)的卫生间来说,则需要 $8\sim 10m^2$。豪华卫生间的经典之作当数香港丽晶酒店的海景套间,其卫生间面积达 $36m^2$,拥有豪华的按摩浴缸及独立的桑拿浴室,卫生间三面采用大面积镜子,采用借景的手段将迷人的维多利亚港湾风景尽收眼底,客人沐浴在按摩浴缸之中,仿佛置身于蔚蓝的大海中,令人心旷神怡。

5.节能型洁具将在卫生间普遍采用

为了节约经营成本,建设绿色环保型饭店,各种节能型卫生洁具将在卫生间普遍采用。不少坐便器将注明用水量。

6.卫生间的"开放化"

迄今为止,许多饭店客房的卫生间都是一个"小黑箱",而今后卫生间设计的趋势是有连通外部空间的窗户,体现回归自然的理念,特别是在度假饭店中的单人房内更应倡导这种客、卧室相通的结构(可以用玻璃隔开,也可以在卫生间内加 PVC 卷帘),使客人透过落地窗欣赏户外景观。

7.卫生间的设计将更加注重美感、温馨和浪漫

卫生间将力图为客人创造温馨、浪漫、富有美感的情调和氛围:高档、豪华饭店将在洗面台、镜面、浴缸等位置陈设或安装一些特别的工艺品、装饰画、插花等,同时,要为每一件陈设品安装相应的低压石英灯。

8.其他方面

除上述趋势之外,卫生间的设计还将出现以下变化趋势:

(1)在卫生间内安装艺术画;

(2)在卫生间内安装"呼叫"和"请等候"按钮,以便在出现紧急情况时或客人在使用卫生间时有来访客人敲门时使用;

(3)沐浴液、洗发液改为盒装,挂墙放置。

【课后练习】

一、单选题

1.饭店客房设计要充分考虑这两个方面的要求,即舒适和( )。
　A.方便　　　　　B.特色　　　　　C.安全　　　　　D.协调

2.客房中最基本的空间,也是面积最大的功能区域是( )。
　A.睡眠空间　　　B.盥洗空间　　　C.起居空间　　　D.书写和梳妆空间

3.床头柜的长度一般为( )cm 左右。
　A.40　　　　　　B.50　　　　　　C.60　　　　　　D.70

4.( )应在标准间的窗前区。
　A.睡眠空间　　　B.盥洗空间　　　C.起居空间　　　D.书写和梳妆空间

5.壁橱的长度应不小于( )cm,进深不少于 50cm。
　A.90　　　　　　B.95　　　　　　C.100　　　　　D.110

二、判断题

1.客房空间能反映一定的舒适感,等级越高越宽敞。　　　　　　　　(　　)

2.卫生间面积一般为 4~6m²,因等级不同,设施设备的数量与大小也不同。

(　　)

3. 传统的床头柜只是作为客人摆放书籍及小物品的家具,而现代饭店的床头柜的功能则可满足客人在就寝期间的各种基本需要。（　　）
4. 写字化妆合用台所靠的墙面应设有梳妆镜,梳妆镜的高度应能使客人站在写字台前照全其全身。（　　）
5. 壁橱设在客房入口的小过道内侧,便于客人在离开饭店时检查橱内东西是否取完。（　　）

第二节　客房产品的基本要求和客房种类

产品是指能引起人们注意、收藏、使用或消费,即能满足人们需要并能在市场上出售的任何东西。客房是饭店出售的主要满足客人休息、睡眠需要的产品。

一、客房产品的基本要求

客房是饭店的重要产品之一。客人对饭店产品的基本要求,同时也是对客房产品的基本要求。

(一)消费者对饭店产品的基本要求

在现代饭店创立之前,清洁、舒适、方便、安全这4个方面就已成为饭店经营者追求的目标。至今,这4个方面已成为消费者选择、衡量饭店的最基本要求。

1. 清洁

清洁、卫生是现代文明的标志。它不仅关系到人的身体健康,更具有精神、审美的意义。饭店作为一种服务于公众的社会设施,更需要从清洁卫生入手,满足旅游者的基本要求和社会文明建设的需要。

清洁,是每一个饭店消费者十分关注和重视的基本需求。美国康奈尔大学饭店管理学院通过对上万名旅游者的调查获悉,60%的人把清洁列为第一需求。有些饭店由于环境不洁、虫鼠骚扰、用具脏,使客人产生厌恶、愤怒的情绪,严重损害了饭店的声誉。消费者要求清洁,不仅仅是对中高档饭店的要求,而是对所有饭店的基本要求,主要体现在:环境整洁;设施、设备清洁卫生,无破损;用品、用具清洁卫生,无污渍,无破损;饭店食品清洁卫生,操作间清洁卫生;饭店装饰优美、地面洁净;无虫鼠等。

2. 舒适

饭店主要是一个休息场所,作为旅游者的"家外之家",应创造舒适、安静的环境和条件。《旅游饭店星级的划分与评定》(GB/T 14308—2023)中,有关饭店核心区域,即前厅、客房和餐厅的整体舒适度的内容。

舒适,就是要满足宾客生理和心理上消费的需要。因此,饭店应注意店址的选择,隔音设施的采用,装饰材料色彩的协调,灯光亮度的控制,温度、湿度的控制以及服务人员的态度,工作的效率及礼节礼貌规范等。

3. 方便

宾客选择饭店时考虑的一个重要因素即方便。如饭店的地理位置是否便利进出?饭店的设施是否符合自己的需要?饭店的服务项目是否能满足自己生活和工作需要?当然,随着社会的发展,宾客对"方便"的要求会越来越多,涉及的面也会越来越广。比如,预订、入住、结算的速度,特殊要求的满足程度,是否具有现代化的服务手段,等等。宾客在饭店内生活、工作方便,心理上就会产生舒适感和愉悦感,消除烦躁情绪。饭店应不断预测宾客需求的变化,为宾客提供更多的便利服务。

4. 安全

保障宾客的安全是饭店一项非常重要的职责,也是宾客对饭店的最基本要求之一。宾客的安全要求不仅体现在人身、财产不受损失上,而且体现在食品安全上。为保障宾客的人身、财产安全,饭店应有严格的防火、防盗措施和设施,有一批训练有素的消防、保安人员,还应有一批技术精湛的工程人员和必要的监控设备,以防发生意外人身事故。为保障宾客的食品安全,饭店应有严格的食品卫生安全措施和高质量、高标准的饮食卫生环境,让宾客看着舒心,吃着放心。同时,饭店应积极建设"绿色旅游饭店",为客人创造一个环保的"家"。

(二)消费者对客房产品的基本要求

客房作为产品出售,消费者对其有6个方面的基本要求。

1. 客房空间

根据2023年2月1日实施的《旅游饭店星级的划分与评定》(GB/T 14308—2023),标准间客房净面积(不含卫生间)按星级分层设定:三星级不能小于14 m^2,四星级不能小于16 m^2,五星级不能小于20 m^2;层高方面,所有星级饭店的标准间高度不能低于2.7m,五星级高度不能低于3.0m。

2. 客房设备

客房设备,如床、地毯、电视、电话、空调及家具等,是构成客房商品有用性的重要条件之一,因此,必须做到保质保量,而且要方便客人使用和服务人员操作。

3. 供应物品

房间的供应物品,包括客用消耗用品、客用租借用品等。对此,在不同星级和档次的饭店有不同的要求。但只要是该饭店等级规格要求的,哪怕一张纸、一个信封都应符合要求,缺一不可,否则会给客人的生活和起居带来不便。供应物品也是构成客房商品有用性的必要条件。

4.客房运转

客房的设施、设备,只有在正常运转状态下,才能为客人提供良好的服务。如果设施、设备、维修保养差,例如马桶漏水、空调失灵等,必然引起客人的不快。客房部必须执行严格的岗位责任制,协调与其他部门的关系,组织员工共同劳动,使客房保持清洁高雅、温度适中、美观有序、设施设备齐全并有效的工作状态,为客人提供规范性和针对性相结合的优质服务,客房商品的价值才能得以实现。

5.客房卫生

作为饭店,特别是星级饭店应按照国际标准来接待客人。客房价格不同,其装修的规格和档次当然有所不同。但是客房陈设再简单,卫生不能不洁净;饭店档次再低,卫生质量的基本标准不能降低。一家饭店的客房是否整洁,已成为中、外客人选择饭店住宿的首要条件。

6.客房安全

宾客外出,考虑的主要问题是安全。居住饭店的客人也会有一种在陌生地的不安全感。因此,要在饭店的客房区域营造一种安全的气氛,如配备完好的设施、设备,以便防火、防盗、防疾病;保护客人的隐私,尊重客人对房间的使用权,让宾客不受到骚扰和侵犯等。客房的安全状况是客房商品的重要组成部分。

只有符合以上6个方面的基本要求,饭店的客房才具备了与客人进行价值交换的基本条件,客人才会得到最低限度的满足。

二、客房的种类

客房种类及房间布置的分类方法很多,不同的分类方法可划分出不同的类别,有按房间配备床的种类和数量划分,有按经济等级划分,有按房间所处的位置划分等。饭店为了吸引不同的消费层次、不同的消费需求的客人,而将客房分为不同种类、不同价位的产品。综合起来,饭店客房种类的划分主要有以下几种划分方法。

(一)按房间及床位划分

1.单人间(Single Room)

单人间又称单人客房,房内配一张单人床,有独立的卫生间,适合于单身客人使用。单人间一般占饭店的数量很少,通常把面积小、位置偏的房间作为单人间,属于经济档。

2.大床间(Double Room)

房内配一张双人床的客房叫大床间。这种客房适用于夫妻同住。如是新婚夫妇入住则称为"蜜月客房"。商务客人需要宽敞舒适的客房,许多饭店就在大床间增设了先进的办公通信设备,开辟商务楼层,以此来招徕消费较高的商务客人。特别是在接待以商务客人为主的饭店,大床间占客房的比例逐渐增加。

3. 双床间(Two-Bed Room)

客房部为满足不同层次客人的需求,往往把双床间再细分为4种。

(1)标准间(Standard Room)。即房内配两张单人床,中间以多功能床头柜隔开,可供两位客人居住。适用于旅游团队、会议团体,也可以出租给一位客人住。这类房间经济实用,是目前饭店尤其是旅游饭店中占绝大部分的一种客房。

(2)配单双两便床(Holly Wood Bed)。即以一种床头板连接两张单人床,既可独立作单人床使用,又可合并作双人床使用。这种客房与大床间基本相同,主要供夫妇两人居住,又比大床间使用灵活。

(3)配两张双人床(Double-Double Room)。可供两个单身旅游者居住,也可供夫妇或家庭旅行客人居住,这种客房的面积比普通标准间稍大。

(4)配一张双人床,一张单人床(Double-Single Room),或配一张大号双人床,一张普通双人床(Queen-Double Room)。这类房主要是满足家庭旅游客人的需要。

此外,根据卫生间配置的情况,双床间又可分为:无浴室双人间(Twin Room without Bath)、带淋浴双人间(Twin Room with Shower)、带浴室双人间(Twin Room with Bath)。双床间除标准间之外,其他均不是饭店的主流房间。

4. 三人间(Triple Room)

配三张单人床的房间叫三人间,属经济档客房。一、二星级饭店相对设置稍多,高星级饭店设置较少,甚至不设。如有三人要求同住一间客房时,可采用在标准间内临时加一张折叠床的方法。

5. 套间(Suite Room)

套间也有多种类型,用以满足多层次宾客的要求。

(1)普通套间(Junior Suite)。又称标准套间,通常是连通的两个房间,称双套间或双连客房,一间用作卧室,另一间用作起居室。卧室中配一张大床或两张单人床,并带有卫生间。起居室用以会客、办公,也附有一个小卫生间,小卫生间内可不设浴缸。如果用3个连通的房间组成的套间称为三套间,其功能与双套间相仿,只是将会客功能与办公功能分开。

(2)立体套间(Duplex Suite)。也称双层套间,是一种两层楼套间,由楼上、楼下两层组成,楼下为起居室,楼上为卧室,从起居室到卧室有屋内小楼梯连接。这类房间适合带小孩的家庭使用,小孩可睡在楼下沙发床上,大人睡在楼上。商务客人往往也喜欢入住这类房型,因为楼下可用作办公和接待客人用,楼上用作休息睡觉,互不干扰。

(3)豪华套间(Deluxe Suite)。豪华套间与普通套间相似,只是面积比普通套间大,室内装修华丽高雅,家具用品高级配套,套房间可以是两间,也可以是三间。

室内设备齐全,除卧室外,还有客厅、会议室、餐厅、厨房等。卧室内通常配备大号双人床或特大号双人床。

(4)总统套间(Presidential Suite)。也称总统房,五星级饭店须设置包含独立起居室、主次卧室、办公书房、餐饮区及双卫浴的复合空间体系,四星级允许整合餐饮区与起居功能。《旅游饭店星级的划分与评定》(GB/T 14308—2023)未限定具体房间数量,但强制要求五星级总统套房净面积≥150m^{2}且配置专属电梯通道,四星级≥120m^{2}须设置行政接待区。所有总统套房须配置无障碍设施及智能控制系统,其中五星级强制要求配备24小时管家服务间。总统的卧室和夫人的卧室分开,卫生间分用,卧室内分别设有帝王床(King Size)和皇后床(Queen Size)。套间拥有客厅、书房、会议室、娱乐室、随员室、警卫室、餐室、酒吧间以及厨房等。室内装饰布置极尽华丽,设备用品极为考究。一些中、高档饭店常在饭店的最高层设总统套间,装饰风格各家饭店迥异,有西式风格也有中式风格,其主要目的就是要提高饭店的知名度和档次。现在总统套间除了用以接待"总统"等国内外重要宾客外,普通客人也可以入住。

(二)按房间在饭店所处位置划分

(1)外景房(Outside Room)。房间的窗户朝向饭店的外部景观,如朝向街道、江河、湖泊、大海、高山、公园等。

(2)内景房(Inside Room)。房间的窗户朝向饭店的内部庭院,如朝向停车场、员工活动区等。

(3)角房(Corner Room)。房间位于走廊过道尽头或拐角处的客房。

(4)相邻房(Adjoining Room)。室外两门毗连而室内无门相通的客房。

(5)连通房(Connecting Room)。隔墙有门连接的客房。

(三)按房间经济等级划分

按房间经济等级划分,一般为经济间、标准间和豪华间。

(四)特色客房

特色客房是指根据本饭店实际情况、综合本地资源及不断发展变化的客人需求而特别设计和布置的客房。它可以是单间,也可以是套间或是整个楼层。饭店可以设计一些民族特色房、残疾人房、无烟房、女士房、儿童房、蜜月房、安眠房、工作室单人间、工作室双人间等新型客房,也可以为同类消费客人服务,将某些楼层的全部或一部分客房集中设置成特色楼层,如商务楼层、超豪华楼层、无烟楼层、女士楼层等。

标准客房曾因其大众化和良好的适应性在很长时间内受到了客人的青睐。但随着时代的发展和客人个性化特点的加强,越来越多的客人开始厌倦千篇一律的

"标准"客房模式,他们希望在客房内也能得到一些新奇的享受和经历,能有一些与众不同的收获和感受。因此,饭店应适应客人需要,开发各类具有个性色彩的特色客房、新概念客房、主题客房,以满足不同客人的偏好,突出客房的卖点。

1. 女性客房

随着经济的发展、女性自我价值观的增强,以及家庭角色地位的转变,女性游客及女性商务客人呈现出上升的趋势。这促使世界各地主要商务中心城市饭店及时调整经营策略,更加重视女性客源市场,女性客房应运而生。

女性选择饭店时,她们更重视安全和便捷,要求客房清洁、舒适、宽敞、明亮,色彩略显丰富,色调应相对柔和一些;房间里有可挂连衣裙的高级衣橱及足够的衣架;有良好的灯光及照明,以便梳妆打扮,有可摆放美容化妆品的大梳妆台;有可自行调节客房温度的暖气;有设在浴室内的晾物架;如有可能,她们中有很多人还希望服务到客房;希望卧房与会客室分开;希望有可供减肥的食品和饮料以及全天候的客房服务和完善的商务服务。

但是,在推出女性客房及服务时也应该注意以下几点:一是要让女性客人像所有宾客一样得到尊重,采取的服务及设施不能使她们感到仿佛是在接受一种特别的恩惠;二是应考虑到大多数女性商务旅游者不愿以弱者的姿态出现在公众面前;三是在房内设施用品的配置上一定要注意"男女有别"。如卧室内的报纸杂志,女士读的常与男士读的有很大不同,卫生间里的洗漱用品,女士使用的品种、质量自然更胜一筹。最后也是最重要的一点,女士对安全方面的要求比男士严格很多。

2. 儿童客房

近年来,在旅游人群中,以家庭为单位出游是一种非常流行的旅游方式,不少家庭中有未成年儿童,但饭店的服务设施、服务项目和服务程序的设计却多是以成年人为对象,不适宜服务儿童。而较大的儿童也想拥有自己的空间,不愿与父母同居一室。于是饭店开始针对儿童的活动特点,为跟随父母出游的儿童设计客房。

假日饭店集团所属的饭店早在2001年已经拥有了1100个"儿童套间"。这类房间色彩鲜艳,墙上可能是热带雨林的壁画,也可能是别的吸引孩子的东西。但房间较一般客人面积小,房内放双层床,可供两个孩子使用。房内也放有电视机、电子游戏机等孩子需要的物品。波士顿丽思·卡尔顿饭店为孩子提供"儿童总统套间",内有孩子浴室、玩具箱、手工艺品以及放有各种健康食品的电冰箱。这种专门服务于儿童的"儿童客房",由于满足了父母及孩子双方的需要,受到客人的好评。

3. 健康客房

在生活质量日益提高的今天,人们对健康问题越来越重视,为了迎合这种需求,提高饭店客房的吸引力和竞争力,国内外很多高星级饭店纷纷推出"健康客房"。所谓健康客房,是指饭店在健康理念的指导下,通过配备全套健康睡眠用具以及保健设备(如健身设施、桑拿按摩设施等),满足客人对健康需求的一种特色客房。很多健康客房以高科技生物产品为依托,为顾客营造健康、舒适、人文的休息环境。

健康客房的目标客户主要集中于高层次的商务客人,这些人经常在外奔波,工作压力大,精神紧张,不同程度地存在睡眠不足、睡眠质量不高、身体抵抗力下降、疲劳等现象,即处于亚健康状态。正因如此,一些专为此设计并生产的产品应运而生。例如,珠海市某公司推出的"健康睡眠系统"产品,依照人体生理曲线设计,能提供舒适的睡眠环境,并为客人提供多种选择,如客房的枕头有5种类型、3种型号的枕芯。所有产品中都含有获得专利的功能性物质——天年素,能把来自人体和周围环境的能量转换为生物能作用于人体,这种生物能可以与人体内的水分子产生共振,从而活化细胞、扩张血管,增加毛细血管的血流量,显著改善人体微循环,使细胞内酶的性质发生变化,从而达到增强代谢功能和免疫力,降低血乳酸,消除疲劳的作用。该产品还具有抑菌、抗螨、防霉的自洁功能,可保证贴身使用的清洁卫生。国内一些饭店专门开辟了健康客房楼层,顾客回头率明显高于其他客房,产品销售业绩也不俗。

4. 主题客房

主题客房的类型很多,如新婚客房、民俗客房、海底世界客房、太空世界房等。饭店还可以根据不同历史时代的人文现象进行主题的选择和设计,这种人文现象既可以是现代的,也可以是古代的,甚至是远古的,抑或未来虚拟的,如史前客房、未来主流客房等。饭店更可以形形色色的文化作为主题,设计各具特色的文化客房,如电影套房、摇滚之夜套房、小说客房等。主题客房大都存在于主题酒店。以意大利水城威尼斯文化为主题的深圳威尼斯皇冠假日酒店于2001年10月试营业,率先引进主题饭店概念并尝试实践。而后,全国各地以各种主题文化为标榜的一批主题饭店脱颖而出,诸如道家文化、儒家文化、三国文化、温泉文化、草原文化、养生文化、茶文化、乒乓文化、赏石文化、海洋生态文化等,层出不穷,受到市场的追捧。

5. 公寓式饭店客房

所谓公寓式饭店客房,简单地说,就是设置于饭店内部,以公寓形式存在的饭店套房。这种套房的显著特点在于:其一,它类似于公寓,有居家的格局和良好的居住功能,有客厅、卧室、厨房和卫生间;其二,它配有全套家具与家电,能够为客人提供饭店的专业服务,如室内打扫、床单更换及一些商务服务等。

由此可见,公寓式客房可将睡觉、做饭、就餐、洗澡、工作集中于一室,非常实惠,与相对应的汽车旅馆相比,价格未必贵,但要舒适、方便得多,因此公寓饭店近年来深受市场的青睐。

6. 无烟客房

专供非吸烟宾客入住,并为宾客提供严格的无烟环境的客房称为无烟客房。

这里的无烟客房不仅是指房间里没有烟灰缸,楼层有明显的无烟标志,而且包括进入该楼层的工作人员、服务人员和其他宾客均是非吸烟者,或者对于吸烟的客人而言,在进入该楼层或房间时被礼貌地劝阻不要吸烟,因为非吸烟人士对烟味的敏感程度是非常高的。

无烟客房的出现虽然仅指非吸烟这一点而言,但其在尊重宾客的生活习惯、倡导健康生活观念方面的作用是不可小觑的。

7. 残疾人客房

根据 2023 年 2 月 1 日实施的《旅游饭店星级的划分与评定》(GB/T 14308—2023),该标准对残疾人设施提出了更为明确和系统化的要求,并将其纳入星级评定的重要考核内容。该标准首次将无障碍客房从"软性建议"提升为"硬性准入条件",明确规定三星级及以上酒店必须实现无障碍客房 100% 达标。根据文化和旅游部统计数据,截至 2023 年,全国 86% 的四、五星级饭店已配备智能呼叫系统及全自动卫浴设备,推动我国酒店行业无障碍设施覆盖率由 2010 年的 32% 提升至 2023 年的 79%,显著缩小了与国际先进水平的差距。具体要求如下:

(1)三星级及以上饭店须设置无障碍客房,数量不低于客房总数的 1%(且不少于 1 间),并应合理分布于交通便利的楼层。

(2)四星级和五星级饭店除客房外,还需在大堂、餐厅、会议室等公共区域同步配置无障碍设施。

(3)客房入口净宽度不得小于 0.9m,门应采用自动感应或易于开启的设计,取消门槛及地面高差。

(4)室内轮椅回转直径不得小于 1.5m,床与家具之间应预留不少于 0.8m 的通行空间。

(5)卫生间面积不得小于 $6m^2$,需配备防滑地面、L 型扶手、可折叠淋浴椅及低位洗手台。

(6)床边及卫生间内应安装双模式紧急呼叫按钮(手动按压+声光报警),并直连 24 小时值班台。

(7)床铺高度应与轮椅座位持平(45~50cm),五星级饭店须强制配备电动升降床。

(8)配备语音导航系统(用于播报房间设施信息)、震动闹钟及盲文服务指南。

(9)电视应支持字幕显示功能,并具备简单易操作的界面,五星级饭店推荐配置语音遥控功能。

（10）四星级饭店应在客房内提供助听器、放大镜等辅助设备,并在公共区域设置盲道引导系统及低位服务台。

（11）五星级饭店须强制配置智能环境控制系统,支持语音调控灯光、空调及窗帘;卫生间应安装全自动智能马桶,淋浴区增设高低位双花洒装置;客房与电梯间应实现无缝对接,确保无台阶过渡。

8.绿色客房

当今社会,绿色环保成为人们生活中的首选。饭店客房必须向社会提供舒适、安全、有利于人体健康的服务产品,同时最大限度地减少对环境的破坏,传达绿色环保的理念;在设计与布置上反映绿色客房的内容与要求;实现绿色客房的建设与管理目标。

绿色客房是绿色饭店的重要组成部分,是指饭店客房产品在满足客人健康要求的前提下,生产和服务的过程中对环境影响最小和对物资消耗最低的环保型客房。建设绿色客房的作用在于节能环保,有效地保护地球资源。

绿色客房的意义在于:有利于降低客房成本,产生经济效应;有利于生态保护,产生环保效益;有利于赢得顾客,产生市场效应。

绿色客房所包括的内容主要有:一是通过节能、节电、节水,合理利用自然资源,减缓资源的耗竭;二是减少废料和污染物的生成和排放,促进饭店产品的生产、消费过程与环境相容,降低整个饭店对环境危害的风险。

三、不同星级饭店客房的基本要求

根据《旅游饭店星级的划分与评定》(GB/T 14308—2023),不同星级饭店的客房应满足以下要求。

1.一星级饭店客房

（1）数量要求:至少有15间(套)可供出租的客房。

（2）安全设施:门锁为暗锁,有防盗装置,需在明显位置张贴应急疏散图及相关说明。

（3）家具配置:装修良好,配有软垫床、桌、椅、床头柜等配套家具。

（4）卫生间设置:至少75%的客房有卫生间,装有抽水恭桶、面盆、淋浴或浴缸(配有浴帘)。客房中没有卫生间的楼层应设有男女分设、间隔式公用卫生间以及专供客人使用的男女分设、间隔式公共浴室,且配有浴帘。

（5）照明遮光:照明充足,有遮光窗帘。

（6）信息提供:备有饭店服务指南、价目表、住宿须知。

（7）客房清洁:客房、卫生间每天全面整理一次,隔日或应客人要求更换床单、被单及枕套,并做到每客必换。

(8)饮用水供应:16 小时提供冷热饮用水。

2.二星级饭店客房

(1)数量要求:至少有 20 间(套)可供出租的客房。

(2)安全设施:门锁为暗锁,有防盗装置,明显位置张贴应急疏散图及相关说明,客房内配备应急照明设备。

(3)家具配置:装修良好,配有软垫床、梳妆台或写字台、衣橱及衣架、座椅或简易沙发、床头柜等配套家具,家具稳固、实用。

(4)卫生间设置:100% 的客房有卫生间,装有抽水恭桶、面盆、淋浴或浴缸(配有浴帘),有良好的通风系统或排风设备。

(5)照明遮光:照明充足,有床头灯、梳妆镜灯等局部照明,配备遮光窗帘。

(6)信息提供:备有饭店服务指南、价目表、住宿须知、本市旅游景点介绍、交通图等。

(7)客房清洁:客房、卫生间每天全面整理一次,每日或应客人要求更换床单、被单及枕套,做到每客必换,客用品补充齐全。

(8)饮用水供应:18 小时提供冷热饮用水,配备带有防滑垫的热水壶。

(9)通讯设施:客房内配备电话,可直拨市内电话,并有使用说明。

(10)其他配置:设有至少两种规格的电源插座,方便客人使用电子产品。

3.三星级酒店客房

(1)数量要求:至少有 30 间(套)可供出租的客房。

(2)安全设施:房门配备门窥镜、电子卡门锁及防盗装置,显著位置张贴应急疏散图及相关说明。客房内设有应急照明设备、烟感报警器,且与消防控制中心信号连接。同时,酒店具备自备发电系统,以保障紧急情况下的电力供应。

(3)家具配置:装修良好且美观,设有软垫床、梳妆台或写字台、衣橱及衣架、座椅或简易沙发、床头柜、床头灯及行李架等配套家具。家具稳固耐用,室内采用区域照明,目的物照明度良好。室内可满铺地毯或采用木地板,营造舒适氛围。

(4)卫生间设置:每间客房均设有独立卫生间,装有抽水恭桶、带面盆及梳妆镜的梳妆台,并配备必要的盥洗用品。浴缸或淋浴间二选一,浴缸需配有浴帘、淋浴喷头(若有单独淋浴间可不带),且采取有效的防滑措施。卫生间采用较高级建筑材料装修地面与墙面,色调柔和,有良好的通风系统或排风设备,提供 110V 或 220V 不间断电源插座,24 小时供应冷、热水。

(5)照明遮光:照明充足,设有床头灯、梳妆镜灯等局部照明设施,满足不同场景使用需求。配备遮光窗帘,有效阻挡光线,保证客人休息环境。

(6)信息提供:备有饭店服务指南、价目表、住宿须知、本市旅游景点介绍、交通图,同时提供与本星级相适应的文具用品,方便客人书写记录。

（7）客房清洁：客房、卫生间每天全面清扫整理 1 次，每日更换床单、被单及枕套，客用品和消耗品补充齐全，确保客房整洁卫生。

（8）饮用水供应：24 小时提供冷热饮用水，免费提供茶叶或咖啡，部分客房（不少于 70%）配备小冰箱，方便客人储存食物饮品。

（9）通讯设施：客房内配备电话，可直拨市内电话，并能通过总机接通国内和国际长途电话，电话旁备有使用说明及市内电话簿。

（10）视听设备：配备彩色电视机，电视频道不少于 16 个，部分酒店可提供卫星或有线电视节目选择，满足客人娱乐需求。

（11）防噪音与隔音：具备有效的防噪音及隔音措施，为客人营造安静的住宿环境。

（12）其他配置：设有至少两种规格的电源插座，并提供插座转换器，满足客人不同电子设备的充电需求。房间内还应设有行李架、全身镜等设施。此外，有条件的酒店可提供熨斗、熨衣板供客人借用。部分客房设置为无烟房，满足不吸烟客人的需求。

4. 四星级酒店客房

（1）数量与面积：至少有 40 间（套）可供出租的客房，且 70% 客房的面积（不含卫生间）不小于 20m2，以保障客人有较为宽敞舒适的居住空间。

（2）安全设施：客房门能自动闭合，需安装门窥镜、门铃以及性能良好的防盗装置。在客房内规定的醒目位置，必须张贴应急疏散图，图上信息要清晰准确，以便客人在紧急情况下能迅速了解疏散路线。同时，客房内应配备应急照明设备，部分区域需安装烟感报警器，且这些设备均与消防控制中心信号连接，确保安全监控无死角。酒店还应具备可靠的自备发电系统，在突发停电等状况时，能及时保障客房的基本电力供应。

（3）家具配置：整体装修尽显豪华质感，配备豪华的软垫床，床垫品质上乘，能为客人提供舒适的睡眠体验；搭配写字台、衣橱及衣架，方便客人放置衣物与办公；茶几、座椅或简易沙发可供客人休闲交谈；床头柜、床头灯便于客人夜间使用；台灯、落地灯用于补充室内照明，营造温馨氛围；全身镜方便客人整理仪容；行李架可妥善放置行李。室内地面可满铺高级地毯，或采用优质木地板，既美观又舒适。照明采用区域照明设计，目的物照明度良好，能满足不同场景下的照明需求。

（4）卫生间设置：每间客房均配备独立卫生间，卫生间内装有高级抽水恭桶，保证使用的顺畅与清洁；设置带面盆、梳妆镜的梳妆台，并配备齐全且品质优良的盥洗用品。浴缸或淋浴间二选一，若配备浴缸，需同时配有浴帘、淋浴喷头（若有单独淋浴间可不带），地面采取有效的防滑措施，如铺设防滑地砖或放置防滑垫等。卫生间采用高档建筑材料装修地面与墙面，色调高雅柔和，通过分区照明，使目的物照明度良好。设有良好的排风系统,能及时排除湿气与异味,还提供 110V 或 220V 不间断电源插座,方便客人使用电动牙刷等电器,24 小时稳定供应冷、热水。

(5)照明遮光:照明系统精心设计,除了充足的基础照明,床头灯、梳妆镜灯等局部照明设施一应俱全,可满足客人阅读、化妆等不同需求。配备的遮光窗帘,遮光效果极佳,能有效阻挡外界光线,为客人创造安静、黑暗的休息环境。

(6)信息提供:为客人精心准备饭店服务指南,涵盖酒店各项服务的详细介绍;价目表清晰罗列客房价格、餐饮价格及其他收费项目;住宿须知明确酒店的相关规定与注意事项;提供本市旅游景点介绍,帮助客人了解当地旅游资源;交通图则方便客人规划出行路线。同时,配备与本星级相匹配的文具用品,如信纸、信封、笔等,方便客人书写。

(7)客房清洁:客房与卫生间每日进行全面清扫整理,严格做到每客或应宾客要求更换床单、被套及枕套,确保客用品和消耗品及时补充齐全。若宾客有需求,可随时进房清理,以保持客房的整洁卫生。

(8)饮用水供应:24 小时不间断提供冷热饮用水,免费为客人提供茶叶或咖啡,部分客房(不少于 70%)配备小冰箱,内置适量酒和饮料,并配有饮用器具和清晰的价目单。

(9)通讯设施:客房内配备的电话可直接拨通国内和国际长途电话,电话机旁贴心放置使用说明及市内电话簿,方便客人使用。

(10)视听设备:配备彩色电视机,电视频道不少于 16 个,其中包含卫星电视节目或自办节目,同时提供频道指示说明和节目单,播放内容严格符合中国政府规定。部分酒店还可配备音响设备,为客人带来更好的视听享受。

(11)防噪音与隔音:采用先进的隔音材料与技术,从门窗、墙体等多方面入手,具备极为有效的防噪音及隔音措施,确保客人不受外界噪音干扰,拥有安静的住宿环境。

(12)其他配置:设有至少两种规格的电源插座,并提供插座转换器,满足客人不同电子设备的充电需求。房间内配备熨斗、熨衣板,方便客人熨烫衣物;设有行李架、全身镜等设施。部分客房设置为无烟房,满足不吸烟客人的需求。另外,可根据客人需求提供加床、婴儿床等特殊服务。

5. 五星级酒店客房

根据《旅游饭店星级的划分与评定》(GB/T 14308—2023),五星级酒店客房应满足以下要求:

(1)数量与空间:至少有 50 间(套)可供出租的客房,客房整体空间布局合理,能为客人提供宽敞、舒适且私密的居住环境。尽管标准未明确规定客房最小面积,但通常情况下,客房(不含卫生间)面积多在 30m2 及以上,部分高端客房或套房面积更为阔绰。

（2）安全设施：客房门配备高性能的自动闭合装置、先进的电子门锁系统，该系统具备多种开锁方式，如房卡、指纹、密码等，极大地保障了客人入住的便捷性与安全性。门窥镜视野清晰，门铃灵敏。在客房内极为显眼的位置，张贴着清晰、详细且图文并茂的应急疏散图，图中明确标注了当前位置、疏散路线、安全出口等关键信息。同时，房间内配备高品质的应急照明设备，在突发停电或紧急状况下能迅速亮起，确保客人安全撤离。此外，全面安装烟感报警器、温感报警器等火灾探测设备，这些设备与酒店消防控制中心实时信号连接，一旦监测到异常，能立即发出警报并启动相关消防设施。酒店拥有稳定、可靠且功率充足的自备发电系统，可在城市供电中断时，瞬间切换，持续为客房及关键区域供电，维持基本的照明、通风、电梯运行等功能。

（3）家具配置：客房装修尽显奢华与精致，采用顶级的建筑材料与精湛的施工工艺。配备超豪华的软垫床，床垫选用高端材质，如天然乳胶、记忆棉等，具有出色的支撑性与舒适度，床上用品为高支数的纯棉制品，触感柔软顺滑。搭配设计精美的写字台，台面宽敞，配备符合人体工程学的座椅；衣橱空间充裕，内置充足的衣架，方便客人悬挂衣物；茶几与舒适的沙发组合，可供客人惬意地休息交谈；床头柜两侧设置，方便客人放置物品，且配备明亮又不刺眼的床头灯；房间内还设有造型优雅的台灯、落地灯，用于营造温馨、浪漫的氛围；全身镜不仅方便客人整理仪容，其边框设计也为房间增添艺术美感；行李架稳固且实用，方便放置行李。地面通常铺设高档地毯，质感柔软、脚感舒适，或者选用优质的实木地板，凸显自然与奢华。照明系统采用智能分区控制，可根据客人需求灵活调节不同区域的亮度，且物照明度极佳，满足阅读、办公、休闲等各类场景的需求。

（4）卫生间设置：每间客房均配有独立且宽敞的卫生间，卫生间面积一般在 8 m2 及以上。内部安装顶级品牌的高级抽水恭桶，具备智能功能，如自动冲洗、烘干、加热坐垫等。带面盆的梳妆台设计精巧，面盆材质高档，梳妆镜清晰明亮，周围环绕充足的照明灯光，方便客人化妆、整理面容。配备的盥洗用品均为国际知名品牌，种类齐全，包括洗发水、护发素、沐浴露、身体乳、香皂、牙膏、牙刷等，品质上乘，包装精美。卫生间内浴缸与淋浴间独立分开，浴缸采用优质材料制成，造型优雅，可提供舒适的泡澡体验，浴缸旁配备淋浴喷头、浴帘。淋浴间采用热带雨林花洒，出水均匀且水压稳定，地面铺设防滑地砖，并设有防滑垫。卫生间墙面与地面采用高档大理石或瓷砖装修，色调高雅、纹理美观，通过巧妙的灯光设计，营造出温馨舒适的氛围。拥有强劲且静音的排风系统，能快速排除湿气与异味，始终保持空气清新。提供多个 110V 或 220V 不间断电源插座，方便客人使用电动剃须刀、吹风机等各类电器。24 小时不间断供应温度稳定、水质优良的冷、热水。

(5)照明遮光:照明系统由专业团队精心设计,除了充足的主照明光源外,床头灯可调节亮度与色温,满足客人睡前阅读或营造睡眠氛围的需求;梳妆镜灯设计巧妙,从多个角度均匀打光,让客人能清晰、准确地看清面容;房间内还有氛围灯,可通过智能控制系统调节灯光颜色与亮度,营造出浪漫、温馨、放松等不同的氛围。配备的遮光窗帘,采用厚重、优质的面料,遮光效果近乎100%,能有效阻挡外界光线,确保客人在睡眠时不受任何光线干扰。

(6)信息提供:为客人精心准备丰富、全面且制作精美的饭店服务指南,详细介绍酒店的各类服务项目,包括餐饮、健身、水疗、商务服务等,以及服务时间、地点与收费标准等信息;价目表清晰、准确地罗列客房价格、不同房型的差异、餐饮菜品价格、各类娱乐设施与服务的收费明细;住宿须知涵盖酒店的各项规章制度,如入住与退房时间、押金政策、物品损坏赔偿规定等;提供本市详细的旅游景点介绍,包括景点特色、开放时间、门票价格、交通路线等信息,帮助客人规划行程;交通图精准标注酒店周边的公交、地铁站点,以及前往机场、火车站、汽车站等交通枢纽的路线。同时,配备高品质的文具用品,信纸、信封设计精美,笔书写流畅。

(7)客房清洁:客房与卫生间每日进行深度、全面的清扫整理,严格遵循一客一换一消毒的高标准,在客人入住期间,若客人有需求,可随时安排专人进房清理,确保客房始终保持一尘不染的状态。每日及时更换床单、被套、枕套等床上用品,客用品和消耗品,如毛巾、浴巾、洗漱用品等,也及时补充齐全,保证数量与质量。对于房间内的各类设施设备,定期进行清洁、维护与保养,确保其正常运行。

(8)饮用水供应:24小时不间断提供冷热饮用水,饮用水品质达到或高于国家优质饮用水标准。免费为客人提供顶级品质的茶叶,如西湖龙井、武夷山大红袍等名贵品种,以及高品质的咖啡,如蓝山咖啡、哥伦比亚咖啡等,同时配备精美的茶具与咖啡具。客房内100%配备小冰箱,冰箱内放置丰富多样的高档酒品、进口饮料等,且提供清晰的价目单。

(9)通讯设施:客房内配备先进的电话系统,可直拨国内和国际长途电话,通话音质清晰、稳定。电话机旁放置详细、易懂的使用说明及涵盖当地各类信息的市内电话簿。部分高端客房还配备可视电话,方便客人与前台或其他部门进行视频沟通。

(10)视听设备:配备大尺寸(通常55英寸及以上)的高清智能彩色电视机,具备4K甚至8K分辨率,电视频道丰富多样,不少于50个,涵盖国内外主流电视台、卫星电视节目以及酒店自办的特色节目,提供详细的频道指示说明和每日节目单。部分高端客房配备环绕音响系统,为客人带来沉浸式的视听享受,无论是观看电影、聆听音乐都能感受到震撼的音效。

(11)智能控制系统:多数客房配备先进的智能控制系统,客人可通过手机

APP、平板电脑或者房间内的智能控制面板,实现对灯光、空调、窗帘、电视等设备的远程或近程控制。例如,客人在进入房间前,可通过手机提前打开空调调节室温,进入房间后,通过语音指令即可开关灯光、调整窗帘开合程度等,极大地提升了客人的入住便捷性与体验感。

(12)防噪音与隔音:从建筑设计与施工层面,采用顶级的隔音材料与技术。客房的门窗选用双层或多层中空隔音玻璃,窗框密封性能极佳;墙体内部填充高效隔音材料,楼板采用隔音减震工艺。经过严格测试,客房内部噪音值在白天不超过35分贝,夜晚不超过30分贝,为客人营造出极致安静、舒适的住宿环境。

(13)其他配置:房间内设有多种规格的国际通用电源插座,并贴心提供插座转换器,满足不同国家客人的用电需求。配备熨斗、熨衣板,方便客人熨烫衣物;设有行李架、全身镜等设施。房间内还放置有空气净化器,确保室内空气清新、健康。部分客房设置为无烟房,满足不吸烟客人的需求。此外,酒店可根据客人的特殊需求,如提供婴儿床、加床、无障碍设施等,为客人提供个性化服务。部分高端客房还可能配备私人阳台、观景露台,甚至私人泳池等特色设施。

依据新标准《旅游饭店星级的划分与评定》(GB/T 14308—2023),各星级饭店客房须满足以下差异化规范要求:

1. 基础配置标准

(1)三星级:标准间净面积≥20m^2,布草含棉量≥60%,配备基础卫浴三件套。
(2)四星级:标准间≥24m^2,布草含棉量≥80%,配置智能马桶及浴缸。
(3)五星级:标准间≥30m^2,使用100%长绒棉制品,强制设置双台盆及智能卫浴系统。

2. 功能设计标准

(1)三星级:隔音等级≥40dB,照度100~150lx。
(2)四星级:隔音≥45dB,照度150~200lx,配置独立行李区。
(3)五星级:隔音≥50dB,照度200~300lx,设置步入式衣帽间。

3. 绿色饭店专项要求

(1)三星级:节水器具覆盖率≥50%。
(2)四星级:节水器具≥80%,能耗监测系统。
(3)五星级:100%节水认证设备,LEED/BREEAM认证优先。

4. 服务运营标准

(1)三星级:每日1次布草更换。
(2)四星级:每日2次客房整理。
(3)五星级:24小时管家服务,布草即换即用。

新标准的主要修改要点如下:

(1)建立四级指标体系(基础/功能/绿色/服务)实现多维评价。

(2)引入"含棉量"技术参数量化布草标准。

(3)新增智能卫浴系统配置层级差异。

(4)以分贝(dB)量化隔音等级要求。

(5)将照度指标(lx)与星级直接关联。

(6)设置节水器具覆盖率递进标准。

(7)引入国际绿色建筑认证(LEED/BREEAM)要求。

(8)细化客房服务频次标准。

(9)使用"标准间净面积"替代模糊表述。

(10)增加长绒棉制品等高端材质规范。

(11)建立行李区—衣帽间配置进阶体系。

(12)删除非量化描述,统一采用≥符号明确下限值。

【课后练习】

一、单选题

1.60%的人把( )列为第一需求。
  A.清洁卫生　　　B.安全　　　C.舒适　　　D.方便

2.总统房通常由( )间以上房间组成。
  A.3　　　　　　B.4　　　　　C.5　　　　　D.6

3.女性选择饭店时,她们更重视安全和( )。
  A.卫生　　　　　B.舒适　　　C.便捷　　　D.色彩

4.( )饭店至少有30间(套)可供出租的客房。
  A.二星级　　　　B.三星级　　C.四星级　　D.五星级

5.( )饭店24小时不间断提供冷热饮用水,免费为客人提供茶叶和咖啡,部分客房(不少于70%)配备小冰箱,提供适量酒和饮料,并备有饮用器具和价目单。
  A.二星级　　　　B.三星级　　C.四星级　　D.五星级

二、判断题

1.一家饭店的客房是否整洁,已成为中、外客人选择饭店住宿的首要条件。( )

2.标准间适用于旅游团队、会议团体,也可以出租给一位客人住。( )

3.健康客房的目标客户主要集中于中、高层次的商务客人。( )

4.四星级饭店70%客房的面积(不含卫生间)不小于20m²。

（　　）

5.四星级饭店应24小时提供送餐服务。（　　）

第三节　客房的设备和用品配置

客房设备用品是客房产品的重要组成部分,选配好客房设备用品,对提高客房的舒适度进而提高宾客的满意度具有重要的作用。

一、客房设备

为满足客人休息、睡眠及相应的生活起居需求,客房一般需要配备电器、卫生洁具、家具和安全装置等设备。

（一）客房设备的分类

1.客房家具

客房内的家具是人们日常生活中必不可少的主要生活工具。客房家具从功能上划分,有实用性家具和陈设性家具两大类,其中以实用性家具为主。客房实用性家具主要有床、床头柜、衣橱、写字台、沙发、行李架、电视机柜、茶几、软座椅、酒柜等。陈设性家具主要是指具艺术性造型、有一定观赏价值的家具,如摆放鲜花的花架,陈放各种工艺品的立柜、书柜台,墙壁四周挂的书画作品等。

2.面层装饰材料

客房内除家具以外,还有天花板和墙壁四周的面层装饰材料。面层装饰材料可分为墙面装饰材料和地面装饰材料。客房地面装饰材料一般为地毯或者地板,地毯具有保暖、隔音、装饰和舒适等作用。墙面装饰材料一般为墙纸或涂料等。

3.客房电器设备

客房内主要的电器设备有以下几类：

（1）照明灯具。客房内的照明灯具主要有门灯、顶灯、落地灯、台灯、吊灯、床头灯、夜灯等,它们既是照明设备,又是房间的装饰品。

（2）电视机。电视机是客房的高级设备,可以丰富客人的生活。电视机不应放在光线直射的位置。每天清扫房间时,要用干布擦净电视机外壳上的灰尘,并要定期检查。

（3）空调。空调是使房间一年四季都保持适当温度和调换新鲜空气的设备。我国高档次的饭店一般使用中央空调,平时要保持出风口的清洁,并定期检查。

（4）音响和开关控制面板。一般在床头柜内安装音响装置,供客人收听有关节目或欣赏音乐。床头柜上还装有电视机、地灯、床头灯以及传唤服务员的开关控制面板等。这些装置均需定期检修。

(5)电冰箱。为了保证饮料供应,有些客房内设有小冰箱,在冰箱内放置酒水饮料和冰块,客人可根据需要随意饮用。电冰箱要定期除霜,并根据季节调整温度。

(6)电话、电热水壶、吹风机等。房间内一般设两部电话,每天要用干布擦净电话机表面的灰尘,每周要用消毒水消毒一次话筒,并定期检修。电热水壶除了供客人饮用开水外,还有装饰美观的效果。

4.客房卫生洁具

一般饭店客房的卫生间除了配备三大件——浴缸、面盆和马桶之外,还会配备淋浴器、浴镜、水龙头、浴室柜、毛巾架、灯具、垃圾桶、擦鞋框、脏布件收纳篮等。高档客房内还会配备净身器等。洗脸台上一般装有面镜。浴缸边上有浴帘,下面铺有胶皮防滑垫,有冷、热水龙头和淋浴喷头。洗脸台、浴缸、坐厕要清洁消毒,保持干净。水龙头、淋浴喷头和水箱扳手等金属设备每天要用布擦净、擦亮。

5.客房安全设备

为了确保宾客安全,房门上装有窥视镜和防盗链,门后张贴紧急疏散示意图,图上标明客人现在的位置及安全通道的方向。客房内一般都装有烟雾感应器、温感器和自动喷淋器等消防报警装置。

(二)客房设备选择与使用

客房设备是以固定资产的形式存在,主要分布在客房部。从饭店使用的部门和楼层来看,客房的设备分为客房电器设备、客房卫生洁具、客房家具、客房安全设备和面层装饰材料五大类。而客房设备的配备包括每大类客房主要设备的选择标准、原则要求、使用与保养维修等方面的内容。

1.客房设备的选择原则

(1)方便实用性。客房设备的大小、高低和放置的位置要方便客人灵活使用,简单易操作,具有实用的特点,同时要易于维修保养。

(2)安全节能性。饭店耗电耗水量较大,因此在选择客房设备时,应该根据安全与节能要求配置设备。安全是饭店客人的基本要求。在选择客房设备时要考虑安全性,如在装有防止事故发生的各种装置时,要考虑商家有无售后服务,且在使用中设备是否具有良好的节能性并合理利用能源。

(3)成套性。饭店客房设备成套性数量多,且根据客房情况成套配置,可以保持家具的一致性和外观的协调性。为了配合新时代商务旅客对饭店标准化、规范化服务的需要,饭店在选购设备时要综合考虑其设备的成套性,进行有针对性的选择和配置。

(4)适应性。适应性是指客房设备要适应客人需要,适应饭店等级,与客房的格调一致、造型美观、款式新颖。

(5)可发展性。为了配合新时代商务客人对饭店服务的需要,饭店在选购设备时要综合考虑其设备的经济性和发展性,选购的设备要有较长的使用寿命。

2. 客房设备的使用

合理配置客房设备,其目的是保证在对客服务中的合理使用,这主要涉及服务人员与客人两个方面。客房部要加强对职工的技术培训,提高他们的操作技术水平,让他们懂得客房设备的用途、性能、使用方法及保养方法,并通过客房服务指南明确细致地告知客人。

客房的设备是以租借形式供客人使用的。为了使客房设备完好无损,客房服务员在引领客人进房时,须按照服务规程介绍客房设备的性能和使用方法。客房服务员要按规程对客房设备进行日常的检查与维修保养,发生故障时要及时和有关部门联系进行修理。如遇宾客损坏设备,要分清原因,适当索赔。同时,要培养客房服务人员爱护设备的自觉性和责任心,鼓励员工不仅要高质量、高水平地搞好服务接待工作,而且要高质量、高水平地把客房设备保养好。设备设施要做到常新常好必须做好以下三个方面工作:

(1)客房设备的使用与保养。服务员在清扫客房时一定不能忽视检查设备这个环节。灯具是否明亮,电视机是否清晰,空调是否有效,冰箱是否漏水,电话是否畅通,卫生间龙头出水是否顺畅,地漏排水是否流畅,换气扇运转是否正常,电子门锁是否需要换电池等,这些都是显而易见的,及时检查报修就不会引起客人的投诉或不满,或影响其对饭店的良好印象。

(2)客房设备使用的检查。客房逐级检查制度主要是指对客房的清洁卫生质量检查,实行领班、主管及部门经理三级责任制,也包括服务员的自查和上级的抽查。实行严格的逐级检查制度,是确保清洁质量的有效方法。

(3)客房设备维修处理。具体包括以下内容:

①房间的设备。客房的设备,如木器家具、电器设备等,凡发现这些设备损坏、零配件脱落应及时报告主管部门维修,对破损物件要保管好,等维修人员修理时用。如面盆塞子、金属盖板、毛巾杆的装饰螺帽、抽屉拉手、柜门铰链、喷头扳把、窗帘挂扣等,这样的小零件都不能丢失。只有这样才能使设备迅速恢复原样,保持设备的完好。

②卫生间洁具。抽水马桶堵塞、水箱漏水是卫生间经常容易发生的设备问题。马桶内如有牙刷、抹布等物掉进去就会造成堵塞,这时一定要想办法取出,顺水冲下去是不可能的。水箱漏水的滴水声直接影响客人的休息,服务员听到水响声必须马上处理,可能是由于浮球阀的控水位置不当,也可能是因为盖水皮碗下没有恢

复原位,前者服务员可调整水位,后者服务员可将水箱扳把上下抖动复位,其他原因导致的漏水就应找水工师傅及时修理。

③其他设备。如节电装置的保护不能乱用其他物品代替插片,自动消防喷淋装置的保护不要人为损坏,电子门锁关门响声大就应抹上铅粉让其光滑等,这些都是在使用和维护设施设备上要注意的问题。

二、客房用品

客房用品又称日常客用品,主要是供客人日常使用的物品。在客房部的费用中,客房用品的耗费虽占较大的比重,但其伸缩性很大。因为它涉及的品种多、使用的频率高、数量大,又加上这些用品具有很强的实用性,如果管理不善,就会造成浪费,增加成本。所以,加强客房用品的管理和控制是客房部管理工作中非常重要的环节。

(一)客房用品的分类

客房用品的分类方法很多,主要有以下两种。

1. 按消耗形式划分

(1)一次性消耗品。如茶叶、卫生卷纸、信封、洗浴液、香皂、化妆用品等,这些用品是一次性消耗物品。

(2)多次性消耗品。如床上布件、卫生间"五巾"、饭店宣传用品、衣架等,这些用品可连续多次供客人使用,是多次性消耗品。

此种分类方法有利于客房部分类、分项制定客用品的消耗定额,加强对客房用品的预算和控制。

2. 按供应形式划分

(1)客房供应品。即上面所说的一次性消耗用品。客房供应品是客人可以带离饭店的东西,包括香皂、洗衣袋、礼品袋、鞋擦、文具、一次性拖鞋、洗浴液、洗发液、牙具、淋浴帽、梳子、卫生卷纸、火柴、面巾纸、茶叶、针线包、圆珠笔、明信片等。不同饭店对客房供应品的范围有不同的规定。一些豪华饭店的供应品还包括指甲刀、一次性剃须刀、糖果、鲜花等。

(2)客房备用品。这类物品是放在客房或在客房内使用的,一般不允许客人带走,但经常会被客人当作纪念品带走,包括衣架、卫生间防滑垫、棉织品、茶水具、酒具、烟灰缸、服务夹等。

(3)宾客租借品。这类物品一般不放在客房内,而是存放在客房服务中心,供客人临时使用时而借用的。有不少客人,特别是女性客人,常会向饭店借用各种物品,如熨斗、烫衣板、冰袋、吹风机等。因此,客房部应准备这类物品,以满足客人的需求,同时须配套制定相关制度,以保证这些借用物品及时归还。

客房备品和宾客租借物品都属于多次性消耗用品。此种分类方法有利于客房用品的分类保管和使用。

（二）客房用品的选择原则

（1）方便实用。客房用品是为了方便客人的住店生活而提供的，因而物尽其用是其最主要的原则。

（2）美观大方。美观大方的客房用品布置在清洁舒适的客房里，其本身就令人赏心悦目；反之，则使客人有粗糙、贬值之感。

（3）适度均衡。客房用品应能够体现饭店的档次并突出其风格，而不是种类越多越好。

（4）价格合理。因为客房用品的耗用量很大，所以价格因素也是不能忽略的。现在客房用品供应商越来越多，酒店作为采购方可以从好中选优、优中选廉。

总之，客房用品不仅种类多，而且也在不断地筛选和改进中。我们在选择时应遵循上述四条原则，并结合工作经验和具体情况来进行。

（三）客房用品的配置

1. 客房用品配置遵循的原则

（1）体现客房的礼遇规格。

不同饭店的各类客房，由于等级、规格、风格不同，其房间用品在配置上可根据各自的经营方针及实际需要而增减，但不能违背经营原则和降低客房规定的标准。

（2）广告推销作用。

客房用品不仅是供客人使用的，而且是很好的广告宣传品。客人既是饭店服务的对象，也是饭店的义务推销员。饭店应在客房用品上印制饭店的名称、标志及地址、电话等，以加深客人对饭店的印象和了解，起到广告宣传作用，以通过他们的广泛传递，招徕更多的客人。

（3）客房设施设备的配套性。

客房设施设备的配套性有两层含义：一是设施设备、用品的外观配套，包括外观、色彩、造型、质地的统一；二是某一用途的设备用品要自身配套，例如，使用地毯的房间就必须配备浴帘和地巾等物品。

饭店的设施设备做到配套，有专门的标志，便可在总体上给客人清楚明白的暗示，有利于保持客房本身独特的品位和档次。

（4）设施设备和用品摆放的协调性。

客房的设施设备和用品大多是可以移动和替换的。其摆放的协调性，是指各种设备和用品配套齐全后，应形成一个协调的整体，给客人以舒适感和方便感。同一等级、面积和布局的各种客房设备、用品必须位置固定，同时保持适当的距离，留出通道，既照顾客人的活动空间，又方便客人取用和服务员操作。

2. 客房用品配置的规格

客房用品的配置规格因饭店的等级高低而不同,不同类型的客房,其配置的规格也有差异。下面以标准间为例作具体说明。

(1) 房间用品。

①壁橱。

- 挂衣横杆上备有带店徽的衣架。衣架数量按床位计:每床位2个西服衣架、2个裙架、2个裤架,共12个。五星级饭店可另配少量缎面衣架或落地衣架。
- 柜下面放置叠放好的洗衣袋、大购物袋、小购物袋。袋子的数量按床位计,每床位一个。每个洗衣袋里放上干、湿洗衣单各一份。有的饭店将袋子放置在梳妆台的抽屉里。
- 衣帽刷、鞋拔子(有的饭店还配两套浴衣)。

②小酒吧用品。

- 水杯、冰桶、开瓶器等用品。
- 杯垫、纸巾、调酒棒、饮料单。

③梳妆台(书写桌)。

- 饭店介绍册、服务指南、征求意见表、房间用餐菜单、游览图、客房价目表、电话使用说明、烟灰缸。
- 普通信封、航空信封、国际信封、信纸、明信片、传真纸、便笺、笔、针线包、行李标签、客人意见书、火柴等。
- 不锈钢纸篓一只。
- 礼品袋。

④茶几桌。

- 烟灰缸、茶具、热水瓶、花瓶。设酒柜的客房,茶几面上仅摆放烟灰缸、火柴和花瓶。
- 袋装茶叶,有的还放袋装咖啡和砂糖包。

⑤床头柜摆放用品。

- 电话簿、电话卡、晚安卡、环保卡。
- 便笺、笔、一次性拖鞋、擦鞋器(纸)。

以上文具用品均印有店徽,摆放时应注意将店徽摆正。

⑥床具(按单床配用量计)。

- 保护垫(褥子)1条。
- 床单1~3条。
- 被子1床。
- 鸭绒枕芯、木棉枕芯各1个,枕套2个。

- 毛毯1条(一般放在壁橱中,冷时用)。
- 床罩1床。

(2)卫生间用品。

①烟灰缸、火柴、花瓶、消耗品托盘(篮)、小方巾、不锈钢污物桶、口杯、面巾、体重秤。

②杯垫、香皂、牙具、面巾纸、沐浴液、洗发液、护发素、润肤液、浴帽、梳子、指甲钳、剃须刀。

③坐便器旁:卫生卷纸、女宾卫生袋。

④浴缸旁:大浴巾、小浴巾、地巾、防滑橡胶垫。

⑤皂盒内:大香皂一块。

【课后练习】

一、单选题

1.下列不属于客房用品配置应遵循的原则的是(　　)。
　A.礼遇规格　　B.美观性　　C.配套性　　D.协调性

2.下列不属于地毯作用的是(　　)。
　A.安全　　B.保暖　　C.隔音　　D.装饰

3.客房设备的配备包括每大类客房主要设备的选择标准、原则要求、使用与(　　)等方面的内容。
　A.协调　　B.安全　　C.保养维修　　D.合理

4.客房用品的选择应遵循方便实用、美观大方、(　　)及价格合理的原则。
　A.清洁卫生　　B.适度均衡　　C.色彩搭配　　D.经久耐用

5.以下不属于客房供应品的是(　　)。
　A.礼品袋　　B.卫生卷纸　　C.烟灰缸　　D.茶叶

二、判断题

1.客房家具从功能上划分,有实用性家具和陈设性家具两大类,其中以实用性家具为主。　　　　　　　　　　　　　　　　　　　　　　　(　　)

2.墙面装饰材料一般为墙纸或涂料等。　　　　　　　　　　　　(　　)

3.水龙头、淋浴喷头和水箱扳手等金属设备要定期用布擦净、擦亮。(　　)

4.客房的设备是以租借形式供客人使用的。　　　　　　　　　　(　　)

5.客房备用品是放在客房或在客房内使用的,一般不允许客人带走,但经常会被客人当作纪念品带走。　　　　　　　　　　　　　　　　　(　　)

第六章　清洁器具和清洁剂

饭店建筑千姿百态,内外装修使用的材料也越来越丰富,并更加注重环境保护,这无疑给饭店的清洁保养增加了新的内容,提出了新的要求。在这种新形势下,传统上只注重人力清洁保养的方式已经很难适应现代饭店清洁保养工作的要求。因此,采用节约能源和减少污染的环保型清洁器具和清洁剂,既能反映出饭店对清洁保养工作的重视程度,又体现出保护环境的意识。

第一节　清洁器具

清洁器具的配置情况,直接影响清洁保养工作的效率和质量。饭店清洁器具的来源主要有两种途径,一是自备,二是租赁。通过什么途径使用清洁器具,完全根据饭店的自身情况和外部条件来决定,但从清洁保养工作的需要来看,饭店必须有齐全精良的清洁器具。

一、清洁器具的分类

客房部所使用的清洁器具种类很多,从广义上讲,清洁器具是指从事清洁工作时所使用的任何器具,既有手工操作的简单工具,也有电机驱动的机器。为了便于清洁设备的使用和管理,可把清洁设备分为两大类:一般清洁器具和机器清洁设备。

(1)一般清洁器具。一般清洁器具包括手工操作和不需要电机驱动的清洁设备,如抹布、扫帚、拖把、房务工作车、玻璃清洁器等。

(2)机器清洁设备。一般指需要经过电机驱动的器具,如吸尘器、吸水机、洗地机、洗地毯机、打蜡机等。在饭店的清洁过程中,使用的大部分机械都是电动机械,这是因为电动机械不污染环境、使用方便、效率高。

二、一般清洁器具

(一)扫帚

扫帚主要用于扫除地面那些较大的、吸尘器无法吸走的碎片和脏物。根据其用途、形状和制作材料的不同,可以分为长柄扫帚、单手扫帚、小扫帚,以及头部可以自由转动的扫帚(头部由薄毛刷组成,安装在长柄上,可以自由转动。这种扫帚常用于清洁地面,特别是角落,且不易腾起灰尘)。

(二)畚箕

畚箕俗名簸箕,是用来撮起集中成堆的垃圾,然后将垃圾倒入垃圾容器的工具。可分为单手操作式、三柱式和提合式三种。

(三)拖把

用布条束或毛线束安装在柄上的清洁工具。现在大多装有环扣以免束带脱落。所有的拖把头都应可以拆卸,以便换洗。拖把较适用于干燥平滑的地面,其尺寸大小取决于地面和家具陈设等。

(1)地拖。亦称水拖把,有圆头形和扁平形两种。扁拖的拖柄由木料或塑料制成,末端附有一个塑胶或金属夹,用以固定扁拖头。扁拖头最好用棉绒布制成,其特点是吸水性强,可以在狭窄地段灵活地使用。

(2)挤水器(拧拖布器)。与地拖配套的器具是拧拖布器,用于拧干拖布,所以又称挤水器。在设计上,可分为滚轴式、下压式和边压式三种,其中以下压式为好。滚轴式挤水器容易损伤棉质拖把的纤维,因而较少采用。

(3)地拖桶。地拖桶一般由金属、不锈钢或塑料制成。地拖桶可分为两个部分:一部分用于存放清洁剂,另一部分存放冲洗拖布用水。

(4)拖地车。它是由清洁桶、挤水器和车架组合而成。挤水器可架在桶沿上,用于压出拖布上多余的水分。清洁桶则安装在带有轮子的水平台车上,轮子也可以直接安装在桶底。拖地车有单桶式和双桶式两种。这种清洁桶内壁上往往有定量刻度标志,以便配制清洁剂。

(四)尘拖

尘拖,亦称万向地推。尘拖由尘拖头和尘拖架构成。尘拖头有棉质类和纸质类两种。棉质类价格稍贵,但可以洗涤而且相当耐用。纸质类价格稍低,比较卫生,但不耐用,属使用方便型。尘拖架多由金属制成,长度可分为45cm、60cm、90cm及120cm几种。其宽度有7.5cm和12.5cm两种。一个尘拖架可以配多个尘拖头,以便随时更换洗涤。

尘拖主要用于光滑地面的清洁保养工作,它可将地面的沙砾、尘土等带走,以减轻磨损。为了使尘拖效果更好,往往还要蘸上一些吸尘剂或选用可产生静电的合成纤维制作的尘拖头。

(五)房务工作车

房务工作车是客房卫生班服务员清扫客房时用来运载物品的工具车。有的饭店还配备了不同类型的房务工作车,如女服务员工作车、棉织品车、男服务员工作车等。另外，还有专为运送垃圾桶、家具等设计的辘轴车，以及一些钢制和木制的用于搬运箱子的手推车和运输大件物品的平台车。使用房务工作车，可以减轻劳动强度和提高客房服务员的工作效率，而且当房务工作车停在客房门外时，也可以成为"正在清扫房间"的标志。

房务工作车必须坚固、轻便，能承载一定数量的布草、供应品以及清洁用具。房务工作车车身通常设计为仅一面开口，这样停在楼间走廊时，就不会有物品暴露在两边，外观较为整洁。房务工作车的前面应装有缓冲器或其他弹性防护装置，以免撞伤墙面。

房务工作车两头的车钩上分别装挂棉织品袋（装撤换下来的布件）和垃圾袋。垃圾袋和棉织品袋一般由尼龙乙烯材料双层叠压而成，不仅耐用、容易清洗，而且不会发霉和发出难闻的气味。

【知识链接】

在使用房务工作车时应注意的事项

（1）房务工作车的布置应按饭店的规定进行，整洁美观，方便使用。

（2）推拉工作车时应注意万向轮在前，定向轮靠后，避免由于硬拉而损坏工作车。

（3）房务工作车应装有缓冲器或其他弹性防护装置，推拉时应掌握行进方向，以免撞坏墙面或撞坏其他物件。

（4）房务工作车应经常擦拭，保持清洁。

（5）房务工作车的轮子最好选用两个定向轮和两个万向轮。应定期对房务工作车车轮加油，从而达到润滑和消声作用。

（六）玻璃清洁器

擦玻璃是客房服务员费时费力的一项工作。如果使用玻璃清洁器则可提高工效，安全可靠、简便易行。玻璃清洁器主要由长杆、"T"形把和其他配件构成。

（七）其他清洁器具

（1）抹布。根据清洁用途的不同，抹布应制成不同的尺寸，并选用不同质地和颜色。这样既可防止抹布交叉使用，又方便操作和提高清洁质量。抹布也可用牵尘剂进行处理，以达到更好的除尘效果。抹布一定要折叠使用，以提高工作效率。抹布的洗涤最好由洗衣房负责。抹布可多准备些，因为它的周转率和淘汰率高。

（2）撅子。用于疏通便具的简易工具。

（3）喷雾器。单手操作，用于喷射清洁剂及蜡水等。

（4）鸡毛掸子。用鸡毛制成，用于去除灰尘，特别是高处的尘埃。一般为室外使用。

（5）油灰刀。用于去除粘在地板上的口香糖等难以清洁的污垢。

（6）刷子。刷子的用途很多，种类也多，诸如脸盆刷、浴缸刷、便器刷、窗沟刷、地毯刷，等等。工作中可根据需要配备，并区别使用，用后要洗净放好。

（7）警示牌。警示牌主要用于提醒警示，防止发生伤害事故。它有多种不同的设计，如"工作区域""小心路滑"字样的警示牌。

（8）接线插盘。在某些区域进行清洁保养时，需要用电器设备。为了解决离电源插座远的问题，需要配备接线插盘。

三、机器清洁设备

(一) 吸尘器

吸尘器全称为电动真空吸尘器。它是一个由电动机带动的吸风机，即利用马达推动扇叶，造成机身内部的低压（真空），通过管道将外界物品上附着的灰尘吸进机内集尘袋中，达到清洁的目的。

吸尘器的应用范围很广，包括地板、家具、帘帐、垫套和地毯等。吸尘器不但可以吸进其他清洁工具不能清除掉的灰尘，如缝隙、凹凸不平处、墙角以及形状各异的各种摆设上的尘埃，而且不会使灰尘扩散和飞扬，清洁程度和效果都比较理想。吸尘器是饭店日常清扫中不可缺少的清洁工具。

1. 吸尘器的结构和原理

吸尘器可分为主体和附件两部分。主体包括电机、风机和吸尘部分（由过滤器、储尘筒组成），附件包括软管、接头弯管、塑接管（接长管）、刷头和扁吸嘴等。

（1）吸尘原理。吸尘器的风机叶轮在电机的高速驱动下，将叶轮中的空气高速排出风机，同时使吸尘部分内的空气不断地补充进风机。这样，在吸尘部分与外界之间形成了相当高的压差，吸嘴的尘埃、脏物随空气被吸入吸尘器，并经过滤器过滤，将尘埃、脏物收集于储尘筒（箱）内。空气经过滤成为清洁空气，经过风机、冷却电动机，再经排气管、出风口重新排入室内。储尘筒内的尘埃和垃圾积累到一定程度必须进行清除，然后继续使用。

（2）吸尘器的附件。所有吸尘器都配有一个组装刷头，供清理地板及地毯时用。吸力式吸尘器还会配备一系列的清洁刷及吸嘴，以便清扫角落、窗帘、沙发缝隙时用。吸尘器的主要附件有：

①喉管：所有吸力式的吸尘器都会配备硬喉管，用来连接清洁用的软喉管及附件。也有将硬喉管和软喉管组合在一起，即成组装软管。

②圆刷头：也叫小吸嘴，可做360°回转，方便清洗家具、帷幕、精细网织物、穗状饰物和呢绒服装等。

③扁吸嘴:又称缝隙吸嘴,是一支细长扁平的硬吸嘴,特别适合于清洁墙边、辐射式暖气片、角落及浅窄地方。

④电动刷:类似直立式吸尘器的清洁头,是混合式吸尘器特有的配件。

⑤扫尘刷:用长而软的鬃毛制成,适用于清洁窗帘、墙壁、灯罩、百叶帘和窗台等。

2.吸尘器的种类

根据结构和操作原理,吸尘器大致可以分为直立式、筒形和混合式。

(1)直立式吸尘器。

直立式吸尘器的清洁作用,除了利用吸力,还靠装在吸嘴内的一个由马达推动的旋转震动刷辅助。

在清洁效能方面,直立式吸尘器利用吸尘刷的旋转震动力,可将地毯的绒毛拨开,使深藏其中的尘屑、污垢,尤其是地毯的致命物——沙砾,自绒毛中松脱出来,然后被吸走。所以在地毯吸尘方面,这类吸尘器通常都会有很好的效果。

用直立式吸尘器吸尘,使用者不用弯腰曲背,非常方便,不过由于直立式吸尘器的吸嘴通常较为高阔,以致在清洁"矮脚"家具底下或其他浅窄地方以及楼梯部分,就远不如圆筒形吸力式吸尘器方便。此外,直立式吸尘器在操作时发出的噪声往往也较吸力式吸尘器大。总之,清洁大面积的地毯,使用直立式吸尘器最佳。

(2)筒形吸尘器。

顾名思义,筒形吸尘器完全是靠吸力作用来完成工作的。这类吸尘器有多种款式,如圆筒形、长筒形。尽管各款式的外形不尽相同,但它们都有一个共同的特点,就是都拥有一个长喉管,用来连接各种配件,以满足不同工作的需要。由于这类吸尘器只是靠吸力来吸尘,其马达马力通常较直立式大。

在清洁效能方面,由于没有电动旋转刷的辅助,只适用于清理不太脏的地毯。不过由于其具有强劲的吸力,再加上一系列特别配件的帮助,对清理地板、家具、帘帐、较薄的细软织物垫套等效果不错。吸力式吸尘器备有"扁身"的吸管,有利于清理"矮脚"家具底下或其他浅窄的地方。

(3)混合式吸尘器。

混合式吸尘器在外形方面与筒形大致相同,也多呈圆筒形。这类吸尘器除了具有强劲的吸力外,还备有电动的震动清洁刷,可随时装上使用。混合式吸尘器构造上汇集了筒形和直立式的优点,因此,在清洁效能方面,就可以同时发挥二者的长处。

3.吸尘器的维护和保养

(1)在使用前,应先阅读使用说明书,按说明书介绍的方法将吸尘器安装好。

(2)每次使用前应检查集尘箱(筒)内是否清洁干净,电源及电线有无破损。

(3)吸尘器附件要保持清洁,如有灰尘污垢应及时用湿布擦拭干净,然后在空气中自然干燥,切忌用含有苯、汽油的溶液擦洗。

(4)有集尘指示器的吸尘器,不能在满点上工作。若发现指示游标接近满点,应立即停机清理灰尘。

(5)如果吸尘器不是干湿两用,则不能用来吸液体、黏性物和金属粉末以及较大体积的物体。

(6)每次使用完毕,应先切断电源,然后将集尘袋(箱)中的灰尘清除干净。集尘袋(箱)可定期用温水清洗,然后在阳光下自然干燥,最后将配件拆开并清理干净收好。

(7)检查机体和附件上的螺钉是否有松动现象,如有松动应立即紧固。

(8)随时将刷子上的毛发及绒线头清理干净。若发现刷头磨损较大,应及时更换,否则会影响吸尘效果。

(9)定期更换轴承润滑油。可根据吸尘器使用次数的多少,一年或半年更换一次。润滑油必须采用高速复合钙基脂或复合钠基脂。

(10)吸尘器在使用过程中,若发现漏电或电机温度过高以及异常响声,应立即停机检查。

(11)吸尘未到饱和状态而集尘指示器红灯发亮,有可能是纸屑或碎布等将管道堵塞,应停机检查。可将吸管安在排气口上,吹出堵塞物,以清除障碍。

(12)吸尘器不用时,应固定放置在干燥的地方。

(13)不管是哪种吸尘器,使用前都应将地上的烟头及针尖、图钉类尖利物捡走,否则会损伤集尘袋或吸头、吸管等。

(二)洗地毯机

洗地毯机工作效率高,省时省力,节水节电。机身及配件用塑料玻璃钢和不锈钢制成。洗地毯机一般采用真空抽吸法,脱水率在70%左右,地毯清洗后会很快干燥。洗地毯机可清洗纯羊毛、化纤、尼龙、植物纤维等多种材质的地毯。

1.洗地毯机的结构(以喷气抽吸式为例)

洗地毯机主要由吸力泵2个、污水箱、强力喷射水泵、电机等构成,采用真空抽吸原理。真空抽吸、水泵喷射系统都配置过滤网纹,以保证电机的正常工作。

洗地毯机在操作时,强力喷射、震荡刷洗、真空抽吸3个动作同时进行。

(1)强力喷射:压力水泵将热水及清洁液制成柱雾状喷入地毯,迅速将污渍溶解。

(2)震荡刷洗:同一时间,高速摆刷为2300次/分,前后摆动,将地毯底层的污渍、泥沙彻底清洗出来。

(3)真空抽吸:特强的吸水系统立即将所有污泥浊水完全彻底地吸入本机污

水箱内。

洗地毯机随机附带手提式吸嘴,其喉管长约6m,能清洁楼梯、转角及任何隐蔽的地方,也可清洗沙发、椅套等。

2.洗地毯机的种类

洗地毯机的种类很多,但常用的有以下两种。

(1)喷气抽吸式洗地毯机。

如上所述,这种机器喷液、擦洗、吸水3个动作同步进行,洗涤力特别强,去污效果也好,但操作起来较笨重,而且对地毯的破坏性较大,所以这种洗涤方法宜少用。

(2)干泡洗地毯机。

干泡洗地毯机有滚刷式和转刷式两种。其工作原理是:当马达发动后,压缩机将用温水按比例配制的起泡式地毯香波调整打泡,然后喷射在地毯上;机器底部擦盘随即擦洗地毯,以使香波渗透到地毯根部,与地毯里的尘埃结成晶体;十几分钟后用吸尘器将结晶体吸去,或者用吸水机将地毯吸一遍,地毯便洗干净了。需要注意的是洗地毯前要将地毯彻底吸尘和去迹,这样才能达到效果。干泡洗地毯的方法比较简便,对不脏的地毯和纯羊毛地毯来说,清洗效果颇佳,而且对地毯损伤较小。

(三)吸水机

吸水机有筒形和车厢形两种,机身由塑料或不锈钢材料制成,分为固定型和活动型两种。机身下有4个转轮,操作时省时省力。固定型吸水机吸水量为9~65L,活动型为27~73L。吸水机主要部件是真空泵、蓄水桶和吸水刷。

吸水机的功能:用洗毯机洗刷后,地毯表面比较干净,但洗刷后的污水及残渣深藏在地毯根部,在地毯上容易形成脏污并使它失去弹性;用吸水机对洗刷后的地毯进行抽吸,任何顽固的残渣都能被彻底吸除,因为吸水机一般均装两个真空泵,吸力特别强大。

吸水机的配件根据喉管直径的大小配备。例如,喉管直径为40mm的配件有:胶接管、高空吸嘴、扁平吸嘴、圆吸嘴、收窄嘴、软喉管(长0.8m和2.5m各一)、地毯吸嘴、吸水嘴、吸尘嘴、电镀接管、有轮吸尘嘴、推动型吸水扒和吸尘扒。

另外,还有吸尘吸水两用机,又称干湿两用吸尘器。此类机器既可用来吸尘,清理地板、家具和帘帐,又可以用来吸水。

吸水机使用完毕后,要做好维护工作。拆卸时,动作要轻,将各种配件刷洗干净,晾干后装入配件箱内。

(四)洗地机

洗地机又称擦地吸水机,它具有擦洗机和吸水机的功能。洗地机装有双马达,集喷、擦、吸于一身,可将擦洗地面的工作一步完成,适用于饭店的大厅、走廊、停车场等面积大的地方,是提高饭店清洁卫生效率不可缺少的工具。

洗地机使用前要先检查各个部件是否完好;当打开洗地机开关时,应注意污水箱是否保持密封,以防污水外溢;清洗工作完毕,要将吸水系统剩余清洁液抽至污水箱内,便于倾倒。每次使用后,应把各种配件清洗干净,晾干后妥善保存。

(五)高压喷水机

这种机器往往有冷热水两种设计,给水压力可高达 $20\sim70kg/cm^2$。一般用于垃圾房、外墙、停车场、游泳池等处的冲洗,也可加入清洁剂使用。附有加热器的喷水机水温可高达沸点,故更适于清除有油污的场地。

(六)打蜡机

打蜡机有单刷、双刷及三刷机,以单刷机使用最广。单刷机的速度可分为慢速(120~175转/分)、中速(175~300转/分)、高速(300~500转/分)和超高速(1000转/分)。其中以慢速及中速较适于洗擦地板用,高速则用于打蜡及喷磨工作。

多用途的打蜡机可满足部分饭店节省资金和储存空间的需求,但如果保养欠佳会造成机器的损坏。其主要配件有:尼龙刷,不同硬度的尼龙刷可分别用来洗地、磨蜡、喷磨地板等;水箱,洗擦地板用;喷壶、喷嘴,喷蜡水用;集尘袋,吸尘用。

【课后练习】

一、单选题

1.下列不属于一般清洁器具的是(　　)。
　A.房务工作车　　B.拖把　　　　C.吸尘器　　　　D.玻璃清洁器

2.抹布一定要折叠使用,以提高工作效率。抹布的洗涤最好由(　　)负责。
　A.洗衣房　　　　B.布草房　　　C.楼层服务员　　D.PA

3.下列不属于机器清洁设备的优点是(　　)。
　A.使用方便　　　B.成本低　　　C.效率高　　　　D.不污染环境

4.洗地毯机在操作时有强力喷射、震荡刷洗、真空抽吸3个动作同时进行,其中震荡刷洗高速摆刷为(　　)次/分。
　A.2000　　　　　B.2200　　　　C.2300　　　　　D.2400

5.洗地毯机一般采用真空抽吸法,脱水率在(　　)左右,地毯清洗后会很快干燥。
　A.50%　　　　　B.60%　　　　C.70%　　　　　D.80%

二、判断题

1. 当房务工作车停在客房门外时,也可以成为"正在清扫房间"的标志。
   ( )
2. 尘拖主要用于光滑地面的清洁保养工作,它可将地面的沙砾、尘土等带走,以减轻磨损。
   ( )
3. 清洁大面积的地毯,筒形吸尘器最佳。 ( )
4. 有集尘指示器的吸尘器,不能在满点上工作。若发现指示游标接近满点,应立即停机清理灰尘。
   ( )
5. 干泡洗地毯的方法比较简便,对不脏的地毯和纯羊毛地毯来说,清洗效果颇佳,但地毯损伤较大。
   ( )

第二节 清洁剂

清洁剂是做好饭店清洁保养工作不可缺少的要素之一,合理使用安全有效的清洁剂,既能提高清洁工作的效率,又能保证清洁工作的质量,同时使被清洁物品更干净、更美观,进而延长其使用寿命。但是,清洁剂和被清洁物品都有较复杂的化学成分和性能,使用不当不仅达不到预期效果,相反会损伤物品。因此,学习和掌握有关清洁剂的知识和使用方法,对于做好清洁保养工作有着十分重要的作用。

一、"脏"的存在形态与性质

饭店清洁保养工作的任务之一是除"脏"。要除"脏"就必须了解"脏"的存在形态与性质。

(1)尘土。

尘土可以认为是"脏"的初级阶段。尘土可飘浮于空气之中,并逐渐停留在空气中的所有物体表面,也有人称之为灰尘。尘土若不及时清除,则会在物体表面积存,使得物体表面变得灰暗和粗糙,而且会发出霉味,滋生害虫等。尘土中主要含有灰尘、毛发、肤屑、绒毛、沙砾和细菌等。

清除尘土比较容易。如果使用某些喷剂,就能有助于减少某些物体表面上的静电,降低尘土的附着力。尘土一旦失去水分就会飘移,尘土与液体、蒸汽或油脂结合就会附着在物体表面上,增加清除的难度。因此,饭店有灰尘就需及时清除。

（2）污垢。

污垢有油迹和水迹之分。其清除的难度比尘土大,主要清除方法有机械法和化学法。机械法就是使用合适的器具如抹布、拖把、百洁布、刷子、机器等进行清除,化学法就是要借助清洁剂的化学作用有效地清除污垢。将化学法和机械法结合起来清除污垢效果会更佳。

（3）渍迹。

渍迹通常是由于蛋白质、酸碱、染料等相互吸附而造成的污染,过量的污垢滞留时间过长而渗透到物体表面组织之中也能成为渍迹。渍迹与污垢不同,污垢通过一系列的方法终会被清除,而渍迹的清除难度很大,残留时间较长的渍迹往往不易除掉。在清除渍迹时还需非常小心,否则,容易破坏被污染物。渍迹要及时清除,对于刚发生的渍迹可用下列方法清除：①利用颗粒粉末吸收渍迹；②用溶剂溶解渍迹；③使用酸、碱溶剂中和清除渍迹。

（4）锈蚀。

锈蚀是金属与水分、食物、化学液剂或气体相遇发生化学反应而引起的污染。锈蚀会使金属表面失去光泽、变得粗糙,最终会被腐蚀。酸是最有效的除锈剂,它常与磨蚀剂混合使用。热的苏打或矾溶液也可以清除锈蚀。

二、清洁剂的种类及用途

（一）清洁剂的作用和化学性质

1.清洁剂的作用

清洁保养工作中,如果能科学合理地使用清洁剂,能使清洁剂起到以下作用：①使清洁工作更加容易,提高清洁工作的效率；②能消除或降低污渍的附着力；③防止物体因受热、受潮、受化学污染或摩擦而损坏；④美化物品；⑤延长物品的使用寿命。

2.清洁剂的化学性质

清洁剂的化学性质通常以 pH 来表示。根据 pH 的大小,人们把清洁剂分成酸性、中性和碱性等。酸性清洁剂的 pH 小于 7,中性清洁剂的 pH 等于 7(商业上往往将 pH 为 6~8 的清洁剂作为中性清洁剂),碱性清洁剂的 pH 大于 7。

一般来说,中性清洁剂对于多数清洁对象不易构成损害,而趋于强酸、强碱清洁剂则不然,酸碱属性的清洁剂只要相差一个数值,其强度就相差 10 倍之多。pH 越小,酸性越强；pH 越大,碱性越强。因此,在使用清洁剂之前,必须先了解其属性并掌握其 pH 的大小,否则,就谈不上合理使用清洁剂,更不能保证安全有效了。

(二)清洁剂的种类及用途

1.洗涤剂

(1)洗涤剂的作用。

①湿润能力。能有效降低水的表面张力而使洗涤物湿透并减小其与污垢的结合力。

②乳化能力。能将不溶于水的油污变成可溶于水的乳状液而被除去。

③增溶能力。能使一些本来不溶于水的液体或固体物质都不同程度地增加溶解度。

④分散能力。能使一些不溶于水的固体污粒悬浮于水中而不下沉,并不会再次附着于洗涤物表面。

⑤易漂洗、无损伤性。

(2)洗涤剂的主要成分。

洗涤剂有皂类、有机合成类和混合类三种。不同类别的洗涤剂虽有其不同的特性,但都是由多种成分组成,其中主要成分有:

①表面活性剂。它是一种能在低浓度下降低溶剂表面张力的物质。清洁剂去污效果的好坏主要取决于它的表面活性剂的含量多少和质量高低。

②磷酸盐或合成沸石。它能将水中的金属离子整合而使硬水软化。

③硅酸钠。它能使清洁剂保持一定的碱性而提高其除油能力,并可减轻对金属的腐蚀。

④纯碱(碳酸钠)。它的主要作用是增强清洁剂清除油污的能力。

⑤过氧化物。它的作用是氧化漂白。

⑥羧甲基纤维素钠盐。它能增强清洁剂的分散悬浮能力并防止织物变黄发灰。

⑦泡沫稳定剂。对于有泡沫的溶剂来说,泡沫量的多少往往是其洗涤能力强弱的标志。

⑧荧光增白剂。它能使织物白度增强,使有色织物更加鲜艳悦目。

⑨酶制剂。它能对蛋白质、淀粉、脂肪性污垢起分解作用。其最佳工作温度为30℃~50℃,30℃以下不活跃,50℃以上活跃,但对毛、丝纤维有损害作用。

⑩芳香剂。用以掩盖洗涤剂的难闻气味,改善嗅觉效果。

洗涤剂可分为中性、碱性和酸性,有皂基洗涤剂和合成洗涤剂之分,其形态有粉状、块状和液状等,洗涤剂产品从洗衣粉、肥皂到地毯香波、除蜡水等有着一个庞大的系列(见表6-1),在选择时可向厂商咨询。

表6-1 皂基洗涤剂与合成洗涤剂的比较

皂基洗涤剂(pH为8.5)	合成洗涤剂(pH为6~7)
硬水中产生皂垢	不受硬水影响
乳化油脂好	与肥皂相同
对非油脂污垢作用好	对非油脂类污垢的去污力不强
悬浮力强	悬浮力相当强
冷水中不溶解	溶于任何温度的水中
在软水中自然产生泡沫	除非加入稳定剂,通常少泡沫
去渍力不强	与肥皂相同
在旧纺织品上不中和、黄化	与肥皂相同

2.酸性清洁剂

从醋酸到盐酸,酸性清洁剂的强度差别很大,通常在使用前要稀释,使用后要彻底漂洗。除醋酸、柠檬酸外,其余的都要监督使用,使用时要十分小心,注意防护,因强酸有毒和腐蚀性。不可将浓缩液直接倒在物品表面,否则会损伤被清洁物和使用者的皮肤。要降低其腐蚀性,就得使用抗酸合成物,在高品质的洁厕剂中就含有合成抗酸剂。

酸性清洁剂有去除锈蚀、除臭、杀菌和中和碱性物质的作用,其产品的种类较多,表6-2详细列出了常用酸性清洁剂的品种及其用途。

表6-2 酸性清洁剂的品种及用途

品种	用途
醋酸、柠檬酸(pH为3)	金属除锈、中和碱性剂,清除材质上的轻度污迹和黏着物,防止洗涤过程中物品渗色、褪色
盐酸稀释液(pH为1)	清除卫生洁具上的石灰斑迹,清除瓷砖面上的水泥和石膏
硫酸钠(pH为5)	清除轻度的水垢
草酸(pH为2)	清除顽固的水垢
浓盐酸(pH为1)	

(1)马桶清洁剂(pH=1~5)呈酸性,但含合成抗酸剂,安全系数较高。主要用于清洗客厕和卫生间坐便器,有特殊的洗涤、除臭和杀菌功效,但要按说明书稀释

后再行分配使用。在具体操作时,必须在抽水马桶和便池内有清水的情况下倒入标准分量的马桶清洁剂,稍等片刻后,用刷子轻轻刷洗,再用清水冲净。因此,住客房使用弱酸性的清洁剂,而走客房用马桶清洁剂,既保证卫生清洁质量,又能缓解强酸对瓷器表面的腐蚀。

(2)消毒剂(5<pH<7)主要呈酸性,除可作为卫生间的消毒剂外,还可用于消毒杯具,但一定要用水漂净。"84"消毒液即为其中比较好的一种。

3.中性清洁剂

中性清洁剂配方温和,没有腐蚀性,不损伤物品,因此使用范围很广。饭店广泛使用的多功能清洁剂多属于中性清洁剂。中性清洁剂在清洁保养工作中能起到清洁和保护物品的作用,其缺点是不能去除积霉严重的污垢。

饭店常用的中性清洁剂有:

(1)多功能清洁剂。多功能清洁剂的pH为7~8,呈碱性,主要含表面活性剂,可去除油污,较少损伤物体表面,用于家具的清洁保养,还能防止家具生霉。原装多功能清洁剂多为浓缩液,使用前要根据说明书的要求进行稀释。此种清洁剂主要用于日常性的清洁保养,对于特殊的"脏"作用不大。

(2)地毯香波。地毯香波是一种专门用于清洁地毯的中性清洁剂,因其泡沫稳定剂的合成配方不同,又分为高泡和低泡两种。高泡用于干洗地毯;低泡一般用于湿洗地毯,且用温水稀释去污效果较好。

4.碱性清洁剂

碱性清洁剂通常在洗衣业中大量使用,它对去除油污有独特的功效。但苛性碱具有很强的腐蚀性并且有毒,使用时要戴防护手套。漂白粉与酸性清洁剂不能同时使用,以免产生氯气引起中毒。

常用的碱性清洁剂及其用途如表6-3所示。

表6-3 碱性清洁剂的品种及用途

品种	用途
碳酸氢钠(小苏打,细粉状,pH为8)	清除织物及光滑表面上的酸性污迹,清洁电冰箱效果特佳
硼酸钠(硼砂,粉状,pH为8)	
碳酸钠(纯碱,粉状或结晶,pH为10)	加在洗涤剂中可以软化水,可清除轻度油污、清洁下水道
氢氧化钠(苛性碱,pH为14)	清除凝结的油脂,疏通堵塞的下水道
氨水(pH为11)	清除残留的油污,可作为地毯香波的添加剂,气味刺鼻
次氯化钠漂白剂(pH为8)	清除软硬物体表面的斑迹并漂白、消毒,不能用于真丝、羊毛及防皱织物的洗涤

续表

品种	用途
过硼酸钠漂白剂(pH 为 10)	清除软硬物体表面的斑迹并漂白；40℃以内无活性，其活性随温度升高而增强
过氧化氢漂白剂(pH 为 8~10)	清除软硬物体表面斑迹并漂白
硫化硫酸钠(海波,pH 为 7)	去除碘迹

（1）玻璃清洁剂(pH 为 7~10)，有液体的大桶装和高压喷罐装两种。前者类似多功能清洁剂，主要功效是除污斑；后者含挥发溶剂、芳香剂等，可去除油垢，用后留有芳香味，虽价格高，但省时省力效果好，使用后会在玻璃表面留下透明保护膜，方便以后的清洁工作。前者在使用时需装在喷壶内对准脏迹喷一下，然后立刻用干布擦拭便可光亮如新。

（2）家具蜡(pH 为 8~9)，形态有膏状、乳状、液状、汽化状等几种。在每天的客房清扫中，服务员只是用湿润抹布对家具进行除尘，家具表面的油迹等污垢不能去除。对此，可用稀释的多功能清洁剂来进行彻底除垢，但长期使用会使家具表面失去光泽，家具蜡内含蜡（填充物）、溶剂（除油污）、水和硅酮（润滑、抗污），可去除动物性和植物性油污，并在家具表面形成透明保护膜，防静电、防霉。

（3）起蜡水(pH 为 10~14)，用于需再次打蜡的大理石和木板地面，强碱性可将陈蜡及脏垢浮起而达到去蜡功效。由于碱性强，起蜡后一定要反复清洗地面后才能再次上蜡。

5.溶剂

溶剂广泛用于干洗和局部除渍，它能有效地清除怕水物品上面的油脂和蜡迹等。如在玻璃清洁剂和一些有机地面抛光剂中都含有溶剂成分。常用的溶剂有四氯乙烯、三氯乙烯、专业酒精、松节油、汽油、香蕉水等。

（1）地毯除渍剂。专门用于清除地毯上的特殊斑渍，对怕水的羊毛地毯尤为适用。一般有两种：一种专门清除果汁色斑；另一种专门清除油脂类脏斑。清洁方法是用毛巾蘸除渍剂（也有喷罐装的）在脏斑处擦拭即可。要求发现脏斑及时擦除，否则效果不明显。

（2）酒精。主要用于电话机消毒（必须是医用酒精）。

（3）牵尘剂（静电水）。主要用于浸泡尘拖，对免水拖地面像大理石、木板地面进行日常清洁和维护，除尘功效明显。具体操作时，应先将尘拖头洗干净，然后用牵尘剂浸泡，待全干后再用来拖地，效果才好。

6.消毒剂

消毒剂专门用于杀菌消毒。

（1）消毒剂的种类及用途：

①卤素类（次氯酸钠等）。可以加到阴离子清洁剂中使用，用于一般性消毒。

②苯酸类（滴露等）。高浓缩才有效。

③松脂类。不太有效，易于淡化，但气味宜人。

（2）消毒剂的使用要点：

①消毒前要把清洁剂溶液冲洗干净。

②清洁和消毒后要把所有的设备水洗、清洁并晾干（细菌在干燥的环境下不能繁殖）。

③在消毒前要将所有的有机物消除掉。

④使用软水。

⑤要消毒的地方不使用钝化物质（如浓硫酸），否则需要把钝化物质表面钝化封死。

⑥消毒剂的选用要根据细菌的类型来定。

⑦消毒剂要正确稀释才能有效。

⑧消毒剂起作用需要一定的时间，时间长短要看细菌的类型和溶液的强度。

⑨切勿积存消毒溶液。微生物会在消毒液效力减弱的消毒剂溶液中生存下来，如果积存用过的消毒溶液并加以再利用，不但不能杀灭细菌，反而会扩散传播细菌。

（3）消毒剂对外部条件非常敏感，在下列物质中会无效：

①有机物品（血液、呕吐物、尿、粪便等）。

②某些食品（牛奶等）。

③硬水。

④软木、木、棉、纸、橡胶和某些塑料。

7.空气清新剂

空气清新剂是用来掩盖臭味的，兼具杀菌、去除异味、芳香空气的作用。其价格高，有强烈的香味，但有很多人对这种香味不适应，甚至很反感。辨别空气清新剂质量优劣的最简单的方法是查其留香时间的长短，留香时间长的好。香型选择要考虑适合大众习惯，无特殊情况要尽量不用或少用，利用良好的通风条件来改善气味，既经济又有效。

8.抛光剂

抛光剂虽然不是严格意义上的一般清洁剂，但在清洁保养工作中却被经常使用，它具有清洁和保养的双重功效。当物体表面上了抛光剂之后，能形成硬质防护表层,可起到降低物体表面脏垢的附着力、防止擦伤、美化物品的作用。

(1)家具抛光剂(家具蜡)。家具抛光剂中的主要成分有蜡剂、溶液、水、硅酮等。这些成分的功效分别是:蜡剂用以填充物体表面的孔隙;溶剂用以清除油脂;水用以清除尘污;硅酮用以使抛光剂更加滑润,方便使用,增强使用后光泽度,增强去污能力。因其具有双重功能,即清洁和上光功能,所以其使用方法是:先将蜡倒一些在干布或家具表面上擦拭一遍,以清洁家具。约15分钟后再用同样方法擦拭一遍,进行上光。擦拭两次效果极佳。家具抛光剂主要有膏状、乳状、液状、汽化状等形态。

(2)地面抛光剂(面蜡)。地面抛光剂主要用于地面的清洁保养,其品种有油性(溶剂型)和水性(水基型)两种。油性抛光剂适用于木质和多孔质地面,待溶剂挥发后会留下一层蜡质保护层,但它容易变暗,需经常打磨以恢复和保持光泽。水性抛光剂适用于少孔的塑料地板、花岗岩和大理石等面层。它是一种混合了蜡和雾脂物的乳状液体,干后能留下一层坚硬的保护层,且具有防滑作用。

(3)封蜡(底蜡)。封蜡是一种填充剂,使用后能通过渗透作用将细微的空隙封住并在地表形成一层牢固的保护层,以防止污垢、液体、油脂以及细菌等的侵入。根据使用情况的不同,这层封蜡约可在1~5年内保持有效。封蜡主要有油性和水性两种。其适用范围与油性和水性的抛光剂相同。在具体的使用中可参阅产品说明书或咨询有关厂商。

(4)金属抛光剂。金属抛光剂能清除金属表层的锈蚀和轻度刮痕,它含有温和腐蚀剂、脂肪酸、有机溶剂和水。高效金属抛光剂通常含有能在金属表面形成保护膜的成分,可以延缓锈蚀的形成。金属抛光剂的品种很多,功效不同。要因材选用,否则难以达到理想的效果,甚至产生严重的副作用。

(5)省铜剂(擦铜水)。为糊状,主要是通过氧化掉铜表面的铜锈而达到光亮铜制品的目的。只能用于纯铜制品,镀铜制品不能使用,否则会将镀层氧化掉。

三、清洁剂的选择与使用

(一)清洁剂的选择

选择清洁剂时要考虑以下几个方面:

1. 去污力

去污力是清洁剂最重要的质量指标,直接影响清洁的功效。去污力不但与清洁剂表面活性剂的种类、含量有关,而且也与选用的多种助剂及整体配方有关。因此,选购时应详细了解其配方组成,并试用。

2. pH

基质及污垢对pH有不同的要求。重垢在高pH下才能有效,而轻垢则适合在低 pH 下使用。问题是若 pH 较低时,则又会对某些基质造成腐蚀,所以选择 pH 适当的清洁剂是非常重要的。对于液体清洁剂可用 pH 试纸进行测试(产品 pH 在储存过程中有可能发生变化)。

3. 泡沫

泡沫包括起泡力和稳泡力两个方面。清洁过程中既要求清洁剂能够有良好的起泡力,可产生丰富细腻的泡沫,也要求其有良好的泡沫稳定性,即能够长时间不消泡。购买时可了解并试用。

4. 漂洗性

一般的清洁剂在发挥其特定的功效后,应能被完全冲离基质表面,好的产品应有较好的漂洗性。节约能源和提高功效是选购清洁剂的标准之一。

5. 黏度

从感观效果上看,黏度是产品浓度的特征之一;从使用效果上看,黏度是产品流动性的物理指标。液态清洁剂对成品的黏度有一定的要求,一般产品的黏度与有效物成分的多少成正比,但也有些产品黏度依赖于增稠剂的作用。这要依据产品的用途进行选择。

6. 污染

使用清洁剂会污染环境,这已被越来越多的人所关注。因此越来越多的饭店都通过减少不必要的洗涤来减少污染,并且日益倾向于选择非污染(生物降解度好)的清洁剂,选购时生物降解剂不得低于 90%。

7. 感观

对清洁剂的色泽、纯度、气味等,应仔细观察,一些浑浊和有不良气味的清洁剂多为过期或劣质产品。

8. 包装

清洁剂的包装也是判断其质量优劣的标志,一般的包装容器多为硬塑料盒(桶)或合金罐,清洁剂的包装具体要求如下:

(1)包装容器上的印刷标志清晰美观,无脱色;

(2)封口牢固、整齐;

(3)包装上应有产品的名称和标记、商标图案、净含量(内装盒、桶数及总净含量)、制造者名称和详细地址、产品主要成分(表面活性剂、助剂等)、使用说明、生产日期及保质期、运输及储存要求等。

上述技术要素,在无把握的情况下可先少量购买,试用一段时间后再决定是否大批购买。事实上,现在很多开明的生产商们经常会请一些大用户免费试用他们的产品,尤其是新产品,这实际上也是互惠互利的措施。

(二)清洁剂的使用

为了有效地使用清洁剂,充分发挥其效能,减少浪费,提高清洁保养工作的安

全性,有必要对饭店常用清洁剂进行严格的管理与控制,在使用过程中应注意的事项如下:

(1)一般清洁剂皆为浓缩液,使用前必须严格按照使用说明进行稀释,配水比例适中。浓度高,既造成浪费,又对被清洁物有一定的损伤作用;浓度过低,则达不到清洁效果,不能符合星级饭店的卫生要求,影响饭店服务质量。

(2)不能使用粉状清洁剂。因粉状清洁剂对被清洁物表面尤其是卫生洁具表面有一种摩擦作用,这会损伤物体的表层。同时,粉状清洁剂在溶解过程中易于沉淀,往往也难以达到最佳的清洁效果。

(3)应根据被清洁物不同的化学性质、用途及卫生要求选择合适的清洁剂,达到饭店清洁保养的要求。

(4)清洁剂在首次使用前应先在小范围内进行试用,效果良好后才可以在大范围推广使用。

(5)应做好清洁剂的分配控制工作,减少浪费。

(6)高压罐装清洁剂、挥发溶剂清洁剂,以及强酸、强碱清洁剂在使用中都应注意安全问题。前者属易燃易爆物品,后者易对人体肌肤造成伤害,服务员应在日常工作中掌握正确的使用方法,使用相应的防护工具,禁止在工作区域内吸烟等。

(7)任何清洁剂一次使用过多都会对被清洁物产生不同程度的副作用,甚至是损伤,因此不能养成平日不清洁,万不得已时就用大量清洁剂清洗的坏习惯。这种方法既费时、费力,效果也不好,也不要指望好的清洁剂对任何陈年脏垢都非常有用。

(8)饭店应根据各自的资金状况选择合适的清洁剂。

四、清洁剂的储存与安全管理

(一)清洁剂的储存

清洁剂要定点储存,由专人保管。饭店或客房部要有专门存放清洁剂的地方,以便集中储存购进的各类清洁剂。清洁剂要专门分类,要有识别标志,特别是散装清洁剂,不能混淆、错发、错用。保管人员要尽心尽责,要熟悉各类清洁剂的性能、用途,要能按照要求稀释和配制,要能告知使用者如何使用,还要了解清洁剂领发和控制制度,能有效地控制清洁剂的使用和消耗。

(二)清洁剂的安全

对于高压罐装清洁剂、挥发溶剂清洁剂以及强酸、强碱性清洁剂,若管理和使用不当,均有一定的危险性。主要表现在以下几个方面:一是可能会对使用者造成伤害;二是可能会对清洁保养的对象造成损坏;三是可能会造成火灾和爆炸事故。因此,对清洁剂的安全管理尤为重要。

（1）制定相应的规章制度，使每个员工都能了解有关规定和要求，平时注意检查和提醒员工按规程进行操作并培训员工掌握使用和放置清洁剂的正确方法。

（2）使用浓缩清洁剂前，先做稀释处理，用漏斗按比例勾兑，然后装在壶内，再发给员工使用，不可直接倒在清洁桶中，否则容易交叉污染，又易泼洒。

（3）配备相应的防护用具，如合适的清洁工具、防护手套等。

（4）禁止员工在工作区域吸烟。

（5）选购产品时应尽可能挑选不助燃、不易燃、生物降解性好的清洁剂。

【课后练习】

一、单选题

1．"脏"的初级阶段是（　　）。
　　A．污垢　　　　　B．尘土　　　　　C．渍迹　　　　　D．锈蚀

2．酸性清洁剂的作用不含以下（　　）。
　　A．除锈蚀　　　　B．除臭　　　　　C．除油　　　　　D．中和碱性物质

3．消毒剂属于（　　）。
　　A．酸性清洁剂　　B．碱性清洁剂　　C．中性清洁剂　　D．洗涤剂

4．地毯香波属于（　　）。
　　A．酸性清洁剂　　B．碱性清洁剂　　C．中性清洁剂　　D．洗涤剂

5．选择清洁剂最重要的质量指标是（　　）。
　　A．去污力　　　　B．泡沫　　　　　C．黏度　　　　　D．pH

二、判断题

1．pH 越小，酸性越强；pH 越大，碱性越强。　　　　　　　　　　　　　（　　）

2．酸性清洁剂通常在洗衣业中大量使用，它对去除油污有独特的功效。
　　　　　　　　　　　　　　　　　　　　　　　　　　　　　　　　（　　）

3．从感观效果上看，黏度是产品浓度的特征之一；从使用效果上看，黏度是产品流动性的物理指标。　　　　　　　　　　　　　　　　　　　　　（　　）

4．重垢在低于 pH 下才能有效，而轻垢则适合在高于 pH 下使用。　　　（　　）

5．省铜剂只能用于纯铜制品的清洁，而镀铜制品不能使用，否则会将镀铜氧化掉。　　　　　　　　　　　　　　　　　　　　　　　　　　　　　（　　）

餐饮部基础篇

第七章 餐饮部概述

饭店餐饮是饭店的重要利润来源之一,餐饮服务的水平和特色在很大程度上反映了饭店企业的总体水平和特色,餐饮服务质量直接影响饭店的声誉。餐饮部通常是饭店中员工最集中、业务环节最多、技术水平要求最高、涉及学科知识最广泛的业务部门,因而其服务与管理在饭店各部门中最复杂。

第一节 餐饮概述

一、餐厅及餐饮服务的概念

1. 餐厅

餐厅(Restaurant)一词根据《法国百科大辞典》的记载,其词源为derest-aurer,是恢复精神气力的意思,后被注释为为宾客提供休息和食物、饮料以恢复体力精神的地方。

我国饭店餐厅必须具备下列三项条件:

(1)一定的场所,即具有一定的接待能力的餐饮设施和空间。

(2)提供食品、饮料和服务。对宾客来说,优良的服务并不能掩盖或全部弥补由于餐饮本身的质量问题所造成的损失,因此餐饮业提供食品及饮料应有质与量的双重保证。

(3)以营利为目的。饭店餐饮部是饭店的利润中心,应注重节约成本,扩大客源,适应不断变化的形势,使企业获得最佳效益。

2. 餐饮服务

餐饮服务,是指客人在餐厅就餐的过程中,由餐厅工作人员利用餐饮服务设施向客人提供菜肴、饮料的同时提供方便就餐的一切帮助。通过餐饮服务使客人感受到舒适和尊重。

餐饮服务的内容有:

(1)辅助性设备设施,如桌椅、餐具、服务用品等。

(2)使餐饮服务易于实现的产品,如菜肴、酒水等。

(3)明显的服务,即消费者感觉到的各种利益。

(4) 隐含的服务,即消费者的心理感受或附属于服务的特征。

二、餐饮经营特点

1. 餐饮生产的特点

(1) 餐饮生产属个别定制生产,产品规格多、批量小。

餐厅销售的菜肴基本上是客人进入餐厅后,由客人点菜,然后将原料制成产品。它与工业产品大批量、统一规格生产的成品是不同的。这给餐饮产品的质量管理和统一标准带来了一定的难度。

(2) 餐饮生产过程时间短。

餐饮生产基本上是现点、现做、现消费,就餐者从点菜至消费的时间相当短暂。一家生意兴隆的餐厅,只有依靠经验丰富的厨师,才能满足客人的需求。

(3) 餐饮生产量难以预测。

与工业产品的生产不同,只有就餐者上门,餐厅才有生意做,而就餐者到来的时间、人数、消费要求很难准确预估,产量的随机性很强且难以预测。

(4) 餐饮原料、产品容易变质。

餐饮原料、餐饮产品均属于食品类,门类众多,大多数原料又是鲜活货,具有很强的时间性和季节性,处理不当极易腐烂变质。餐饮原料及成品的质量与时间成反比例关系。

(5) 餐饮生产过程的管理难度较大。

餐饮部的生产从食品原料的采购到验收、贮存保管、领用、粗加工、切配、烹饪、销售服务和收款,整个过程中的业务环节很多,任何一个环节出现差错都会影响产品质量,所以也就带来了管理上的困难。

2. 餐饮销售的特点

(1) 餐饮销售量受餐饮经营空间大小的限制。

餐饮部接待客人的人数受到餐饮经营面积的大小、餐位数量多少的限制。因此,必须在已确定的硬件条件下,改善就餐环境,提高服务质量,以增加餐饮的销售量。

(2) 餐饮销售量受餐饮就餐时间的限制。

进餐时间一到,餐厅宾客盈门,高朋满座;而时间一过,宾客席终人散,餐厅则门可罗雀。餐饮就餐时间、经营状况呈现明显的间歇性。餐饮部应在正常就餐时间之外做文章,如延长各营业点的营业时间,以提高餐饮销售量。

(3) 餐饮经营毛利率较高、资金周转较快。

饭店餐饮部的综合毛利率一般都较高,如果做好有关费用的管理,则能产生出相当部分的纯利润。另外餐饮的销售收入中,相当一部分是以收取现金为主,而餐饮原料半数以上是当天采购、当天生产并销售的,因此,资金周转也较快。

(4)餐饮经营中固定成本占一定比重,变动成本的比例也较大。

各种餐厨设备、贮存设备的投资,使得餐饮经营活动中固定成本占有一定比重。另外,餐饮变动成本,如员工的报酬,水、电、煤等消耗,餐饮原料的支出等均占有较大比例。因此,餐饮工作人员必须尽量减少原材料消耗,降低各项费用指标,以节支的方法,达到增收的目的。

3.餐饮服务的特点

(1)无形性。

餐饮服务和其他任何服务一样不能够量化。餐饮服务的无形性是指餐饮服务只能在就餐客人购买并享用餐饮产品后,才能凭借其生理与心理满足程度来评估服务的好坏。

(2)一次性。

餐饮服务的一次性是指餐饮服务不能贮存,只能当次享用,过时则不能再使用。这就要求餐饮部门应接待好每一位客人,提高每一位就餐客人的满意程度,从而使他们不断光临。

(3)同步性。

餐饮服务的同步性是指餐饮产品的生产、销售、消费几乎是同步进行的,即企业的生产过程就是客人的消费过程,这就要求餐饮部门既要注重餐饮产品生产的质量和服务过程,又要重视销售环境。餐饮生产与销售的同步性的特点还为饭店创造了极好的现场推销的机会,使餐厅服务员有机会直接向客人介绍、推荐餐饮产品,从而促进销售。

(4)差异性。

餐饮服务的差异性主要表现在两个方面:一方面,服务员由于年龄、性别、性格、受教育程度、工作经历等多方面存在一定的差异,因此在服务过程中所表现出的服务态度、服务技巧、服务经验等都会有所不同,最终产生的服务质量也必然存在差异;另一方面,同一个服务员在不同时期或场合,因个人情况、工作条件的变化,或者其他外界因素的影响,向客人提供的服务也存在一定的差异。餐饮服务的差异性要求餐饮部门制定出相应的餐饮服务规范、程序和标准,并加强对员工的培训和对服务过程的控制。

三、饭店餐厅的类别及服务项目

1.饭店内常见的餐厅类别

(1)中餐厅(Chinese Restaurant)。

中餐厅从餐厅供应的品种、餐厅的装潢到餐厅的服务等都具有中国特色。各饭店的中餐厅,因提供中国国内不同的菜系而风格各异。

(2)咖啡厅(Coffee Shop)。

为了方便客人用餐、会客和在非用餐时间进行餐饮消费,三星级以上饭店都会设置提供简单西餐、当地风味快餐或自助餐服务的咖啡厅。三星级至白金五星级饭店营业时间从18小时至24小时不等。咖啡厅分不同时间段提供早餐、早午餐、午餐、下午茶、晚餐和消夜。咖啡厅的装饰主题以西式风格为主,并采用西式服务,如美式服务或自助式服务等。

(3)法式餐厅(Grill Room)。

法式餐厅也称"扒房",以供应法式菜为主,属高档西餐厅,多在高星级的饭店出现。此类餐厅多用法式服务,餐厅布置豪华、优雅,富有浪漫情调,设备、设施配置精良、一流,相当一部分菜有需在客人面前烹制。

(4)大型多功能厅(Function Hall)。

多功能厅是用于举行各种宴会、酒会、自助餐和其他会议等活动的场所,通常可分隔成大小厅。

(5)小宴会厅(Private Room)。

小宴会厅通常又称为包间,一般可以满足1~3桌小型中餐、西餐宴会和其他活动的需求,不受外界打扰,很受客人欢迎。每个小宴会厅都有自己的名称,装饰风格可以根据厅名而异。

(6)特式餐厅(Special Restaurant)。

特式餐厅是高星级饭店为了使客人就餐时有较大的选择余地,满足人们追求个性化生活、品味异域文化和满足好奇心等的需求,而开设的主题鲜明、各具特色的餐厅,如啤酒坊餐厅、日本料理餐厅、韩国烧烤餐厅、海鲜餐厅、野味餐厅、泰国餐厅、夜总会餐厅和文化主题餐厅等。这些餐厅以特定的历史阶段为背景,依照一定的文化传统、历史沿革、风俗时尚,来体现多姿多彩的古今中外餐饮文化的魅力。

2.饭店餐饮服务项目

(1)酒吧(Bars)。

酒吧是公众休息、聚会、品味酒水的场所。一般配备种类齐全和数量充足的酒水、各种用途不同的载杯和供应酒品必需的设备及调酒工具。饭店内常见的酒吧种类有:

①主酒吧(Main Bar),又称英美式酒吧。客人可以坐在吧台前直接面对调酒师,调酒师的操作和服务完全在宾客的注视下完成。通常下午开始营业至次日凌晨,体现饭店酒水服务的最高水准。

②酒廊(Lounge)。酒廊,一是设在饭店大堂一侧,又称大堂吧,主要供客人暂时休息、会客、等人或等车时喝饮料;二是夜总会酒廊(Night Club Lounge),通常附设于饭店娱乐场所,向客人提供各类酒水饮料和小吃果盘等。

③服务酒廊(Service Bar)。服务酒廊设在各类中、西餐厅中,主要为就餐客人提供酒水服务。

④宴会酒吧(Banquet Bar),是根据宴会的形式、规格和人数临时设立的酒吧。宴会酒吧变化多样,常设置于鸡尾酒会、冷餐会等主题餐饮活动中。

⑤其他类型,如游泳池酒吧、茶座、花园酒吧、客房小酒吧等。

(2)客房送餐(Room Service)。

星级饭店为了方便客人、增加饭店的收入、减轻餐厅压力,往往会提供客房送餐服务。住店客人通过电话或门把手早餐菜单点菜和饮料,由送餐服务员将食品和饮料送至客人房间,客人在房间里用餐。三星级以上的高星级饭店一般提供不少于18小时的送餐服务,主要服务项目有早餐、午餐、晚餐、茶点、酒水、VIP赠品和房间酒会等。

(3)外卖服务(Outside Catering)。

指饭店根据客人的要求,派员工到酒店外客人的驻地或指定的地点提供餐饮服务。从实地考察、策划、实施、现场督导、返回等,自始至终要求各部门通力合作,以确保任务顺利完成。外卖服务将营业场所扩展到酒店外,既能满足客人的特殊要求、体现饭店的服务水准,又能为饭店创造经济效益,因而越来越受到客人和酒店的欢迎和重视。

(4)其他。

①卖品部:指饭店在咖啡厅附近设柜台、在沿街位置设卖品窗口,出售饭店自己生产的饮食产品,如各种糕点和卤菜等。

②点菜外带:指饭店场所以外的客人或饭店就餐客人通过电话点菜或现场点菜,由饭店负责按照客人要求"打包",由客人将食品带离饭店享用。

③点单外送:指饭店以外场所的客人通过电话点菜,由饭店服务人员按照客人提供的地址将食品送至客人处的服务形式。

【课后练习】

一、单选题

1."扒房",属高档西餐厅,多使用的服务方式为(　　)。
　A.法式服务　　　B.英式服务　　　C.俄式服务　　　D.美式服务

2.房间送餐的英文是(　　)。
　A.Housekeeping　B.Room Service　C.Banquer　　D.Catering

3.在中餐厅、西餐厅中设置的酒吧称为(　　)。
　A.主酒吧　　　B.酒廊　　　C.服务酒廊　　　D.宴会酒吧

4.三星级以上的高星级饭店一般提供不少于(　　)小时的客房送餐服务。
　A.8　　　　　　B.12　　　　　　C.18　　　　　　D.24
5.饭店根据客人的要求派员工到酒店外客人驻地或指定的地点提供餐饮服务的形式称为(　　)。
　A.特色餐厅　　　B.外卖服务　　　C.酒吧服务　　　D.客房送餐

二、判断题

1.餐饮企业主要生产有形的实物产品。　　　　　　　　　　　　(　　)
2.饭店餐饮经营毛利率较高、资金周转较快。　　　　　　　　　(　　)
3.饭店中的餐厅(Restaurant)源于拉丁语,原意为捐助、行善之意。(　　)
4.餐饮生产属个别定制生产,产品规格多、批量小。　　　　　　(　　)
5.餐饮服务的直接性是指餐饮产品的生产、销售、消费同步进行。(　　)

第二节　餐饮部的组织机构及部际关系

餐饮部作为饭店的重要营业部门,所辖面广,营业区域散,服务环节多,管理过程长,员工数量多,菜肴品种多,文化差异大。因此,建立合理、科学、有效的组织机构,是做好餐饮服务和经营管理的基本前提和保证。

一、餐饮部的组织机构设置原则

1.精简与效率相统一

餐饮部的组织机构要简单,指挥幅度要适当。指挥幅度是指一位管理人员直接、有效地指挥控制的下层职工数。合适的指挥幅度一般以指挥5~12人为宜。

2.专业化和自动调节相结合

任何饭店餐饮部的组织机构都必须根据各自的实际情况和需要来决定,使得组织中每个岗位的设立必须有充分的理由。

3.权力和责任相适应

餐饮部组织机构的设置要做到统一指挥、分层负责、职权相当、权责分明。每个人只有一个上司,上级不能越级指挥,只能越级指导;员工不能越级汇报,但能越级申诉。

4.合理分配工作

在给职工定岗或分配工作时,应根据其能力、技术水平安排适当工作,也就是说,要在组织上保证职工各得其所,人尽其才,使他们能充分发挥自己的才能和聪明才智,做到"有为有位,有位有为"。

二、不同规模饭店的餐饮部组织机构

1. 小型饭店的餐饮部组织机构

小型饭店餐饮部的组织机构(见图7-1)比较简单,分工也不宜过细。

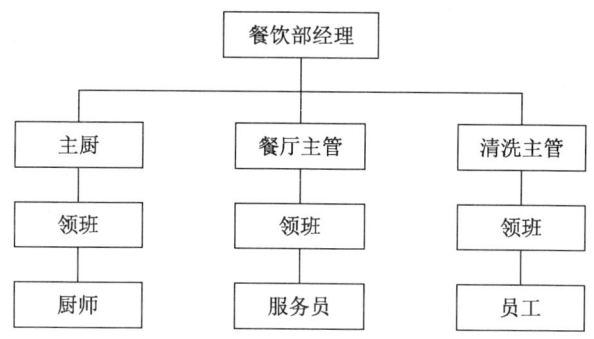

图7-1 小型饭店餐饮部组织机构

2. 中型饭店的餐饮部组织机构

中型饭店的餐饮部组织机构(见图7-2)相对于小型饭店,分工更加细致,功能也较全面。

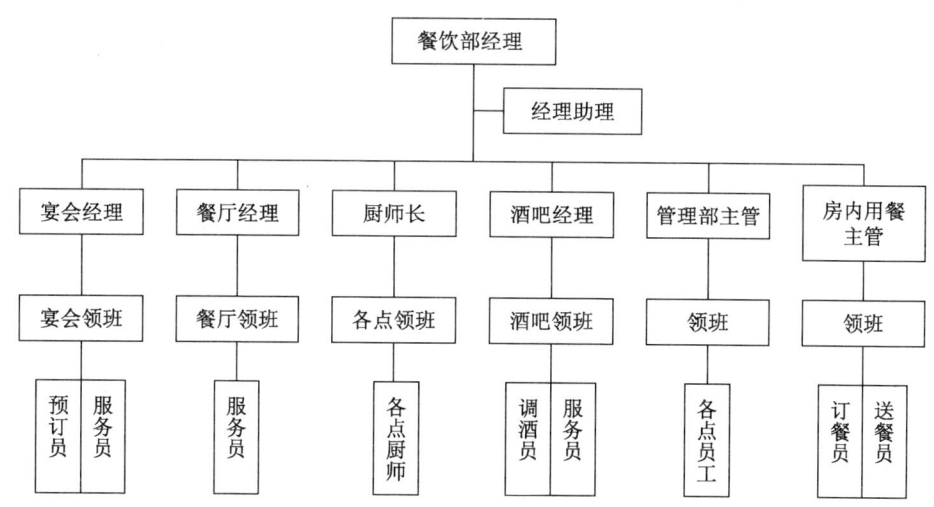

图7-2 中型饭店餐饮部组织机构

3. 大型饭店的餐饮部组织机构

大型饭店餐饮部的组织机构(见图7-3)复杂、层次多、分工明确细致。

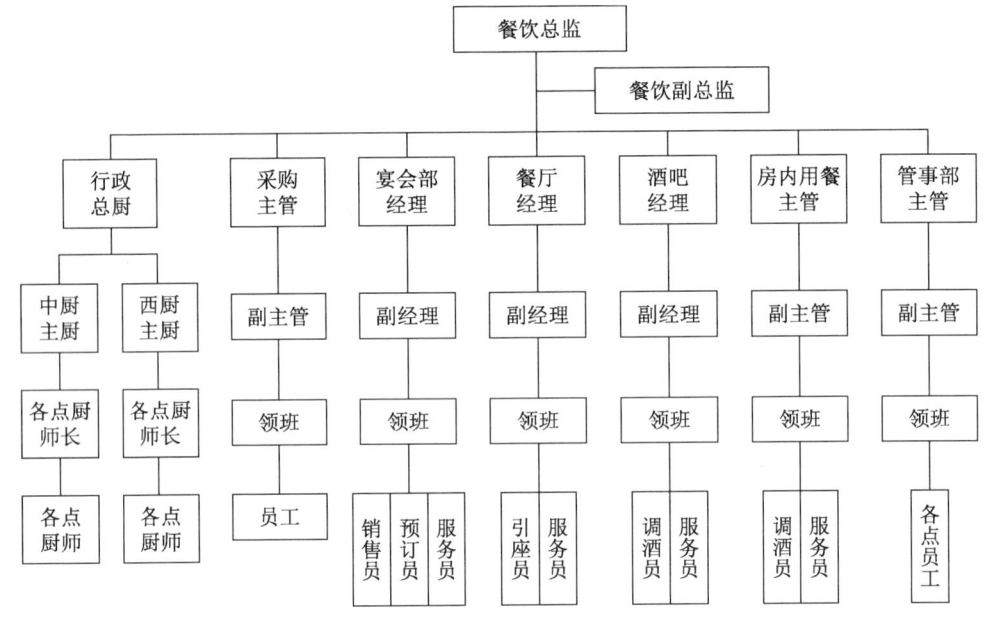

图 7-3 大型饭店餐饮部组织机构

三、餐饮部各部门的主要工作任务

1. 餐厅部

(1) 餐厅必须按照规定的标准和规格程序,用娴熟的服务技能、热情的服务态度为宾客提供餐饮服务,保证宾客饮食需要。

(2) 推销餐饮产品,扩大销售,正确计算和收取价款,保证经济效益的实现。

(3) 加强对餐厅财产和物品的管理,控制费用开支,降低经营成本。

(4) 及时检查餐厅设备的使用状况,做好设备维修保养、餐厅安全和防火工作。

2. 厨房部

(1) 根据宾客需求,为客人出品安全、卫生、精美可口的菜肴。

(2) 加强对生产流程的管理,控制原料成本,减少开支。

(3) 不断开拓创新,扩大销售。

3. 宴会部

(1) 宣传、销售不同种类的宴会产品,提高宴会厅的利用率。

(2) 负责中西宴会、冷餐酒会、鸡尾酒会等各种活动的预订、准备和服务。

(3) 与餐饮部门协作,控制成本,提高效益。

4. 管事部

(1) 根据事先确定的库存量,负责为指定的餐厅厨房请领、供给、储存、收集、洗涤和补充各种餐具,如瓷器、玻璃器皿及服务物品等。
（2）负责洗涤设备的正常使用与清洁维护保养。
（3）负责收集和运送垃圾。
（4）负责餐饮部各种饮料使用后空瓶的收集和处理。

5.酒水部
（1）保证整个酒店的酒水供应。
（2）负责控制酒水成本。
（3）做好酒水的销售,增加收入。

四、餐饮部与其他部门的业务关系

1.餐饮部与前厅部

餐饮部与前厅部之间的关系主要体现在内部信息的沟通和工作的协调上。餐饮部要依据前厅部提供的住客量预测日常销量,根据团队用餐单安排团体客人的餐饮,根据贵宾（VIP）入住通知单及接待规格提供水果、鲜花或点心、茶水等。餐饮部还要从前厅部获得住客信用方面的信息,以决定对住客是否予以赊账。同时,餐饮部应将有关信息主动与前厅部联系,如大型餐饮活动计划、重要宴会等,以便前厅部回答客人的询问。

2.餐饮部与销售部

餐饮部必须与销售部互通信息,向销售部提供各种促销资料；共同制订年度和临时的推销计划和促销组织安排；及时了解客人对本饭店餐饮的反映和建议。另外,在餐饮销售预测方面,餐饮部也有赖于销售部所提供的信息。

3.餐饮部与采购部

在制定新菜单时,应征求采购部对其原材料行情方面的意见,列出采购产品规格书,同时,制订合理的采购量和采购计划,避免和减少计划外采购。采购部与餐饮部之间要加强市场信息方面的沟通,及时掌握新设备、新原料和时令菜的市场行情。

4.餐饮部与财务部

协助财务部门及时、准确地做好营业日报,以便正确掌握实际经营情况。发挥餐饮成本控制的作用,及时提供餐饮成本的变动情况,做好成本的控制与监督。

5.餐饮部与工程部

餐饮部在本部门设备使用过程中,要经常检查设备的运转情况,发现问题立即报工程部派专业人员维修,非专业人员不得随便拆修机器设备。与工程部一道共同制订设备的保养、维护计划,分工要明确,日常维护要与计划保养相结合,减少人为的机器设备损坏。请工程部协助教育、培训本部门职工正确使用机器设备,按规定的程序和方法操作,责任落实到使用者。

【课后练习】

一、单选题

1. 餐饮组织机构的设置原则有精简与效率相统一的原则、专业化和自动调节相结合的原则、权力和责任相适应的原则和（　　）原则。
   A. 合理分配工作　　B. 体现接待能力　　C. 体现企业规模　　D. 体现豪华程度
2. 根据宾客需求，为顾客出品安全、卫生、精美可口的菜肴的部门是（　　）。
   A. 管事部　　　　　B. 厨房部　　　　　C. 客房送餐部　　　D. 宴会部
3. 负责中西宴会、冷餐酒会、鸡尾酒会等各种活动的预订、准备和服务的部门是（　　）。
   A. 酒吧部　　　　　B. 管事部　　　　　C. 宴会部　　　　　D. 销售部
4. 负责为指定的餐厅厨房请领、供给、储存、收集、洗涤和补充各种餐具的部门是（　　）。
   A. 酒吧部　　　　　B. 管事部　　　　　C. 宴会部　　　　　D. 销售部
5. 为餐饮部提供团队用餐单的部门是（　　）。
   A. 前厅部　　　　　B. 客房部　　　　　C. 保安部　　　　　D. 财务部

二、判断题

1. 中型饭店餐饮部的组织机构相对于小型饭店，分工更加细致，功能也较全面。（　　）
2. 酒吧部门负责餐饮部各种饮料使用后空瓶的收集和处理。（　　）
3. 宴会部职能之一是负责宣传、销售不同种类的宴会产品，提高宴会厅的利用率。（　　）
4. 餐饮部在本部门设备使用过程中，发现问题应立即拆修机器设备进行维修。（　　）
5. 餐饮部组织机构的设置要求：上级不能越级指挥，只能越级指导；员工不能越级汇报，但能越级申诉。（　　）

第三节　餐饮服务人员的素质要求

在饭店硬件条件已确定的情况下，餐饮服务质量的提高有赖于高素质的员工。

一、思想素质

1. 树立牢固的专业思想

从事餐饮服务的工作人员必须充分认识餐饮服务工作对发展旅游业及整个社

会经济文化事业的重要作用,热爱自己的工作,有意识地培养对专业的兴趣,不断学习,尽忠职守,开拓创新。

2.培养高尚的职业道德

职业道德规范要与餐饮业的特点相适应,应具有满腔热情、乐于助人的服务精神,文明礼貌、不卑不亢的职业风尚,诚信无欺、真实公道的经营作风,廉洁奉公、谦恭自律的优良品质,团结友爱、顾全大局的高尚风格。

3.具有良好的纪律观念

餐饮服务人员必须具有良好的自律意识,自觉遵守法律法规及饭店的规章制度,以部门和饭店的整体大局为重,服从工作安排。

二、业务素质

1.不断提高自身的文化素养

餐饮服务人员应重点掌握的知识有:烹饪,商品,营养卫生,心理学,酒店设备的使用、保养、维修,旅游文学,旅游地理,美术与音乐,民俗和法律,计算机应用知识等。

2.熟练掌握专业操作技能

餐饮服务的每一项工作、每一个环节都有特定的操作标准和要求,因此餐厅服务人员要努力学习,刻苦训练,熟练掌握餐厅服务的基本技能,明确各项服务的规格、程序和要求,做到服务规格化、标准化、程序化。

3.掌握各种服务礼节

餐饮服务与礼仪密不可分。在问候、称呼、迎送、操作等过程中,均应做到礼貌待人,以体现饭店的服务水准。

4.具有良好的人际交往能力

服务人员可以通过与客人的交往,创造出亲切、舒适的就餐环境,加强与客人的情感交流,提高客人对饭店的忠诚度。

5.具备灵活、敏捷的应变能力

在餐厅,有时会发生一些特殊情况,这就要求服务人员有敏锐的观察能力、判断能力,并在遵守饭店各项制度的前提下灵活处理,本着尽快处理、妥善处理的原则,尽量满足客人的要求,积极、热情地帮助客人解决问题。

三、身体素质

1.健康的体格

无论何种岗位,其在工作中站立、行走、托盘、上菜等都需要有一定的腿力、臂力和腰力,所以只有健康的身体才能胜任工作。餐饮工作人员必须参加每年一次由卫生防疫部门组织的体检。体检合格证当年有效。

2.端庄的仪表

端庄的仪表能给客人留下美好的第一印象,它直接影响客人与服务人员的交往是否顺畅,所以仪表修饰不仅是工作的要求,还体现出对客人的礼貌,进而为服务工作奠定良好的基础。餐饮服务人员的仪表包括服饰、仪容、仪态、举止等。

【课后练习】

一、单选题

1. 餐饮服务质量的提高主要有赖于( )。
   A.管理者的水平　　　　　　　　B.高素质的员工
   C.服务标准的规范　　　　　　　D.严格的制度管理
2. 服务人员的专业思想素质要求包括牢固的专业思想、高尚的职业道德和( )。
   A.以提高经济效益为主的服务理念　B.内宾、外宾有别的服务方式
   C.突出自我意识的工作态度　　　　D.良好的纪律观念
3. 为较好解决餐厅的突发事件,要求服务人员具备( )。
   A.规范的服务礼仪　　　　　　　B.热情的服务用语
   C.灵活、敏捷的应变能力　　　　D.娴熟的服务技能
4. 与客人发生矛盾时,不应( )。
   A.尊重客人　　　　　　　　　　B.心平气和
   C.耐心解答　　　　　　　　　　D.据理力争
5. 宴会席间如有宾客感到不适,下列服务员做法错误的是( )。
   A.向客人询问病情　　　　　　　B.保留宾客所用食物留待化验
   C.向上级汇报　　　　　　　　　D.赶紧为宾客买药,让其及时服药

二、判断题

1. 餐厅员工的从业素质修养是做好餐厅服务工作的根本途径。　　( )
2. 餐饮工作人员必须参加每两年一次由卫生防疫部门组织的体检。( )
3. 餐饮工作人员体检合格证当年有效。　　　　　　　　　　　　( )
4. 餐饮服务人员除结婚戒指以外,不戴任何饰物。　　　　　　　( )
5. 端庄的仪表能给客人留下美好的第一印象,它直接影响客人与服务人员的交往是否顺畅。　　　　　　　　　　　　　　　　　　　　　　( )

第八章　菜肴与酒水知识

"餐饮"包括"餐"与"饮"两个方面："餐"涉及菜肴,而"饮"则必然与酒水相关。因此,要做餐饮服务,必然需要掌握一定的菜肴与酒水知识,这是餐饮服务的基础。

第一节　菜肴知识

俗话说,"民以食为天",饮食是人类赖以生存的最重要的物质条件,也是社会发展的前提。人类饮食的发展历史同人类本身的发展一样悠久,经历了从简单到复杂、从原始到文明的漫长过程。由于生态环境、社会文化与个体之间的差异,人类的饮食在形式和内容上也表现出了较大的区别。

一、世界菜肴三大风味体系

《中国烹饪百科全书》中提到,中国烹饪与法国烹饪、土耳其烹饪齐名,并称为世界三大饮食风味体系。这三大风味体系也可命名为东方风味、西方风味和阿拉伯风味。

(一)东方风味

1.哲学理念

东方风味受儒教、道教、佛教的影响较深,历史文化积淀多,烹饪意识强烈。以味为核心,以养为目的,以悦目畅爽为满足,讲究博食、熟食、精食、巧食、养食及趣食,现代科学技术含量相对较少,并具有东方农业文明的本质特征。

2.原料

主要植根农、林业经济,以粮、豆、蔬、果等植物性原料为基础,膳食结构中主、副食的界限明显。猪肉在肉食中的比例较高,重视山珍海味和茶酒,喜爱异味和补品(昆虫、花卉、食用菌、野菜)。

3.组成结构

东方风味的菜肴以中国菜为中心,还包括高丽菜、日本菜、越南菜、泰国菜、新加坡菜等。

4.饮食特征

烹饪方法精细复杂,菜式多、流派多、筵宴款式多,重视菜点的艺术装饰和菜名的文学修辞;医食同源,以传统的中国医药学为指导,强调季节进补与药膳食疗;习惯于圆桌合餐制,讲究席规、酒令及食礼。

(二)西方风味

1.哲学理念

西方风味受天主教、东正教、基督教和其他一些新教的影响较深,有中世纪文艺复兴时代的宫廷饮膳文化遗存。其重视运用现代科学技术,不断研制新食料、新炊具和新工艺,强调营养卫生,是欧洲现代工业文明的产物。西方风味下的餐饮注重宴饮格调和社交礼仪,酒水与菜点配套规范,习惯于长方桌分餐制,餐室富丽,进餐气氛温馨。

2.原料

主要植根于牧、渔业经济,以肉、奶、禽、蛋等动物性食料为基础,膳食结构中主、副食界限不分明。牛肉在肉食品中的比例较高,重视黑面包、海水鱼、巧克力、奶酪、咖啡、冷饮与名贵蔬菜,在酒水调制与品饮上有一套完整的规程。

3.组成结构

西方风味的菜肴以法国菜为主干,以罗宋菜(俄罗斯菜)和意大利菜为两翼,还包括英国菜、德国菜、瑞士菜、希腊菜、波兰菜、西班牙菜、芬兰菜、加拿大菜、巴西菜、澳大利亚菜等。

4.饮食特征

烹调方式较为简练,多烧烤,重用料酒,口味以咸甜、酒香为基调,佐以肥浓和清淡,菜式、流派与筵席的款式均不是太多,但是质精、规格高,重视宴饮场合的文明修养,喜好以乐侑食。

(三)阿拉伯风味

1.哲学理念

阿拉伯风味餐饮选择食料、调理菜点和进食宴客严格遵循《古兰经》的规定,"忌血生,戒外荤""过斋月",特别讲究膳食卫生、食风严肃、食礼端庄。

2.原料

主要植根农、林、牧、渔相结合的经济,植物性食料与动物性食料并重,膳食结构较为均衡。羊肉在肉食品中的比例较高,重视面粉、杂粮、土豆和乳品、茶叶、冷饮。喜好增香佐料和野菜,不尚珍奇。

3.组成结构

阿拉伯风味的菜肴以土耳其菜点为中心,还包括巴基斯坦菜、印度尼西亚菜、伊朗菜、伊拉克菜、科威特菜、沙特阿拉伯菜、埃及菜等。

4.饮食特征

烹调技术古朴粗犷,擅长于烤、炸、涮、炖,嗜爱鲜和浓香,要求醇烂与爽口,习惯于席地围坐铺白布抓食,辅以餐刀片割,待客情意真诚。

二、中餐的主要菜式和烹饪特点

(一)中餐的主要菜式

我国幅员辽阔,各地气候、物产、风俗习惯都存在差异,在饮食上也就形成了许多风味。我国一直就有"南米北面"的说法,口味上有"南甜北咸东辣西酸"之分,并形成了众多的地方菜肴。"菜系"的概念是20世纪50年代提出来的,80年代达到高潮,通常有"四大菜系""八大菜系""十大菜系"之说。"四大菜系",一般指山东菜、江苏菜、广东菜和四川菜,"八大菜系"是上述菜系加上浙江菜、安徽菜、湖南菜、福建菜。后来又有人把北京菜和上海菜加入其中,变成了"十大菜系"。

1. 山东菜

山东菜,简称鲁菜,以其味鲜咸脆嫩、风味独特、制作精细享誉海内外。烹调方法以"爆、炒、烧、塌"等最有特色。"塌"是山东独有的,其主料要事先用调料腌渍入味或夹入馅心,再蘸粉或挂糊,两面塌煎至金黄色,放入调料或清汤,以慢火煨尽汤汁,使之浸入主料,增加鲜味。如传统名菜锅塌豆腐、锅塌菠菜等。山东名菜有:糖醋鱼、锅烧肘子、葱爆羊肉、葱扒海参、锅塌豆腐、红烧海螺、炸蛎黄等。

2. 江苏菜

江苏菜,简称苏菜,由淮扬、金陵、苏锡、徐海等四大地方风味构成。主要特点是原料以水产为主,注重鲜活;加工精细多变,因料加工施艺;烹制善用火功,调味清鲜平和。其中南京菜以善制鸭馔出名,素有"金陵鸭馔甲天下"誉称,金陵叉烤鸭、料烧鸭、黄焖鸭、香酥鸭等均极负盛名,尤以盐水鸭居诸鸭馔之首,被称为"无上佳品"。江苏名菜有三套鸭、彭城鱼丸、羊方藏鱼、红烧沙光鱼等。

3. 广东菜

广东菜,简称粤菜,由广州菜、潮州菜、东江菜组成。其名菜有:龙虎斗、脆皮乳猪、咕噜肉、大良炒鲜奶、潮州火筒炖鲍翅、蚝油牛柳、冬瓜盅、文昌鸡等。

广州菜是指包括珠江三角洲各市、县以及肇庆、韶关、湛江等地在内的菜肴。其特点是选料广博奇异与精细,以味美色鲜、菜式丰盛而赢得"食在广州"的美誉。各地所用的家养禽兽、水泽鱼虾,广州菜无不使用。许多地方不常用的蛇、鼠、猫、狗等山间野味,广州菜则视为上肴。

潮州菜主要以海味、河鲜和禽畜为原料,擅烹以蔬果为原料的素菜,制作精美,加工多样。汤菜功夫尤深,其中以清炖、红烧、汤泡最具特色。

东江菜又称客家菜,多以家养畜禽入馔,较少水产品,故有"无鸡不清,无鸭不香,无肉不鲜,无肘不浓"之说。主料突出、造型古朴、口味偏咸,力求酥烂香浓。

4. 四川菜

四川菜,简称川菜,由成都菜、重庆菜、自贡菜组成,味型以麻辣、鱼香、怪味为突出特点,素以"尚滋味""好辛辣"著称。四川名菜有:鱼香肉丝、麻婆豆腐、宫保鸡丁、樟茶鸭子等。

成都菜讲求用料精细准确,严格以传统经典菜谱为准,其味温和,绵香悠长,通常颇具典故。

重庆菜的特点是比较麻辣、多创新。重庆川菜大方粗犷,以花样翻新迅速、用料大胆、不拘泥于材料著称,俗称江湖菜。

自贡盐帮菜以味厚、味重、味丰为其鲜明的特色,素有"吃在四川,味在自贡"的说法。

5. 浙江菜

浙江菜,简称浙菜,由杭州、宁波、绍兴菜发展而成。其中杭州菜久负盛名。

杭州菜讲究原汁原味,注重轻油、轻浆、轻糖,多用本地土特产和时令鲜货,具有清、鲜、脆、嫩和南北风味交融的特点。浙江名菜有:西湖醋鱼、龙井虾仁、干炸响铃、油焖春笋、西湖莼菜汤等。

6. 安徽菜

安徽菜,简称徽菜,基本味型是咸鲜微甜。大体可分为皖南、沿江、淮北菜三大类。

皖南菜以徽州地区风味为代表,它是徽菜的主流和渊源。其主要特点是喜用火腿佐味,以冰糖提鲜,善于保持原汁原味,口感以咸鲜为主,放糖不觉其甜。安徽名菜有:红烧果子狸、火腿炖甲鱼、雪冬烧山鸡、符离集烧鸡、蜂窝豆腐、无为熏鸭等。

7. 湖南菜

湖南菜,简称湘菜,由湘江流域、洞庭湖区和湘西山区为基调的三种地方风味组成。湘江流域菜以长沙、衡阳、湘潭为中心,以长沙为主,讲究菜肴内涵的精当和外形的美观,色、香、味、器、质的和谐统一,因而成为湘菜的主流。湖南名菜有:麻辣仔鸡、腊味合蒸、东安仔鸡、洞庭野鸭、冰糖湘莲、金钱鱼等。

8. 福建菜

福建菜,简称闽菜,选料精细,刀工严谨;讲究火候,注重调汤;喜用佐料,口味多变。福建菜拥有福州、闽南、闽西三路不同的技术和风味,是闽菜的主流。其菜肴特点是清爽、鲜嫩、淡雅,偏于甜酸,汤菜居多。它善用红糟为调料,尤其讲究调汤,予人"百汤百味"和"糟香扑鼻"之感。福建名菜有:佛跳墙、太极明虾、闽生果、烧生糟鸭、梅开二度、雪花鸡等。

(二)中式烹饪的主要特点

1. 原料丰富,菜品繁多

我国丰富的物产资源为烹饪提供了坚实的物质基础。常用原材料丰富多彩,时令原料层出不穷,稀有原料奇异珍贵。中国菜品繁多,既有经济方便的大众便餐菜式,也有乡土气息浓郁的民间菜式等。

2. 选料严谨,因材施艺

中国菜对菜品原料的产地、季节、部位、营养、卫生的选择十分讲究,而且往往根据原料各自的特点,采用不同的烹饪技法。

3. 刀工精湛,善于调味

中国烹饪的刀法有数十种之多,使菜肴千姿百态,栩栩如生。中国菜调味用料广泛、方法细腻,并突出原料的本味,使菜肴口味变化无穷。

4. 盛器考究,艺术性强

美食和美器的完美结合使中国菜更显雅致、完美,具有强烈的民族风格;精湛的刀工、和谐的色彩、美妙的菜名等使中国菜给人以文化的熏陶和艺术的享受。

三、西餐的主要菜式和烹饪特点

(一)西餐的主要菜式

1. 法国菜

法国菜一直被视为现代西餐文化的代表,具有如同东方餐饮文化中中餐的地位。

法国菜的特点是选料广泛、加工精细、烹调考究。一直以来人们认为西方人不食动物内脏,在法国的餐桌上却能见到。像蜗牛、鹅肝都是众所周知的法餐美味,还有鸽子、鹌鹑甚至于鸡肠这些在其他派系的西餐中不能见到的原材料,都会在法国菜中出现。半熟的牛羊肉在其他西餐中常见,生食的海味如牡蛎是法餐中的代表。法国菜重视调味,特别是葡萄酒、白兰地以及各种甜酒都是重要的佐餐品。

2. 英国菜

英国菜比较注重家庭氛围,用餐方式如此,服务方式也是如此。

英国菜的特点是清淡、少油,调味时较少用酒,调味品大都放在餐桌上由客人自己添加。烹调讲究鲜嫩,口味清淡,多使用蒸、烧的烹饪方法。由于英国历史上农业并不发达,在饮食上不像法国人那样讲究,所以英国菜相对来说比较简单。

3. 意大利菜

由于罗马帝国在欧洲的影响力很大,意大利菜一度成为欧洲餐饮文化的代表。在罗马帝国的鼎盛时期,意大利人把西餐的雏形从埃及引进来并发扬光大,从而影响了整个欧洲。

意大利菜的特点是,既注重原汁原味,又以烹饪味浓的菜肴著称。烹调注重炸、熏等,以炒、煎炸、烩等方法见长。像意大利面食(Pasta)、提拉米苏蛋糕(Tiramisu)、卡布奇诺咖啡(Capuccino)等都是大家熟悉的意大利餐饮名品。

意大利人喜爱面食,制作面条有独到之处,各种形状(字母形、贝壳形)、颜色、味道的面条应有尽有,如实心面条、通心面条,还有意大利馄饨、饺子等。"比萨"是意大利十分有特色的面食,这种把各种原料放在面饼上加奶酪一起烤制的食品,传说是由马可·波罗从中国带回的馅饼发展而来的,它几乎成为意大利的代名词。

4. 俄罗斯菜

因为俄国沙皇时代的上层人士非常崇拜法国。所以俄罗斯菜受到法国饮食文化影响很大,俄国地处寒带,食物热量高,经过多年的演变,逐渐形成了自己的烹调特色。俄国菜口味较重,喜欢用油,制作方法较为简单。口味以酸、甜、辣、咸为主。烹调方法以烤、熏、腌为特色。俄罗斯菜在西餐中有着一定的影响力,特别是在一些地处寒带的北欧和中欧国家,至今他们的生活习惯与俄罗斯人仍非常相似,大多喜欢腌制的各种鱼肉、熏肉、香肠、火腿以及酸菜、酸黄瓜等。著名的俄罗斯菜有罗宋汤、鱼子酱、香肠等。

5. 德国菜

德国人对饮食没有法国人那么讲究,不追求华丽的摆设。德国人在斯堪的纳维亚半岛海盗的身上得到灵感,首先发明了自助餐。据考,自助餐是海盗们庆贺丰收的时候嫌用餐礼节太烦琐而发明的自取食品的方法。德国菜中的香肠、酸菜、肉类菜式都有着独特的烹饪方法,是西餐中非常具有特色的代表。德国人喜喝啤酒,每年的慕尼黑啤酒节大约要消耗掉100万升啤酒。

6. 美国菜

美国菜偏向于快餐的特性比较明显,相对于法国菜的考究来说要简单得多。当然这里所说的快餐不只是汉堡包和三明治。美国菜是在英国菜的基础上发展起来的,继承了英式菜简单、清淡的特点,美国人对饮食要求并不高,只求营养、快捷。相对来说,美国菜中的牛扒还是很有口碑的。

近年来,新派西餐逐步在酒店业内流行起来,新派西餐集传统的西餐烹饪方法于一体,是综合了法国、意大利、德国、俄罗斯、英国、美国等时尚菜肴的特点而发展出的新潮流。

(二)西式烹饪的主要特点

1. 选料精细

西餐菜肴大多不宜烧得太熟,其加热的温度和时间往往达不到杀菌的标准,有的甚至是全生或半生品,如沙拉(Salad)、牡蛎(Oyster)和牛、羊排。所以西餐选料十分精细,海鲜讲究新鲜、生猛,牛、羊、猪肉通常选择除皮去骨无脂肪的精肉,禽类去头去爪,一般不食动物内脏和无鳞鱼类等。

2. 口味香醇

西餐独特的调料、香料使其口味香醇。常见的调料、香料有盐、胡椒、番茄酱、咖喱、芥末、肉桂、丁香、薄荷叶、小茴香、月桂香叶、大蒜、生姜、洋葱、香草、蛇麻草、驴蹄草、桂皮等。另外，西餐烹调时也常用酒和奶制品（如黄油、奶油、奶酪等）作调味品。

3.单独烹制沙司

西餐调味沙司（Sauce）与主料分开单独烹制。西餐菜肴在形态上以大块为主，烹调时不易入味，所以大都要在菜肴成熟后拌入或浇上沙司，使其口味更富特色。不同的菜肴配不同沙司，食用时非常讲究。

如配羊扒的薄荷沙司（Mint Sauce）和薄荷啫喱（Mint Jelly），配鱼类菜肴的鞑靼沙司（Tartar Sauce），配沙拉的沙拉酱有千岛汁（Thousand Island Dressing）、油醋汁（Oil and Vinegar）、法国汁（French Dressing）、罗佛汁（Roquefort Cheese Dressing）等。

4.烹调方法独特

西餐的烹调方法有煎、焗、炸、炒、烤、烩、烘、蒸、熏、煮、铁扒、铁板煎等，其中铁扒、烤、焗最具特色。许多高档菜肴多用铁扒、烤、焗，如烤火鸡、焗蜗牛、铁扒西冷牛排等。

5.注重肉类菜肴烹制的老嫩程度

欧美人对肉类菜肴（特别是牛肉、羊肉）的老嫩程度很讲究。服务员在接受点菜时，必须问清宾客的需求，厨师按宾客要求烹制。牛、羊肉一般有5种火候：

（1）一成熟（Rare）：简写R.，表面焦黄，中间为红色生肉，装盘后血水渗出。

（2）三成熟（Medium Rare）：简写M.R.，表面焦黄，外层呈粉红色，中心为红色，装盘不见血，但切开后断面有血流下。

（3）五成熟（Medium）：简写M.，表面褐色，中间呈粉红色，切开不见血。

（4）七成熟（Medium Well）：简写M.W.，肉表深褐色，中间呈茶色，略见粉红色。

（5）全熟（Well Done）：简写W.D.，表面焦煳，中间全部为茶色。

【课后练习】

一、单选题

1.并称为世界三大饮食风味体系的是中国烹饪、法国烹饪和（　　）。
　　A.土耳其烹饪　　B.意大利烹饪　　C.德国烹饪　　D.瑞士烹饪

2.阿拉伯风味菜肴中，在肉食品中的比例较高的是（　　）。
　　A.猪肉　　B.鹿肉　　C.马肉　　D.羊肉

3.东方风味的菜肴以（　　）为中心。
　　A.日本料理　　B.中国菜　　C.韩国料理　　D.新加坡菜

4.清淡、少油,调味时较少用酒,调味品大都放在餐桌上由客人自己添加的菜式是( )。
   A.英国菜　　　　B.法国菜　　　　C.俄罗斯菜　　　D.德国菜
5.欧美人对牛、羊肉的老嫩程度很有讲究,服务员在接受点菜时,必须问清客人的需求,厨师按客人要求烹制。烹制牛、羊肉一般有( )火候。
   A.三种　　　　　B.四种　　　　　C.五种　　　　　D.七种

二、判断题

1.粤菜由广州菜、潮州菜、东江菜组成,并以广州菜为代表。　　　　( )
2.西餐调味沙司(Sauce)与主料一同烹制。　　　　　　　　　　　( )
3.龙井虾仁是江苏名菜。　　　　　　　　　　　　　　　　　　　( )
4.美国菜是在英国菜的基础上发展起来的,继承了英式菜简单、清淡的特点。
                                                                       ( )
5.七成熟的牛排,肉表深褐色,中间呈茶色,略见粉红色。　　　　( )

第二节　酒水知识

酒水是人们日常生活中所说的饮料(Beverage),是指所有可供人类饮用的经过生产工艺加工制造的液态食品。按照饮料中是否含有酒精(乙醇)成分,习惯上分为酒精饮料和无酒精饮料两大类。与此相对的是非酒精饮料(Non-Alcoholic Drink),俗称软饮料(Soft Drink),主要有碳酸饮料和非碳酸饮料。

一、酒精饮料

酒精饮料(Alcoholic Drink)是指含有 0.5%(v/v)~75.5%(v/v)酒精的任何适宜饮用的饮料,主要有发酵酒、蒸馏酒和配制酒。

(一)发酵酒

发酵酒是将含有淀粉或糖分的原料(如水果、谷物等)借酵母发酵糖化制成的酒精度低的酒。如葡萄酒、啤酒、果酒、黄酒、米酒、日本清酒等。

1.葡萄酒(Wine)

(1)概述。

葡萄酒是用新鲜的葡萄汁发酵制成的。葡萄酒乙醇含量通常为 8%(v/v)~14%(v/v)。葡萄酒是欧美人日常饮用的一种低酒精饮料,主要在用餐时与食物一起享用,因此葡萄酒也称为佐餐酒。

葡萄酒中含有丰富的维生素,特别是维生素 B 和维生素 C,饮用后可以帮助消化,促进内分泌,使人的各种机能活力增强,对伤风感冒也有一定的预防治疗作用。从医学的角度上看,葡萄酒是一种滋补强身的饮料,它对贫血、动脉硬化、便秘、腹泻、肺炎、肝病、肾病、胆病等有一定的疗效。葡萄酒中还含有铁质和矿物质,对人体十分有益,经常饮用可以健康长寿。

世界著名的葡萄酒生产国有法国、德国、意大利、美国、西班牙等。世界上可以用来酿制葡萄酒的葡萄有 50 多种,主要有白葡萄(绿皮)和黑葡萄(黑皮、红皮、紫皮)两大类。酿酒学家认为,影响葡萄酒质量的因素有四个,即土壤、气候、葡萄品种和人。其中最为重要的是葡萄品种,其次是土壤。

(2)葡萄酒的分类。

①按酒的颜色分为三类:红葡萄酒(Red Wine)、白葡萄酒(White Wine)、玫瑰红葡萄酒(Rose Wine)。

②按葡萄酒的含糖量多少分为四类:干型葡萄酒(Dry),酒中含糖量在 4g/L 以下,口感酸而不甜;半干型葡萄酒(Semi-dry 或 Medium-dry),酒中含糖量在 4~12g/L,口感有微弱的甜味;半甜型葡萄酒(Semi-sweet 或 Medium-sweet),含糖量在 12~50g/L,口感有明显的甜味;甜型葡萄酒(Sweet),含糖量在 50g/L 以上,有特别浓厚的甜味。

③按含气状态分为两类:静态葡萄酒(Stilled Wine),指不含二氧化碳气体的葡萄酒;起泡葡萄酒(Sparkling Wine),主要是将酿造过程中自然生成的二氧化碳气体保留在葡萄酒中,这种天然汽酒以法国香槟酒为代表。还有一种人工汽酒,是在葡萄酒中用人工方法加入二氧化碳气体,从而形成葡萄汽酒。

(3)葡萄酒的酿造。

白葡萄酒是将青葡萄或紫葡萄去籽、去皮后再压榨取汁,经过自然发酵(时间较短)而成,一般贮陈 2~5 年即可饮用。酒色较淡,一般显淡黄绿色。在品味上可分甜、半干、干三种。白葡萄酒具有怡爽清香、健脾胃、去腥味的特点,最佳饮用温度为 8℃~12℃,与海鲜、贝类配饮更佳。法国勃艮地出产的白葡萄酒清冽爽口,被誉为"葡萄酒之王"。

红葡萄酒用紫葡萄连皮一起压榨取汁,经过自然发酵,贮陈 4~10 年而成。酒液呈红色。红葡萄酒口味上分强烈、味浓和清淡三种,一般在室温下饮用(和肉类配饮)。法国波尔多地区(Bordeaux)生产的红葡萄酒优雅甜润,被称为"葡萄酒女王"。

玫瑰葡萄酒的酿造方法,前期基本上与红葡萄酒的方法相同,但皮渣在葡萄破碎液中浸泡时间较短,或使用呈色较浅的原料,其发酵汁与皮渣分离后的发酵过程则与白葡萄酒的酿制方法完全相同。这种酒的颜色呈淡淡的玫瑰红色和粉红色,晶莹悦目。可以在宴席间与各种菜肴配合饮用。

世界上最好的葡萄汽酒是法国香槟地区生产的香槟酒。香槟酒液呈淡琥珀色，气味清香，酒气充足。在欧美宴会中，香槟酒是必备酒品。香槟酒一般要冰镇后提供给客人饮用，因为冰镇可将二氧化碳气体稳定在酒液内，开瓶时酒液不致溢出，口感也更加清凉爽口。

2.啤酒（Beer）

（1）概述。

啤酒是用麦芽、水、酵母和啤酒花直接发酵制成的低度酒，被人们称为"液体面包"，含有蛋白质、多种维生素、氨基酸和矿物质，营养丰富。酿制啤酒所使用最多的可发酵谷物是大麦，水是酿制啤酒的血液，麦芽是啤酒的核心，啤酒花是酿制啤酒的灵魂。

世界著名的啤酒有：中国的青岛啤酒、德国的慕尼黑啤酒、荷兰的喜力啤酒、丹麦的嘉士伯啤酒、英国的健力士啤酒、美国的百威啤酒等。

（2）啤酒的分类。

①按啤酒的颜色分为两大类：黄啤酒和黑啤酒。黄啤酒（Beer）是啤酒中最主要的品种，呈浅黄色，酒度为3%～5%（v/v），麦芽汁浓度10%～12%；黑啤酒（Stout）是以烘烤得较焦的麦芽为原料经发酵后酿成的啤酒，呈咖啡色或棕黑色。其酒度为5%～8.5%（v/v），麦芽汁浓度为14%～18%。

②按有无杀菌分两类：生啤酒和熟啤酒。生啤酒（Draught）又称鲜啤酒或扎啤，是指酿成的啤酒不经加热杀菌处理而直接入桶密封，口味较鲜美，但稳定性较差，极易变质，其保存期为3～7天。在饮用生啤酒时，需经生啤机加工（加入二氧化碳并速冷）。熟啤酒是指酿成的啤酒需经过加热杀菌处理的瓶（罐）装啤酒。熟啤酒稳定性较好，但口味及营养不如生啤酒，保存期一般为2～6个月。

③按麦汁浓度分三类：低浓度啤酒、中浓度啤酒和高浓度啤酒。低浓度啤酒原麦汁浓度6°～8°，酒精含量2%左右；中浓度啤酒原麦汁浓度10°～12°，酒精含量3.1%～3.8%，是中国各大型啤酒厂的主要产品；高浓度啤酒原麦汁浓度14°～20°，酒精含量在4.9%～5.6%，属于高级啤酒。

3.中国黄酒

（1）概述。

黄酒为世界三大古酒（黄酒、啤酒、葡萄酒）之一，原产于我国，是我国独有的饮料酒。黄酒又称压榨酒，是以谷物（糯米、粳米、黍米等）为原料，以麦曲和酒药作糖化发酵剂，经特定的加工程序酿成的一种低酒度的原汁酒。因多数品种色泽黄亮，故俗称"黄酒"。黄酒色泽黄亮透明或黄中带红，香气浓郁芬芳，口味鲜美醇厚，风格独特，酒度适中（一般在12°～20°），营养丰富，并有健胃明目之功效，也可作中药的"药引"。黄酒富含氨基酸等呈味物质,故人们喜欢用黄酒作佐料,在烹制荤菜时,不仅可以去腥膻,还能给菜品提鲜。

(2)黄酒的分类。

黄酒根据其含糖量的多少,可分干黄酒、半干黄酒、半甜黄酒、甜黄酒、浓甜黄酒。干黄酒含糖量小于 0.1g/L,口味醇和、鲜爽、无异味。干黄酒的代表是绍兴黄酒中的"元红酒"。半干黄酒含糖量在 0.1~0.3g/L,我国大多数高档黄酒均属此类,口味醇厚、柔和、鲜爽、无异味,代表是绍兴酒中的"加饭酒"。半甜黄酒含糖量在 0.3~1g/L,口味醇厚、鲜甜爽口,酒体协调,无异味,绍兴"善酿酒"属此类。甜黄酒含糖量在 1~2g/L,口味鲜甜,醇厚,酒体协调,无异味,绍兴酒中的"香雪酒"属于此类。浓甜黄酒,含糖量大于或等于 2g/L,福建的龙岩沉缸酒属于此类。

(3)黄酒的饮用与服务。

温饮是我国黄酒的传统饮用方法。黄酒的最佳品饮温度是 38℃左右。黄酒的加热方法主要有两种:一是直接将黄酒和附料倒入瓷盆中,用小火加热;二是将黄酒和附料加入玻璃杯中,然后将玻璃杯放入热水中温烫。在加热过程中可加少量的姜片、话梅、红糖等来增强口感。

(4)黄酒配菜。

饮用黄酒时配以不同的菜,更可领略黄酒的特有风味,以绍兴酒为例,干型的元红酒宜配蔬菜类、海蜇皮等冷盘,饮时稍加温,吃鸡、鸭时最适宜;半干型的加饭酒适于配冷菜,饮时稍加温,宜配肉类、大闸蟹;半甜型的善酿酒宜配鸡鸭类;甜型的香雪酒,宜配甜菜类。

4.日本清酒

(1)概述。

日本清酒(Sake)借鉴了中国黄酒的酿造法,却有别于中国的黄酒。著名的品牌有:月桂冠、樱正宗、大关、白鹰、松竹梅及秀兰等。清酒色泽呈淡黄色或无色,清亮透明,具有独特的清香,口味酸度小,微苦,呈琥珀酸味,绵柔爽口,其酸、甜、苦、辣、涩味协调,清酒的酒精浓度一般为 15%~17%,和葡萄酒相似。含多种氨基酸、维生素,是营养丰富的饮料酒。

(2)清酒的饮用服务。

酒杯一般要求使用褐色或青紫色玻璃杯。饮用温度一般以 16℃左右最为适宜,低于 13℃,则酒香难以挥发和感知。另外,清酒如加温后饮用,加温一般至 40℃~50℃,使用浅平碗或小陶瓷杯盛载。清酒可作为餐后用酒,也可作为佐餐酒饮用。

(二)蒸馏酒

蒸馏酒又称为烈酒,是将含有糖分、淀粉的原料(如谷类或水果等)经发酵、蒸馏而得到的酒精度较高的酒,如白兰地、威士忌、金酒、中国白酒等。

1. 白兰地(Brandy)

白兰地是以葡萄或其他水果为原料经发酵、蒸馏而得的酒。以葡萄为原料制成的白兰地仅称为白兰地,而以其他水果为原料制成的白兰地必须标明水果名称,如苹果白兰地(Apple Brandy)、樱桃白兰地(Cherry Brandy)等。新蒸馏出来的白兰地须盛放在橡木桶内使之成熟,并应经过较长时间的陈酿(如法国政府规定至少18个月),白兰地才会变得芳郁醇厚,并产生其色泽。白兰地的储存时间越长,酒的品质越佳。白兰地的酒度为43%(v/v)。

干邑(Cognac)有"白兰地之王"的美誉,又称科涅克,产于法国南部科涅克地区的一个法定区域内。法国政府规定,只有在这个区域内生产的白兰地才可称为干邑,其他地区的产品只能称白兰地,不能称干邑。干邑白兰地通常以一些英文字母来表示其陈酿时间,如 V.O 为 10~12 年;V.S.O 为 12~20 年;V.S.O.P 为 20~30 年;F.O.V 为 30 年以上;Napoleon 为 40 年以上;X.O 为 50 年以上;X 为 70 年以上等。

干邑白兰地的名品有轩尼诗(Hennessy)、人头马(Remy Martin)、马爹利(Martell)、卡慕(Camus)等。

2. 威士忌(Whisky)

威士忌酒是用大麦、黑麦、玉米等谷物为原料,经发酵、蒸馏后放入橡木桶中陈酿而制成的。

世界上最著名的威士忌有以下四大类:

(1)苏格兰威士忌(Scotch Whisky),是世界上最好的威士忌,具有独特的风格,由于用泥炭熏焙大麦芽,产生独特香味,制成的威士忌具有独特的焦香、烟熏味。苏格兰威士忌色泽棕黄带红,清澈透明,口感清冽、醇厚、劲足、绵柔、正,与苏格兰人豪放、豁达的特质相一致。苏格兰威士忌的名品有尊尼获加(Johnnie Walker,有红牌 Red Label 和黑牌 Black Label 等多个品牌)、皇家芝华士(Chivas Regal)、白马(White Horse)、金铃(Bell's)等。

(2)爱尔兰威士忌(Irish Whiskey),是世界最古老的威士忌之一。由于用无烟煤烘烤大麦芽,因此,与苏格兰威士忌比较,没有烟熏味,其成熟度高,口味绵柔长润。爱尔兰威士忌的名品有约翰·詹姆森(John Jameson)、波厄斯(Power's)、老布什米尔(Old Bushmills)等。爱尔兰威士忌是制作爱尔兰咖啡(Irish Coffee)的基酒。

(3)美国威士忌(American Whiskey),是以玉米和其他谷物为原料,其代表是波本威士忌(Bourbon)。美国威士忌有四玫瑰(Four Roses)、杰克·丹尼斯(Jack Daniel's)、老爷爷(Old Grand Dad)、吉姆·宾(Jim Beam)、野火鸡(Wild Turkey)等

名品。

（4）加拿大威士忌（Canadian Whisky），加拿大威士忌的原料是所有谷物，主要是玉米、黑麦、大麦等，蒸馏后立即混合，政府规定陈酿不少于3年。加拿大威士忌酒色棕黄，酒香清芳，酒体丰满，以淡雅著称。加拿大威士忌的名品有加拿大俱乐部（Canadian Club）、施格兰（Seagram's）、皇冠（Crown Regal）等。

3.金酒（Gin）

金酒又称琴酒、毡酒或杜松子酒，是以玉米、麦芽等谷物为原料经发酵、蒸馏后，加入杜松子和其他一些芳香原料再次蒸馏而得的酒。金酒透明无色，杜松子味浓重，味道特别，一般作调酒的基酒。世界上以金酒为基酒的鸡尾酒有数百种之多，因此，金酒又被称作"鸡尾酒的心脏"。金酒分为荷式金酒和英式金酒。荷式金酒属浓香型，杜松子和麦芽香味突出，因此，只适于单饮，不宜作鸡尾酒的基酒。荷式金酒的名品有波厄斯（Bols）、波克马（Bokma）、哈瑟坎坡（Hosekamp）等。英式金酒又叫伦敦干金，质地较淡，略带辣味，不带原体味，以淡雅著称，广泛用作鸡尾酒的基酒。英式金酒的名品有哥顿金（Gordon's）、红狮（Booth's）、添万利（Tanqueray）等。

4.伏特加（Vodka）

伏特加是俄罗斯人和波兰人最喜爱的酒，"Vodka"一词是俄罗斯人对水的昵称。所用原料是所有含淀粉的材料，主要是谷物。伏特加无须陈酿，酒度为40%（v/v）。伏特加酒世界著名品牌有：阿布梭路特（Absolut）、巴尔提克（Baltic）、芬兰伏特加（Finlandia）、莫斯科夫斯卡亚（Moskovskaya）、斯密诺夫（Smirnoff）等。

5.朗姆酒（Rum）

朗姆酒是用甘蔗制糖的副产品——糖浑、糖蜜发酵蒸馏而成的，因而也叫甘蔗酒。朗姆酒可分为三大类：淡质朗姆、芳香朗姆、浓质朗姆。朗姆酒香味甜润圆滑，风格独特。

世界上最著名的朗姆酒是波多黎各朗姆酒和牙买加朗姆酒。波多黎各朗姆酒以酒质轻而著名，味淡而香，无色透明或呈淡黄色；牙买加朗姆酒以浓质朗姆著称，味浓而辣，呈琥珀色或黑褐色，酒体丰满醇厚。朗姆酒的名品有：摩根船长（Captain Morgan）、百家地（Bacardi）、密叶斯（Myers's）、唐·Q（Don Q）、朗立可（Ronrico）等。

6.特基拉（Tequila）

特基拉酒产于墨西哥的特基拉小镇，以龙舌兰为原料制造，因而也叫龙舌兰酒。

特基拉酒的特点是香气突出，口味浓烈，刺鼻，劲大，风格独特。特基拉酒的名品有：科尔沃（Cuervo）、索查（Sauza）、卡米诺（Camino）、奥米加（Olmeca）等。

7.中国白酒

中国白酒是以高粱、玉米、大麦、小麦等为原料,经过制曲、发酵、多次蒸馏、长期熟化而制成的烈性酒。中国白酒又叫白干、烧酒等,是我国的传统酒种,它清澈透明,质地纯净,醇香浓郁,刺激性较大。

我国的白酒有以下几种类型:

(1)清香型白酒。

清香型白酒以山西杏花村汾酒为代表,又称汾香型。具有清香芬芳、酒味醇正、甜润爽口、醇厚绵软等特点。其他的名品还有山西祁县六曲香酒、山西汾阳的特制北方烧酒、河南宝丰酒等。

(2)浓香型白酒。

浓香型白酒以四川泸州老窖特曲为代表,又称泸香型或窖香型。具有芳香浓郁、甘绵适口、回味悠长等特点。浓香型白酒的名酒品种较多,主要有四川的五粮液、剑南春、全兴大曲,江苏的洋河大曲,安徽的古井贡酒等。

(3)酱香型白酒。

酱香型白酒以贵州茅台酒为代表,又称茅香型。特点是香而不酽,低而不淡,幽雅细致,郁而不猛,回味绵长。酱香型白酒还有遵义珍酒、四川郎酒、湖南常德武陵酒、江苏泰州梅兰春等。

(4)米香型白酒。

米香型白酒以桂林三花酒为代表,也称蜜香型。入口绵甜,清冽甘爽,口味纯正带有药香。其他的还有广东五华县的长乐烧、广东石湾酒厂的玉冰烧、湖南浏阳河小曲等。

(5)混香型白酒(兼香型)。

综合上述香型特点的称为兼香,这种酒的闻香、口香和回味香各异,具一酒多香的特点。如贵州的董酒,既有大曲酒的浓郁芳香,又有小曲酒的醇和、回甘,香型独特;再如湖南长沙的白沙液兼有清香型和酱香型的特点。

(三)配制酒

配制酒是以发酵酒、蒸馏酒或食用酒精为基酒,通过浸泡或掺兑的方法,加入香草、香料、果实、药材、酒精等配制而成的酒。如利口酒(Liqueur)、中国药酒等。

配制酒的种类繁多,风格迥异,目前世界上较为流行的方法是将配制酒分三大类,即开胃酒、甜食酒、利口酒。

(1)开胃酒。

开胃酒是指餐前饮用,能增加食欲的酒。国际上通常将开胃酒分为味美思(Vermouth)、比特酒(Bitter)和茴香酒(Anise)三种类型。

味美思是加香葡萄酒的典型代表,它是用中性的白葡萄酒加入多种香料、香草制成的,其中成分最多的是苦艾草,所以味美思又叫苦艾酒。味美思分为干型和甜型两种。干味美思含糖量不超过4%,酒度18°左右,香味微妙而精纯,令人陶醉。甜味美思香味较大,葡萄味浓,较有刺激感,喝后略带甜苦之余味,并略带橘子气味。味美思著名的品牌有:马天尼和罗西(Martini & Rossi)、仙山露(Cinzano)、诺瓦丽·普拉(Noilly Prat)。

比特酒是以葡萄酒或食用酒精为酒基,加入带苦味的草卉和植物的茎、根、表皮,如柠檬皮、苦橘皮、龙胆皮等浸泡制成,最大的特点是有药味和苦味,所以又叫苦药酒。著名的品牌有:金巴利(Campari)、杜本纳(Dubonnet)、安哥斯杜拉(Angostura)等。

茴香酒是欧美国家比较流行的一种餐前开胃酒,该酒使用食用酒精或蒸馏酒为酒基,配以茴香油或大茴香子调香酿制而成。口感上茴香味道突出,味重而有刺激性,馥郁迷人,酒精度数通常在25°左右。著名的品牌有:白羊倌(Berger Blanc)、利卡尔(Ricard)、巴斯提思(Pastis)。

(2)甜食酒(Dessert Wine)。

甜食酒是西餐饮宴上吃甜食时配饮的酒。代表酒品是西班牙的雪梨酒(Sherry)和葡萄牙的波特酒(Port)。两者都属于强化葡萄酒,是在葡萄酒发酵酿造过程中掺加了白兰地或食用酒精,终止其发酵,以保留某些葡萄酒所含的天然葡萄糖分,并提高酒度。雪梨酒和波特酒也有干型和甜型,干型的雪梨酒和波特酒主要用作开胃酒,甜型的雪梨酒和波特酒用作甜食酒。

(3)利口酒(Liqueur)。

利口酒是以葡萄酒和蒸馏酒为酒基,加入各种调香物品,并加入糖蜜配制而成,用作餐后甜酒,一般在正式西餐宴会的最后一个程序饮用,是宴会的高潮。利口酒的特点是颜色鲜艳、酒气芬芳、酒味甜蜜。利口酒的名品有:君度香橙蔓(Cointreau)、金万利(Grand Marnier)、杜林标(Dramuie)、加利安奴(Galliano)、薄荷酒、咖啡甜酒、可可酒等。

(4)中国的配制酒。

我国的配制酒具有悠久的历史和优良的传统,特别是其保健功能更被历代医学家、药理学家所重视。我国配制酒的种类丰富多彩,根据加入材料的不同,可分为两大类,即露酒和药酒。露酒是以食用酒精为主料加入香料、糖料、色素等制成的具有水果风味的饮料酒。有的用果汁、果皮、鲜花为香料,也有的用合成香料配制。露酒类的名品有:竹叶青酒、五加皮酒、莲花白酒、白玉露酒、茴香甘露酒等。药酒是用白酒或食用酒精、黄酒等浸泡各种药材制成,对补益健康、防治疾病具有良好效果,可以分为药性酒和补性酒。著名的药酒有史公酒、茸参虎骨酒、雪蛤大补酒、参茸三鞭酒、田七补酒、三蛇药酒等。

二、无酒精饮料

软饮料指不含酒精的饮料。按是否含有二氧化碳可将其分为碳酸饮料和非碳酸饮料,按其物理状态可分为固体饮料和液体饮料,按原料及其特点可将其分为矿泉水、果蔬汁饮料、碳酸饮料、乳饮料、植物蛋白饮料、茶、咖啡、可可等。

(一)咖啡

咖啡是以咖啡豆为原料,经过烘焙、研磨或提炼并经水煮或冲泡而成的饮品。咖啡的营养价值较高,含有蛋白质、脂肪、咖啡因、糖分、无机盐、纤维素及多种维生素等对人体有益的成分,具有提神醒脑、振奋精神、消除疲劳、除湿利尿、帮助消化等功效,深受人们的喜爱。咖啡原产于埃塞俄比亚,巴西的咖啡产量居世界第一位,其次是越南。世界上著名的咖啡品种有蓝山、摩卡、巴西圣多斯、哥伦比亚、曼特宁、危地马拉和罗姆斯达等。在咖啡食谱中,流行的有清咖啡、牛奶咖啡、法式咖啡、土耳其咖啡、皇家咖啡、维也纳咖啡、爱尔兰咖啡、西班牙咖啡和意大利咖啡等。

(二)可可

可可是英文 Cacao 的译音,可可原产于美洲中南部安迪斯山脉热带地区,现在主要的产区是非洲和拉丁美洲,西非的加纳共和国可可的产量居世界之首。由可可种子制成的可可粉是制巧克力的必需原料。可可也可供药用,具有强心、利尿的功效。

目前市场上著名的可可饮品有:雀巢美禄、阿华田、好立克、德高、高乐高、吉百利等。

(三)茶

茶是风靡世界的三大无酒精饮料之一,我国是世界上最早将茶叶作为饮料的国家。茶叶中含有多酚类化合物、生物碱、蛋白质、氨基酸、糖类、维生素、芳香族化合物、无机矿物营养元素等几百种化学成分,长期饮用对人体有一定的保健和治疗作用,是深受人们喜爱的一种有益的饮料。

由于茶的产地和制作工艺不同,形成了名目繁多的种类。总体而言,茶可分为两大类,即基本茶类和再加工茶类。基本茶类也叫初加工茶,是茶叶鲜叶采摘后经过不同的加工方法,制成品质不同的茶类,它包括绿茶、红茶、白茶、黄茶、青茶(乌龙茶)和黑茶六大类。再加工茶类是以基本茶类为原料进一步加工,使茶叶的基本质量、性状发生变化,如茉莉花茶、紧压茶、果味茶、草药茶、茶饮料和药用保健茶等。

我国的名茶有:西湖龙井、黄山毛峰、洞庭碧螺春、六安瓜片、祁门红茶、安溪铁观音、凤凰单枞、君山银针、白毫银针、普洱茶等。

(四)乳饮料

乳饮料是指以牛奶或奶制品为主要原材料,经过消毒、杀菌等工艺处理后的一种含营养价值的饮品。市场上的牛奶饮品从名称上看有纯牛奶、纯鲜牛奶、鲜牛奶、酸奶、风味牛奶、含乳饮料等。根据配料的不同,也可分为纯牛奶和含乳饮料两大类。

(五)矿泉水

矿泉水是指含有适量矿物质成分、从地层岩石中渗出的地下水,含有丰富的矿物质,主要有钙、镁、钠、钾等无机盐类,水质好、无污染、营养丰富,因而非常受欢迎。

矿泉水从口味上分为两种,即微甜和微咸;从水中是否含有二氧化碳气体,分为含气和不含气两种。法国巴黎矿泉水是世界上最有名的天然含矿泉水之一,被称为"水中香槟"。

中国的崂山矿泉水是世界上最有名的矿泉水之一,与法国伊云矿泉水、俄罗斯北高加索矿泉水并称为世界三大矿泉水品牌。

(六)果蔬汁

各种鲜果蔬菜含有丰富的矿物质、维生素、糖类、蛋白质以及有机酸等物质。将其榨成汁形成果蔬汁。餐厅中常出售的果蔬汁有橙汁、西瓜汁、菠萝汁、西柚汁、黄瓜汁、胡萝卜汁等。

(七)碳酸饮料

碳酸饮料是指在原料中添加了糖、香料、酸味剂、无机盐及人工碳酸气等制成的饮料。碳酸饮料可分为不含香料(如苏打水)和含香料(如汤尼水、可乐、雪碧等)两大类。

【课后练习】

一、单选题

1.营养丰富,素有"液体面包"之称的是(　　)。
　A.白酒　　　　B.啤酒　　　　C.黄酒　　　　D.葡萄酒

2.酒的颜色的形成有三种,其中白葡萄酒属于(　　)。
　A.原料的颜色　　　　　　B.酿制中产生的颜色
　C.人工增色　　　　　　　D.蒸馏的颜色

3.被欧美人日常饮用,且称为佐餐酒的是(　　)。
　A.葡萄酒　　　B.啤酒　　　C.清酒　　　D.黄酒

4.酿酒学家认为,影响葡萄酒质量的因素有土壤、人、气候和(　　)。
　A.发酵度　　B.葡萄品质　　C.压榨机　　D.橡木桶

5.世界的三大无酒精饮料是茶、咖啡和(　　)。

　　A.汽水　　　　　B.可可　　　　　C.牛奶　　　　　D.果汁

二、判断题

1.温饮是我国黄酒的传统饮用方法。　　　　　　　　　　　　　(　　)
2."Vodka"一词是俄罗斯人对水的昵称。　　　　　　　　　　　(　　)
3.酱香型白酒以山西杏花村汾酒为代表。　　　　　　　　　　　(　　)
4.利口酒用作餐前甜酒,一般是正式西餐宴会的第一个程序。　　(　　)
5.哥伦比亚的咖啡产量居世界第一位。　　　　　　　　　　　　(　　)

第九章　餐饮服务基本技能

高水准的餐饮服务技能是餐饮服务质量的重要组成部分,是做好餐饮服务工作的前提。同时,高水准的服务技能也是吸引客人前来就餐的重要因素。因此,提高餐饮服务技能具有极其重要的意义。餐饮服务基本技能主要包括托盘、铺台布、餐巾折花、席位安排、摆台、斟酒、上菜与分菜、结账等。

第一节　托盘

托盘是餐厅运送各种陶瓷器皿、银器、食品、饮料的基本服务工具,正确有效地使用托盘将减少搬运次数、减轻服务员的劳动强度、提高服务质量和工作效率,充分体现出餐厅服务工作的规范化以及服务人员的文明操作。

通过本节的训练,学生可掌握餐饮服务中的轻托技能和重托技能,能够灵活地进行轻托、重托行走,并能自如地运用轻托、重托技能为客人服务。

一、托盘的种类和用途

按制作材料分,托盘可分为塑料托盘、胶木托盘、木制托盘、不锈钢托盘等;按形状分,托盘可分为圆形托盘、方形托盘、矩形托盘、椭圆形托盘等;按尺寸分,托盘可分为大托盘、中托盘、小托盘。

目前,因胶木托盘具有轻便耐用、防滑、防腐及使用方便的特点,在餐饮服务中被普遍使用。一般地,传菜和托运较重的物品时,使用长方形或圆形大托盘。摆台、酒水服务、撤换餐具和换烟灰缸常使用圆形中托盘。递送账单、收款、递送信件或高档酒品时常使用圆形小托盘。

二、托盘行走的4种步伐

(1)常步:按照正常的步速和步距迈步行走,要求步速均匀,步距适中。

(2)快步:与常步相比较而言,快步的步速要快一些,步距要大一些,但不能表现为奔跑。在托送热菜时常使用这种步伐。

(3)碎步:与常步相比较而言,碎步的步速较快,步距较小。在托送汤类菜肴时使用这种步伐。

(4)垫步：行走时前脚前进一步，后脚跟进一步。在狭窄的过道或突然遇到障碍或靠近席边需要减速时，运用这种步伐来托盘。

三、托盘方法分类

(1)轻托，又称"胸前托""腰托"，一般使用圆形托盘，用于托送少量的酒水饮料、菜肴、餐具等，所托物品的重量不超过5kg。

(2)重托，又称"肩上托"，一般使用矩形托盘，用于托载较重、较多的茶点、菜肴、酒水和盆碟，所托物品的重量一般在10kg左右。目前，在餐厅内运送重物时，常采用餐车推送。

【实训步骤】

实训项目1　轻托操作内容及标准

实训时间	实训授课1学时，共计45分钟。其中，示范讲解10分钟，学员操作30分钟，考核测试5分钟
实训器具	圆托盘若干、装满水的啤酒瓶、矿泉水瓶、白酒瓶、各式酒杯若干
实训方法	(1)示范讲解 (2)学员分成8人/组，在操作室或户外的大场地按"8"字形托盘路线进行操作练习
操作步骤	主要操作内容及标准
理盘	把所需托盘选择好，用水洗净擦干，在盘内垫上干净的茶巾或专用的盘布，把它铺平，四边与盘底相齐，使之整洁美观，防止盘内物品滑动
装盘	根据物品的形状、体积大小和派用的先后顺序进行合理装盘。一般重物在里档(靠近身体的一边)，轻物、低物在外档；后派后拿的物品放在里档，先派先拿的放在外档；有数瓶酒或茶杯同时装盘时，要注意互相靠拢，避免摇动。重量分布均匀才能做到安全稳妥和便于递送
托盘	左手托盘，左手掌心向上，五指分开，用大拇指的指端到掌根部位及其余四指的指端托住盘底，手掌自然形成凹形，掌心不得与盘底接触
行走	上身挺直，略向前倾，视线开阔，动作敏捷，精力集中，步伐稳健。持空托盘行走时应保持托盘时的基本姿势，动作自如。也可以将托盘握于手中，夹在手臂与身体的一侧
卸盘服务	到达目的地后，要把托盘平稳放到工作台上，再安全取出物品。用轻托方式给客人斟酒时，要随时调节托盘重心，勿使托盘翻倒

实训项目2 重托操作内容及标准

实训时间	实训授课1个学时,共计45分钟。其中示范讲解10分钟,学员操作30分钟,考核测试5分钟
实训器具	长方形托盘若干、装满水的大汤碗(略有损坏的,已报损物品亦可)若干
实训方法	(1)示范讲解 (2)学员分成8人/组在操作室或户外的场地托盘走"S"形路线
操作步骤	主要操作内容及标准
理盘	由于重托的盘经常与菜汤接触,易沾油腻,所以使用前要特别注意将托盘擦洗干净
装盘	重托装盘常常要重叠摆放,其叠放方法是:上边的菜盘要平均搁在下边两盘、三盘或四盘的盘沿上,叠放形状一般为"金字塔"形。如果托五盘菜需叠放时,底层可摆四盘,在四盘中间搁一盘。如果是六个大鱼盘,可叠成三层,底层摆三盘,中层搁两盘,上层搁一盘,依次类推。装盘时要注意冷热食物分开装,咖啡壶与茶壶嘴应靠盘中央,以免溅出。壶内液体不可太满,最多八分满
托盘	双手将托盘移至工作台外。用右手拿住托盘的一边,左手伸开五指托住盘底,掌握好重心后,用右手协助左手向上托起,同时左手向上弯曲臂肘,向左后方旋转,擎托于肩外上方,做到盘底不搁肩,盘前不靠嘴,盘后不靠发,右手自然摆动或扶托盘的前内角
行走	保持盘平、肩平身直、上身不歪扭,行走自如步不乱
落台	重托上台前,必须先放在落菜台上或其他空桌上,再徒手端送菜盘上台

【实训考核】

轻(重)托技能评分表

组别:_____　　姓名:_____　　操作用时:_____

考核内容	考核要点	分值	组内互评	组间互评	教师评价
理盘	选择清洁合适托盘,垫上洁净的垫布	2			
装盘	根据物品形状、体积装盘,按先后顺序合理安排装盘	2			
起托	姿势优美、方法正确	1			
托盘行走	头正肩平、脚步轻快、右手自然摆动	2			
托盘服务	面带微笑、侧身为客人服务	2			
卸盘	姿势、方法正确,托盘平稳放在工作台上	1			
总分		10			

【课后练习】

一、单选题

1.轻托所托重量为(　　)kg。
　A.5　　　　　　　B.8　　　　　　　C.10　　　　　　　D.15
2.需使用长方形或圆形大托盘的是在(　　)。
　A.运送摆台所需餐具时　　　　　B.传菜和托运较重的物品时
　C.运送客人所点的咖啡时　　　　D.收拾餐具时
3.在托送汤类菜肴时使用的步伐是(　　)。
　A.快步　　　　　　B.垫步　　　　　　C.常步　　　　　　D.碎步
4.重托又称为(　　)。
　A.胸前托　　　　　B.腰托　　　　　　C.肩上托　　　　　D.手臂托
5.重托装盘时需重叠摆放,其叠放方法是(　　)。
　A.方形　　　　　　　　　　　　　B."金字塔"形
　C."倒三角"形　　　　　　　　　D.矩形

二、判断题

1.餐厅服务中,一般使用右手进行托盘。　　　　　　　　　　　　(　　)
2.在餐厅内运送重物时,目前常采用餐车推送。　　　　　　　　　(　　)
3.在狭窄的过道或突然遇到障碍或靠近席边需要减速时,运用碎步步伐行走。
　　　　　　　　　　　　　　　　　　　　　　　　　　　　　(　　)
4.轻托也称为徒手低托。　　　　　　　　　　　　　　　　　　　(　　)
5.重托装盘时需重叠摆放,其叠放方法是"倒三角"形。　　　　　(　　)

第二节　餐巾折花

餐巾,又称口布,英文"Napkin",是客人用餐时的保洁方巾。餐巾折花以其绚丽的色彩、逼真的造型起到美化席面、烘托气氛的作用。

通过本节的训练,学生可掌握餐饮服务中餐巾折花的基本技法,并能熟练折叠出常用的20种以上的杯花、盘花和环花。

一、餐巾折花基本手法

(1)折叠。折叠是把餐巾铺好,注意餐巾的正面和反面,然后将餐巾平行取中一折二、二折四,单层或多层叠,折成正方形、矩形、三角形、菱形、梯形、锯齿形等几何图形。

(2)推折。这是大折时应用的一种手法。推折时应在干净光滑的台面上操作。折时拇指、食指紧握餐巾,折叠时向前推,用中指控制间距,不能向后拉折,一般应从中间分别向两边推折。推折分为直推和斜推。

(3)卷。这是将餐巾卷成圆筒形并制出各种花形的手法,分为平行卷(直卷)和斜角卷(螺旋卷)两种。要求卷紧,保持挺括。

(4)翻拉。这是在折叠的过程中,将餐巾折、卷后的部位翻或拉成所需花样,如将餐巾的巾角从下端翻拉至上端、前面向后翻拉等。

(5)捏。这主要是做鸟与其他动物的头时所使用的方法。要求用拇指和食指将餐巾巾角的上端拉挺做头颈,然后用食指将巾角尖端向里压下,再用中指与拇指将压下的巾角捏紧成造型。

(6)穿。这是指用工具从餐巾的夹层折缝中边穿边收,形成皱褶,使造型更加逼真、美观的一种方法。

(7)攥。这一手法的主要目的是使叠出的餐巾花半成品不易脱落走样。一般是先用左手攥住餐巾的中部或下部,再用右手操作其他部位,攥在手中的部分不能松散。

(8)掰。这一手法一般用于花(如月季花)的制作。制作时,将餐巾叠好的层次用右手按顺序一层层掰出花瓣,掰时不要用力过大,掰出的层次或褶的大小距离要均匀。

二、餐巾折花的摆设要求

(1)要突出主花,主花摆放在主人席位上。
(2)餐巾花的观赏面朝向宾客席位。
(3)注意花式及其高低、大小的搭配,将不同造型的花错落摆放。
(4)餐巾花不能遮挡台上用品,不要影响服务操作。

三、餐巾花的种类

(1)按折叠方法与摆放工具的不同,餐巾花分杯花、盘花和环花。
(2)按造型外观的不同,餐巾花分植物、动物和实物造型。
(3)按宴会参加者的不同身份,餐巾花可分为主花、从花。

四、餐巾花花型的选择

(1)根据宴会的不同类型选择主花花型:迎宾宴,主花宜用迎宾花环、友谊花篮、孔雀开屏、春鸟相思等造型;祝寿宴,主花宜用鹤鸣祝寿等造型;结婚宴,主花宜用比翼齐飞、鸳鸯戏水、心心相印、对鸟同巢等造型;升学宴,主花可用大鹏展翅等造型。宴会规模大,花型种类宜少而统一;宴会规模小,花型可每客一个造型;隆重的宴会,花形宜简单、统一。

(2)根据菜肴特色选择花型:中式筵席,上蝴蝶冷盘,可选择花卉的花形,使整个台面呈现"花丛彩蝶"的画面;上凤凰冷盘,可选配各种飞禽花形,相互配合就形成了"百鸟朝凤"的台面。

(3)根据时令季节选择花型:春季宴会酒席可选择迎春、月季等花卉花形,增添满园春色的气氛;夏季可选择荷花、玉兰花等花型,可令来宾感觉到清爽;秋季可选择菊花、秋叶等花型;冬季可选用梅花、天竹等花型。按季节选择花形,可给人以时令感。

(4)根据接待对象选择花型:在通常情况下,日本来宾喜爱樱花,法国来宾喜爱百合花,美国来宾喜爱山茶花,埃及来宾喜爱莲花,英国客人喜爱蔷薇,等等。对于有宗教信仰的宾客可摆放僧帽等花型,而对信仰伊斯兰教的来宾则忌用猪的花型,而宜用金鱼、大鹏等花型。接待青年妇女宾客宜选择孔雀、凤凰和各种花卉花型。在庄重的宴会不适合摆放小动物花型。

【实训步骤】

实训项目 餐巾折花操作内容及标准

实训时间	实训授课2学时,共计90分钟。其中示范讲解30分钟,学员操作50分钟,考核测试10分钟
实训器具	已消毒的水杯、餐盘、餐巾、口布环
实训方法	(1)示范讲解 (2)学员分成8人/组,在操作室进行操作练习
操作步骤	**主要操作内容及标准**
选择餐巾花花型	注意餐巾花的选择原则,可根据菜肴特色、时令季节、接待对象、宾主席位来选择花型
折叠餐巾花	按照餐巾折叠的技法熟练折叠,应简化折叠方法,一次成形。不允许出现用嘴叼、口咬。插花入杯时,应持杯壁的下1/3处部分操作,注意卫生
摆放餐巾花	摆放时应突出主位,观赏面朝向客人,各种造型错落摆放
餐巾的服务	一般站在客人右手边为客人打开餐巾,动作熟练,避免碰触客人

【实训考核】

餐巾折花能力评分表

组别:_____ 姓名:_____ 操作用时:_____

考核内容	考核要点	分值	组内互评	组间互评	教师评价
操作技法	折叠手法规范,技法娴熟	3			
餐巾花形	根据宴会要求选择花形,花形挺括、美观	2			
餐巾摆放	摆放正确、得当	3			
餐巾服务	服务时手法卫生	2			
	总分	10			

【课后练习】

一、单选题

1.餐巾花按造型外观可分为动物造型、实物造型和( )。
　　A.杯花造型　　B.主位造型　　C.环花造型　　D.植物造型
2.主花应摆插在( )。
　　A.主宾位置　　B.副主宾位置　　C.主人位置　　D.副主人位置
3.做鸟与其他动物的头所使用的折花手法是( )。
　　A.折叠　　　　B.卷　　　　　C.穿　　　　　D.捏
4.折叠餐巾花时,操作选择在( )。
　　A.餐盘中　　　B.客人的餐桌旁　C.托盘反面　　D.备餐台面
5.插花入杯时,操作应持( )。
　　A.杯口部分　　　　　　　　　　B.杯壁的下1/3处
　　C.杯子的中部　　　　　　　　　D.杯子的内壁

二、判断题

1.除主位、主宾之外其他宾客所使用的餐巾花不能喧宾夺主。　　　(　)
2.使用卷的折花技法时,要求卷松,保持挺括。　　　　　　　　　(　)
3.餐巾是用于擦拭桌面和餐具的保洁方巾。　　　　　　　　　　　(　)
4.宴会规模大,花型种类应少而统一。　　　　　　　　　　　　　(　)
5.接待日本宾客应选用荷花造型的餐巾花。　　　　　　　　　　　(　)

第三节　斟酒

酒水服务是餐厅服务工作中一项基本的服务技能,由于酒水的品种繁多,饮用要求的温度、盛载的杯具和服务都不尽相同,因此服务员应熟练掌握餐厅酒水服务技能,这对于提高服务质量、积极进行酒水推销是十分重要的。

通过本节的训练,使学生掌握斟酒技能的操作程序和操作要求,能够运用相关知识做好服务工作。

一、酒品的最佳饮用温度及杯具选配

白葡萄酒、葡萄汽酒、玫瑰露酒、啤酒和一些软饮料饮用温度要求低于室温。如啤酒的最佳饮用温度为8℃~10℃,白葡萄酒的最佳饮用温度为8℃~12℃,葡萄汽酒的最佳饮用温度为6℃~8℃。中国的黄酒和日本的清酒则需要提高温度饮用,才更有滋味。

不同的酒应使用不同的酒杯(见图9-1)。啤酒杯的容量大、杯壁厚,可以较好地保持冰镇效果;葡萄酒杯为郁金香形,当酒斟至杯中横截面积最大处时,酒与空气充分接触,让酒香更好地挥发;烈性酒酒杯容量小,使人感到酒的名贵与纯正。

白酒与烈性酒杯

白兰地与白兰地杯

白葡萄酒及白葡萄酒杯

红葡萄酒及红葡萄酒杯

香槟酒与郁金香香槟杯

图9-1　不同的酒应使用不同的酒杯

二、斟酒的方法

1. 桌斟

桌斟指顾客的酒杯放在餐桌上,餐厅服务员右手持瓶向杯中斟倒酒水。此种方法又分为托盘斟酒和徒手斟酒,是餐厅斟酒最常使用的一种方法。

(1)托盘斟酒。将客人选定的酒水、饮料放于托盘内,左手端托,右手根据客人的需要取送酒水并依次进行斟倒的斟酒方法。此种方法多用于客人较多,酒水品种较多的情况。

(2)徒手斟酒。左手持布巾,右手握酒瓶,将客人选定的酒水依次斟入客人的杯中,然后左手用布巾将瓶口擦拭干净的斟酒方法。此种方法多用于零点服务中客人选用酒水较单一的情况。

2.捧斟

捧斟是指斟酒服务时,餐厅服务员站立于客人右侧身后,右手握瓶,左手将酒杯捧在手中,向杯中斟满酒后绕至客人的左侧将装有酒水的酒杯放回原来的杯位。这种方法一般适用于非冰镇酒品。捧斟取送酒杯时动作要轻、稳、准,保持优雅大方,多用于酒会和酒吧服务。

三、斟酒的顺序和时机

(1)中餐斟酒顺序与时机。从主宾开始,按顺时针方向进行。如有两个服务员同时为一桌客人斟酒,则一个从主宾开始,另一个从副主宾开始,按席位绕台斟酒。当客人杯中酒液不足1/3杯时,应及时添斟,每上一道新菜后也要添斟酒水。在客人互相敬酒时,应尾随敬酒的宾客及时添斟。

(2)西餐斟酒顺序与时机。西餐宴席用酒较多,几乎每道菜都配有一种酒,讲究什么菜配什么酒,应先斟酒后上菜。斟酒时,应先斟女主宾、女宾、女主人,后斟男主宾、男宾、男主人。续酒时,可不拘次序。

【实训步骤】

实训项目　斟酒服务操作内容及标准

实训时间	实训授课2学时,共计90分钟。其中示范讲解30分钟,学员操作50分钟,考核测试10分钟
实训器具	各种酒瓶、酒杯、餐巾、冰桶、开瓶器
实训方法	(1)示范讲解 (2)学员分成8人/组,在操作室进行操作练习
操作步骤	主要操作内容及标准
斟酒准备	冰镇(冰块冰镇和冰箱冷藏冰镇)。冰镇整瓶的白葡萄酒、葡萄汽酒等,用冰桶放入冰块,同冰桶架放在餐桌一侧。啤酒和软饮料提前放入冰箱冷藏冰镇,还可将杯子冷藏或在杯中放冰块降温
	温热(水烫法)。温热时,将黄酒或清酒倒入烫酒壶,将烫酒壶放入蓄有开水的烫酒器内温热至水温60℃左右

续表

操作步骤	主要操作内容及标准
示瓶	红葡萄酒示瓶时,服务员右手持酒篮,左手托酒篮底部,保持45°倾斜,商标向上,让客人辨认
	白葡萄酒示瓶时,服务员右手持用口布包好的酒瓶,左手四个指尖轻托住酒瓶底部,商标向上,让客人辨认
	香槟酒连同冰桶和冰桶架一起放在宾客餐桌旁不影响正常服务的位置,将香槟酒从冰桶内抽出向客人展示,商标向上,让客人辨认
开瓶	葡萄酒开瓶。开瓶时尽量避免晃动瓶身,动作要准确、敏捷和果断。用开瓶刀割取下包装纸,垂直将酒钻钻进木塞,用杠杆原理将木塞拔出,再用干净的布巾擦拭瓶口,检查木塞
	香槟酒开瓶。开瓶前冰镇,并将瓶身倾斜60°,左手大拇指紧压塞顶,用右手扭开铁丝,然后握住木塞,轻轻转动往上拔,靠瓶内的压力和手拔的力量将瓶塞取出,再保持倾斜数秒,防止酒液溢出
	易拉罐饮料开启。左手托盘在客人右侧用右手开启,不可对着客人开启。开启前不可晃动易拉罐,避免液体外喷
品酒	葡萄酒品酒。红葡萄酒开启后放回酒篮,商标朝上,右手拿起酒篮,倒入客人杯中1/5的红葡萄酒,请客人品评酒质;白葡萄酒开启后用条状口布包瓶,倒入客人杯中1/5的白葡萄酒,请客人品评酒质
	香槟酒品酒。用口布将瓶口和瓶身的水迹擦掉,将酒瓶用口布包住;用右手拇指抠住瓶底,其余四指分开,托住瓶身,倒入客人杯中1/5的酒,请客人品评酒质
斟酒	姿势与位置。斟酒时站在宾客的右后侧,面向宾客,将右臂伸出进行斟倒;身微前倾,右脚伸入两椅之间;瓶口与杯沿应保持一定距离,以1~2cm为宜。每斟一杯酒,都应更换一下位置,站到下一位客人的右手边。左右开弓,探身对面,手臂横越客人的视线等,均是忌讳和不礼貌的做法
	斟酒量。中餐:白酒斟至杯中八分满,红葡萄酒为1/3~1/2,也有斟倒八分满的。斟倒啤酒时,应使酒液顺杯壁滑入杯中,八成液体,二成泡沫。 西餐:红葡萄酒为五分满,白葡萄酒为六分满;白兰地斟入杯中为一个斟倒量(将酒杯斟入酒后横放时,杯中酒液与杯口齐平);西餐烈性酒斟倒量通常与白兰地相同;斟倒香槟时,分两次进行,先斟至杯的1/3,待泡沫平息后,再续斟至杯的2/3,斟酒量为杯量的3/4;斟倒各种饮料时,无论中餐还是西餐,其斟倒标准均以八分满为宜

【实训考核】

斟酒能力评分表

组别：＿＿＿＿＿＿＿＿　　　　姓名：＿＿＿＿＿＿＿＿　　　　操作用时：＿＿＿＿＿＿＿＿

考核内容	考核要点	分值	组内互评	组间互评	教师评价
酒杯的搭配	根据酒水需要选择酒杯,注意酒杯的清洁卫生	2			
开瓶	备开瓶器,示酒瓶,开瓶动作规范、熟练	2			
斟酒方式	品酒,站位正确,持瓶规范,酒标对客人	4			
斟酒量	斟酒量准确,不滴不洒	2			
总分		10			

【课后练习】

一、单选题

1. 斟倒各种饮料时,无论中餐还是西餐,其斟倒标准是(　　)。
   A.与杯口齐平　　　B.三分满　　　C.五分满　　　D.八分满
2. 西餐斟酒时,最先服务的第一位客人是(　　)。
   A.女主人　　　B.男主人　　　C.女主宾　　　D.男主宾
3. 啤酒的最佳饮用温度为(　　)。
   A.2℃~5℃　　　B.8℃~10℃　　　C.15℃~20℃　　　D.25℃左右
4. 中餐斟酒时,最先服务的第一位客人是(　　)。
   A.主人　　　B.副主人　　　C.主宾　　　D.副主宾
5. 西餐中,红葡萄酒的斟酒量为杯子的(　　)。
   A.1/2　　　B.1/3　　　C.3/4　　　D.与杯口平齐

二、判断题

1. 饮用前需要冰镇的酒品有白葡萄酒和香槟酒。　　　　　　　　　　　　(　　)
2. 酒水示瓶的作用是告知客人酒水的价格。　　　　　　　　　　　　　　(　　)
3. 品酒服务的斟倒量为杯子的1/2。　　　　　　　　　　　　　　　　　　(　　)
4. 捧斟取送酒杯时动作要轻、稳、准,保持优雅大方,多用于酒会和酒吧服务。
   　　　　　　　　　　　　　　　　　　　　　　　　　　　　　　　　(　　)
5. 烈性酒酒杯容量小,会使人感到酒的名贵与醇正。　　　　　　　　　　(　　)

第四节　铺台布

台布也称桌布，主要起保洁、装饰和方便服务的作用。按照质地分类有纯棉台布、绒质台布、化纤台布等。按照颜色分类有白色台布、黄色台布、红色台布等。按照形状分类有正方形、长方形、圆形和异形台布。

通过本节的训练，使学生掌握台布铺设的不同方法，并能熟练运用于不同的工作场景中。

一、常见的台布规格

(1) 180cm×180cm 的台布，用于 4~6 人餐桌；

(2) 220cm×220cm 的台布，用于 8~10 人餐桌；

(3) 240cm×240cm 的台布，用于 12 人餐桌；

(4) 260cm×260cm 的台布，用于 14~16 人餐桌；

(5) 165cm×200cm 和 180cm×360cm 的台布，用于长方桌及西餐各类餐桌。

二、铺台布的方法

(1) 推拉式。多用于零点餐厅或较小的餐厅。

(2) 撒网式。多用于宽大场地或技术比赛场所。

(3) 抖铺式。多用于宽敞的餐厅或在没有客人就座的情况下进行。

【实训步骤】

实训项目　铺设台布操作内容及标准

实训时间	实训授课 1 学时，共计 45 分钟。其中，示范讲解 5 分钟，学员操作 35 分钟，考核测试 5 分钟
实训器具	台布(220cm×220cm)(165cm×200cm)、10 人位圆餐桌、6 人位西餐桌
实训方法	(1) 示范讲解 (2) 学员分成 8 人/组，在操作室进行操作练习
操作步骤	主要操作内容及标准
准备工作	准备好与餐桌配套的干净台裙与台布，拉开椅子，准备铺设台布，先铺设台裙，再铺设台布

续表

操作步骤	主要操作内容及标准
铺设方法	推拉式。双手将台布打开放在餐台上,将台布贴着餐台平行推出去,再拉回来
	撒网式。用双手将台布打开,平行打折。右脚在前,左脚在后,动作自然潇洒,斜着向前方抛撒
	抖铺式。双手将台布打开,平行打折后将台布提拿在双手中,身体呈正位站立式,利用双腕的力量,将台布向前一次性抖开并平铺于餐台上
台布定位	台布定位准确,正面朝上,十字居中,凸缝朝向正、副主人位,下垂均等,台面平整;西餐台布由里向外铺设,两张台布接缝向里,重叠处为5cm

【实训考核】

铺设台布能力综合评价表

组别：_____   姓名：_____   操作用时：_____

考核内容	考核要点	分值	组内互评	组间互评	教师评价
台裙与台布的准备	台裙与台布干净、无褶皱,与台面尺寸相符	2			
中餐铺设台布	铺设方法得当、动作潇洒,台布与台裙搭配美观	2			
西餐铺设台布	铺设方法得当、动作潇洒,两张台布重叠距离正确,四次内完成	4			
台布定位	台布定位十字居中,凸缝朝向正副主人位,下垂均等、台面平整	2			
总分		10			

【课后练习】

一、单选题

1.按照质地台布分为纯棉台布、绒质台布和(　　)台布。
　A.异形　　　　B.图案　　　　C.素色　　　　D.化纤

2.220cm×220cm 的台布,适用于餐桌的尺寸为(　　　)。
　　A.8~10 人进餐的餐桌　　　　　　B.4~6 人进餐的餐桌
　　C.20 人进餐的餐桌　　　　　　　D.西餐长形餐桌
3.用于铺设 12 人进餐的餐桌的台布尺寸为(　　　)。
　　A.180cm×180cm　　　　　　　　B.220cm×220cm
　　C.240cm×240cm　　　　　　　　D.260cm×260cm
4.撒网式铺设台布的方法,多用于(　　　)。
　　A.小型零点餐厅　　　　　　　　B.宽大餐厅或技术比赛场所
　　C.客人进餐人数较多的餐厅　　　D.酒吧
5.台布定位时,凸缝朝向(　　　)。
　　A.正副主人位　　B.正副主宾位　　C.次宾席位　　D.没有具体要求

二、判断题

1.台布铺设的方法主要有单人式和合作式两种。　　　　　　　　(　　)
2.台布铺设的整体效果要求是"十"字偏向主宾位。　　　　　　(　　)
3.抖铺式铺设台布的方法多用于宽敞的餐厅或在没有客人就座的情况下进行。
　　　　　　　　　　　　　　　　　　　　　　　　　　　　　(　　)
4.180cm×180cm 的台布适用于铺设 4~6 人餐桌。　　　　　　　(　　)
5.西餐台布由里向外铺设,两张台布接缝向里,重叠处为 5cm。　 (　　)

第五节　摆台

摆台是指餐厅服务人员根据就餐人数,将各种餐具按一定的规范铺设在台面上的工作过程。摆台可分为中餐摆台和西餐摆台。

通过本节的训练,使学生掌握中、西餐摆台的基本要求、要领;能做到在规定时间内完成中、西餐台面的摆设。

一、摆台的基本要求

(1)摆台前,操作人员要洗手消毒,检查有无破损或不洁的餐具,如有发现,应及时更换。

(2)摆台时,要求餐具图案对正、距离匀称,符合标准、整齐美观。

(3)摆放餐具既要做到清洁卫生,又要有艺术性;既要方便宾客使用,又要便于服务人员操作。

(4)折叠餐巾花要注意客人的风俗习惯,避其忌讳。

二、中、西餐摆台所需用具

(1)中餐摆台所需用具:防滑托盘、台布、桌裙或装饰布、餐巾、餐碟、味碟、汤勺、口汤碗、长柄勺、筷子、筷架、牙签、水杯、葡萄酒杯、白酒杯、桌号牌、公用餐具等。

(2)西餐摆台所需用具:防滑托盘、台布、餐巾、装饰盘、面包盘、黄油碟、主菜刀叉、鱼刀叉、开胃品刀叉、汤勺、甜品勺、甜品叉、黄油刀、水杯、红葡萄酒杯、白葡萄酒杯、花瓶、花坛或其他装饰物、烛台、盐瓶、胡椒瓶、牙签盅等。

【实训步骤】

实训项目1　中餐摆台操作内容及标准

实训时间	实训授课2学时,共计90分钟。其中示范讲解30分钟,学员操作50分钟,考核测试10分钟
实训器具	10人位中餐圆桌、餐椅、防滑托盘、台布、桌裙或装饰布、餐巾、餐碟、味碟、汤勺、口汤碗、长柄勺、筷子、筷架、牙签、水杯、葡萄酒杯、白酒杯、桌号牌、公用餐具
实训方法	(1)示范讲解 (2)学员分成8人/组,在操作室进行操作练习
操作步骤	主要操作内容与标准
铺台布与桌裙或装饰布	可采用抖铺式、推拉式或撒网式铺设;台布定位准确,"十"字居中,凸缝朝向主副主人位,下垂均等,台面平整。 桌裙长短合适,围折平整或装饰布平整,四角下垂均等(装饰布平铺在台布下面)
餐碟定位	一次性定位、碟间距离均等,餐碟标志对正,相对餐碟与餐桌中心点三点一线;距桌沿约1.5cm;拿碟手法正确(手拿餐碟边缘部分)、卫生
摆放味碟、汤碗、汤勺	汤碗摆放在餐碟左上方1cm处,味碟摆放在餐碟右上方,汤勺放置于汤碗中,勺把朝左,与餐碟平行。 汤碗与味碟之间距离的中点对准餐碟的中点
摆放筷架、筷子、长柄勺、牙签	筷架摆放在餐碟右边,筷架左侧与餐碟右边相切,与汤碗、味碟在一条直线上;长柄勺、筷子搁摆在筷架上,筷尾的右下角距桌沿1.5cm;筷套正面朝上,牙签位于长柄勺和筷子之间,牙签套正面朝上,底部与长柄勺齐平
摆放葡萄酒杯、白酒杯、水杯	葡萄酒杯在餐碟正上方(汤碗与味碟之间距离的中点线上);白酒杯摆在葡萄酒杯的右侧,水杯位于葡萄酒杯左侧,杯肚间隔1cm,三杯杯底中点与水平一直线;水杯待餐巾花折好后一起摆上桌,杯花底部应整齐、美观,落杯不超过2/3处;摆杯手法正确(手拿杯柄或中下部)、卫生

续表

操作步骤	主要操作内容与标准
摆放公用餐具	公用筷架摆放在主人和副主人餐位正上方,距水杯3cm;如折的是杯花,可先摆放杯花,再摆放公用餐具
摆放餐巾花	花形突出正、副主人位,整体协调;有头、尾的动物造型应头朝右(主人位除外);巾花观赏面向客人(主人位除外);巾花种类丰富,款式新颖,挺拔美观、花形逼真;操作手法卫生,不用口咬、下巴按、筷子穿;折叠手法正确、一次性成形。如折的是杯花,巾花折好后放于水杯中一起摆上桌;手不触及杯口及杯的上部
摆放菜单、花瓶和桌号牌	花瓶摆在台面正中;菜单摆放在主人位筷子架右侧,位置一致,菜单右尾端距离桌边1.5cm;桌号牌摆放在花瓶正前方、面对副主人位
拉椅让座	拉椅从主宾位开始,座位中心与餐碟中心对齐,餐椅之间距离均等,餐椅座面边缘距台布下垂部分1cm;让座手势正确,体现礼貌

实训项目2 西餐摆台

操作步骤	操作内容与标准
实训时间	实训授课2学时,共计90分钟。其中示范讲解30分钟,学员操作50分钟,考核测试10分钟
实训器具	6人位西餐长条桌、餐椅、防滑托盘、台布、餐巾、装饰盘、面包盘、黄油碟、主菜刀叉、鱼刀叉、开胃品刀叉、汤勺、甜品勺、甜品叉、黄油刀、水杯、红葡萄酒杯、白葡萄酒杯、花瓶、花坛或其他装饰物、烛台、盐瓶、胡椒瓶、牙签盅、酒水(水扎,红葡萄酒)
实训方法	(1)示范讲解 (2)学员分成8人/组,在操作室进行操作练习
操作步骤	操作内容与标准
铺设台布	台布四边下垂均等;两张台布接缝向里,重叠处为5cm;铺设操作最多四次整理成型
席椅定位	操作从席椅正后方进行;从主人位开始按顺时针方向摆设;席椅之间距离基本相等;相对席椅的椅背中心对准;席椅边沿与下垂台布相距1cm
摆放装饰盘	从主人位开始顺时针方向摆设;盘边距离桌边1cm;装饰盘中心与餐位中心对准;盘与盘之间距离均等;手持盘沿右侧操作
摆放刀、叉、勺	刀勺叉由内向外摆放,距桌边距离符合标准;刀勺叉之间及与其他餐具间距离符合标准
摆放面包盘、黄油刀、黄油碟	摆放顺序:面包盘、黄油刀、黄油碟。面包盘盘边距开胃品叉1cm;面包盘中心与装饰盘中心对齐;黄油刀置于面包盘右侧边沿1/3处;黄油碟摆放在黄油刀尖正上方,相距3cm;黄油碟左侧边沿与面包盘中心成直线

续表

操作步骤	操作内容与标准
摆放杯具	摆放顺序:白葡萄酒杯、红葡萄酒杯、水杯(白葡萄酒杯摆在开胃品刀的正上方,杯底中心在开胃品刀的中心线上,杯底距开胃品刀尖2cm)。三杯呈斜直线,向右与水平线成45°角。 各杯身之间相距约1cm;操作时手持杯中下部或颈部
摆放花瓶	花瓶置于餐桌中央和台布中线上
摆放烛台	烛台与花瓶相距20cm;烛台底座中心压台布中凸线;两个烛台方向一致,并与杯具所呈直线平行
摆放牙签盅	牙签盅与烛台相距10cm;牙签盅中心压在台布中凸线上
摆放椒盐瓶	椒盐瓶与牙签盅相距2cm;椒盐瓶两瓶间距1cm,左椒右盐;椒盐瓶间距中心对准台布中凸线
摆放餐巾盘花	在装饰盘上折,在盘中摆放一致,左右呈一条线;造型美观、大小一致,突出正、副主人位
倒水及斟酒	口布包瓶,酒标朝向客人,在客人右侧服务;斟倒酒水的量:水4/5杯;红葡萄酒1/2杯

【任务考核】

中餐宴会摆台(10人位)能力评分表

组别:_____　　　姓名:_____　　　操作用时:_____

考核内容	考核要点	分值	组内互评	组间互评	教师评价
台布及装饰布 (7分)	可采用抖铺式、推拉式或撒网式铺设装饰布、台布,要求一次完成,两次扣0.5分,三次及以上不得分	2			
	拉开主人位餐椅,在主人位铺装饰布、台布	1			
	装饰布平铺在台布下面,正面朝上,台面平整,下垂均等	2			
	台布正面朝上;定位准确,中心线凸缝向上,且对准正、副主人位;台面平整;"十"字居中,台布四周下垂均等	2			

续表

考核内容	考核要点	分值	组内互评	组间互评	教师评价
餐碟定位（10分）	从主人位开始一次性定位摆放餐碟，餐碟间距离均等，与相对餐碟与餐桌中心点三点一线	6			
	餐碟边距桌沿1.5cm	2			
	拿碟手法正确（手拿餐碟边缘部分）、卫生、无碰撞	2			
汤碗、味碟、汤勺（5分）	汤碗摆放在餐碟左上方1cm处；味碟摆放在餐碟右上方；汤勺放置于汤碗中，勺把朝左，与餐碟平行	3			
	汤碗与味碟之间距离的中点对准餐碟的中点，汤碗、味碟、餐碟间相距均为1cm	2			
筷架、银更、筷子、牙签（5分）	筷架摆在餐碟右边，其中点与汤碗、味碟在一条直线上	1			
	银更、筷子搁摆在筷架上，筷尾的右下角距桌沿1.5cm	2			
	筷套正面朝上	1			
	牙签位于银更和筷子之间，牙签套正面朝上，底部与银更齐平	1			
葡萄酒杯、白酒杯、水杯（8分）	葡萄酒杯在餐碟正上方（汤碗与味碟之间距离的中点线上）	2			
	白酒杯摆在葡萄酒杯的右侧，水杯位于葡萄酒杯左侧，杯肚间隔1cm，三杯杯底中点与水平呈一直线。水杯待餐巾花折好后一起摆上桌，杯花底部应整齐、美观，落杯不超过2/3处	4			
	摆杯手法正确（手拿杯柄或中下部）、卫生	2			

续表

考核内容	考核要点	分值	组内互评	组间互评	教师评价
公用餐具 （2分）	公用筷架摆放在主人和副主人餐位正上方，距水杯3cm。如折的是杯花，可先摆放杯花，再摆放公用餐具	1			
	先勺后筷顺序将公勺、公筷搁摆于公用筷架之上，勺柄、筷子尾端朝右	1			
餐巾折花 （16分）	花型突出正、副主人位，整体协调	1			
	有头、尾的动物造型应头朝右（主人位除外）	1			
	巾花观赏面向客人（主人位除外）	1			
	巾花种类丰富、款式新颖	4			
	巾花挺拔、造型美观、花型逼真	3			
	操作手法卫生，不可用口咬、下巴按、筷子穿	1			
	折叠手法正确、一次性成形。如折的是杯花，巾花折好后放于水杯中一起摆上桌	4			
	手不触及杯口及杯的上部	1			
菜单、花瓶和桌号牌 （3分）	花瓶摆在台面正中	1			
	菜单摆放在正副主人的筷子架右侧，位置一致，菜单右尾端距离桌边1.5cm	1			
	桌号牌摆放在花瓶正前方、面对副主人位	1			
拉椅、让座 （4分）	拉椅：从主宾位开始，座位中心与餐碟中心对齐，餐椅之间距离均等，餐椅座面边缘距台布下垂部分1cm	2			
	让座：手势正确，体现礼貌	2			
托盘（2分）	用左手胸前托法将托盘托起，托盘位置高于左手腰部，姿势正确	1			
	托送自如、灵活	1			

续表

考核内容	考核要点	分值	组内互评	组间互评	教师评价
综合印象 （8分）	台面摆台整体美观、便于使用、具有艺术美感	3			
	操作过程中动作规范、娴熟、敏捷、声轻、姿态优美，能体现岗位气质	5			
合计		70			
操作时间：　　分　　秒		超时：　　秒		扣分：　　分	
物品落地、物品碰倒、物品遗漏　　件				扣分：　　分	
实际得分					

西餐宴会摆台（6人位）能力评分表

组别：＿＿＿＿＿　　　　姓名：＿＿＿＿＿　　　　操作用时：＿＿＿＿＿

考核内容	考核要点	分值	组内互评	组间互评	教师评价
台布 （5分）	台布中凸线向上，两块台布中凸线对齐	1			
	两块台布面重叠5cm	1			
	主人位方向台布交叠在副主人位方向台布上	1			
	台布四边下垂均等	1			
	铺设操作最多四次整理成型	1			
席椅定位 （3.6分）	摆设操作从席椅正后方进行	0.6(每把0.1)			
	从主人位开始按顺时针方向摆设	0.6(每把0.1)			
	席椅之间距离基本相等	0.6(每把0.1)			
	相对席椅的椅背中心对准	0.6(每把0.1)			
	席椅边沿与下垂台布相距1cm	1.2(每把0.2)			

续表

考核内容	考核要点	分值	组内互评	组间互评	教师评价
装饰盘 (7.5分)	从主人位开始顺时针方向摆设	1.5(每个0.25)			
	盘边距离桌边1cm	1.5(每个0.25)			
	装饰盘中心与餐位中心对准	1.5(每个0.25)			
	盘与盘之间距离均等	1.5(每个0.25)			
	手持盘沿右侧操作	1.5(每个0.25)			
刀、叉、勺 (10.8分)	刀、勺、叉由内向外摆放,距桌边距离符合标准(标准见最后"备注")	5.4(每件0.1)			
	刀、勺、叉之间及与其他餐具间距离符合标准(标准见表下"备注")	5.4(每件0.1)			
面包盘、 黄油刀、 黄油碟 (4.8分)	摆放顺序:面包盘、黄油刀、黄油碟	1.8(每件0.1)			
	面包盘盘边距开胃品叉1cm	0.6(每件0.1)			
	面包盘中心与装饰盘中心对齐	0.6(每件0.1)			
	黄油刀置于面包盘右侧边沿1/3处	0.6(每件0.1)			
	黄油碟摆放在黄油刀尖正上方,相距3cm	0.6(每件0.1)			
	黄油碟左侧边沿与面包盘中心成直线	0.6(每件0.1)			
杯具 (10.8分)	摆放顺序:白葡萄酒杯、红葡萄酒杯、水杯(白葡萄酒杯摆在开胃品刀的正上方,杯底中心在开胃品刀的中心线上,杯底距开胃品刀尖2cm)	1.8(每个0.1)			
	三杯成斜直线,向右与水平线成45°角	6(每组1分)			
	各杯身之间相距约1cm	1.2(每个0.1)			
	操作时手持杯中下部或颈部	1.8(每个0.1)			
花瓶 (2分)	花瓶置于餐桌中央和台布中线上	1			
	花瓶的高度不超过30cm	1			

续表

考核内容	考核要点	分值	组内互评	组间互评	教师评价
烛台 （2分）	烛台与花瓶相距20cm	1（每座0.5）			
	烛台底座中心压台布中凸线	0.5（每座0.25）			
	两个烛台方向一致，并与杯具呈直线平行	0.5（每座0.25）			
牙签盅 （1.5分）	牙签盅与烛台相距10cm	1（每个0.5）			
	牙签盅中心压在台布中凸线上	0.5（每个0.25）			
椒盐瓶 （3分）	椒盐瓶与牙签盅相距2cm	1（每组0.5）			
	椒盐瓶两瓶间距1cm，左椒右盐	1（每组0.5）			
	椒盐瓶间距中心对准台布中凸线	1（每组0.5）			
餐巾盘花 （4分）	在装饰盘上折，在盘中摆放一致，左右成一条线	2			
	造型美观、大小一致，突出正副主人位	2			
倒水及斟酒 （12分）	为三位客人斟倒酒水（其中餐台长边2人，短边1人）				
	口布包瓶，酒标朝向客人，在客人右侧服务	2			
	倒水及斟酒的顺序为：水、白葡萄酒、红葡萄酒	1			
	斟倒酒水的量：水4/5杯；白葡萄酒2/3杯；红葡萄酒1/2杯	9			
	斟倒酒水时每滴一滴扣1分，每溢一摊扣3分				
托盘使用 （3分）	餐件和餐具分类按序摆放，符合科学操作	2			
	杯具在托盘中杯口朝上	1			

续表

考核内容	考核要点	分值	组内互评	组间互评	教师评价
综合印象（10分）	整体美观、具有强烈艺术美感	2			
	布件颜色协调、美观	3			
	操作过程中动作规范、娴熟、敏捷、声轻，保持姿态优美，能体现岗位气质	5			
合计		80			
操作时间： 分 秒		超时： 秒		扣分： 分	
物品落地、物品碰倒、物品遗漏 件				扣分： 分	
实际得分					

备注：①装饰盘；②主菜刀（肉排刀）；③鱼刀；④汤勺；⑤开胃品刀；⑥主菜叉（肉叉）；⑦鱼叉；⑧开胃品叉；⑨黄油刀；⑩面包盘；⑪黄油碟；⑫甜品叉；⑬甜品勺；⑭白葡萄酒杯；⑮红葡萄酒杯；⑯水杯。

各餐具之间的距离标准：(1)①、②、④、⑤、⑥、⑧与桌边沿距离为1cm；(2)①与②，①与⑥，⑧与⑩，①与⑫之间的距离为1cm；(3)⑨与⑪之间的距离为3cm；(4)③、⑦与桌边的距离为5cm；(5)⑥、⑦、⑧之间，②、③、④、⑤之间，⑫与⑬之间的距离为0.5cm；(6)⑭、⑮、⑯杯肚之间的距离为1cm。

【课后练习】

一、单选题

1.中餐摆台拉椅让座的位置首先在(　　)。
　A.主人位　　　　B.副主人位　　　C.主宾位　　　　D.副主宾位

2.中餐摆台时，菜单摆放在正副主人的(　　)。
　A.餐碟左侧　　　B.筷架右侧　　　C.葡萄酒杯前方　D.筷架前方

3.西餐花瓶的摆放高度不超过(　　)cm。
　A.10　　　　　　B.15　　　　　　C.20　　　　　　D.30

4.西餐摆台席椅定位的位置首先在(　　)。
　A.主人位　　　　B.副主人位　　　C.主宾位　　　　D.副主宾位

5.西餐装饰盘定位时盘边距离桌边为(　　)cm。
　A.0.5　　　　　B.1　　　　　　　C.2　　　　　　D.3

二、判断题

1. 中餐桌号牌摆放在花瓶右边、面对主人位。（　）
2. 西餐盘花摆放时,需要突出主人、副主人位。（　）
3. 西餐摆台环节中,倒水及斟酒的顺序为:水、红葡萄酒、白葡萄酒。（　）
4. 西餐装饰盘从主人位开始按顺时针方向摆设。（　）
5. 中餐摆台过程中,餐巾花有头、尾的动物造型应头朝左(主人位除外)。
（　）

第六节　上菜与分菜

上菜是服务员将冷、热菜肴按规格和一定程序奉上餐桌的一种服务方式;分菜是在宾客观赏菜肴后,由服务员用服务叉和勺将热菜分让给宾客的一种服务方式。这些服务技能可充分体现餐厅的服务水平,是餐饮服务员必备的基本技能。

通过本节的训练,使学生掌握餐饮服务中的上菜程序和分菜技能,能够规范地运用上菜与分菜服务技能为客人服务。

一、中餐上菜

(1)上菜位置。零点餐厅上菜,以不打扰宾客为宜;宴会上菜,一般选择在陪同和翻译人员之间进行,严禁从主人和主宾之间上菜。

(2)上菜时机。冷菜应尽快送上。冷菜吃到1/2时上热菜,热菜一道一道上,注意节奏;热菜一般在30分钟内上完,但以宾客的需求为准,可灵活掌握。

(3)上菜原则。先冷后热,先咸后甜,先菜后点,先浓后淡,先高档后一般。

(4)上菜顺序。冷菜→海鲜名贵菜肴→肉类、禽类→蔬菜→汤→点心→面饭→甜菜→水果。

(5)几种特殊菜肴的上菜方法:

①上拔丝菜,应搁在热汤碗上端送上席,可防止糖汁凝固,保持拔丝菜的风味。

②上易变形的炸、爆、炒菜肴,应快速上桌。

③上原盅炖品菜,要当着客人的面撕去封盖纸,以便保持炖品的原味。

④上泥包、荷叶包的菜,要先上台让客人观赏后,再拿到操作台上当着客人的面打破或启封,以保持菜肴的香味和特色。

⑤上烤鸭前,需先上佐料(大葱、甜面酱、面饼、青瓜等),然后上烤鸭皮和鸭肉各一盘,以便宾客将鸭片和葱酱夹在面饼中一起食用。

⑥上清蒸大闸蟹,必须上姜醋并略加绵白糖,以利祛寒去腥,同时上蟹钳。吃完大闸蟹后要为每位宾客上一杯糖姜茶暖胃;另外,备洗手盅和小毛巾,供宾客餐后洗手。

⑦上铁板类菜肴,服务时要注意安全。铁板烧的温度要适宜,响油尽量在服务边桌上进行,并提醒宾客铁板很烫小心烫伤。

二、中餐分菜

(1)分菜顺序。先宾后主,按顺时针方向依次分让。

(2)分菜的方法:

①餐位分菜法,是用左手托菜盘(菜盘下垫口布),右手拿分菜叉、勺,从主宾左侧开始,按顺时针方向绕台进行。

②转台分菜法,是操作时,服务员先将干净餐具有序地摆放在转台上,菜上桌后介绍菜名,服务员左手执长柄汤勺,右手执公筷将菜肴均匀地分到各个餐碟中,然后从主宾右侧开始,按顺时针方向绕台进行;撤前一道菜的餐碟后,从转盘上取菜端送给客人。

③旁桌分菜法,是先将菜肴送上桌面,向客人介绍后,放到落台上进行分派,按程序把小盘和碟碗中派好的菜从右侧递给客人食用。

④各客分菜法,是厨房工作人员根据宾客人数在厨房将汤、羹、冷菜或热菜等分成一人一份,服务员从主宾开始,按顺时针方向从宾客右侧送上。适用于汤类、羹类、炖品或高档宴会分菜。

(3)分菜注意事项:

①手法卫生。用分菜叉勺或公用筷子分派菜肴;手拿餐碟的边缘,避免污染餐碟。

②动作利索。分菜时,一叉一勺要干净利索、动作迅速,切不可在分完最后一位时,菜已冰凉。

③分量均匀。分菜时,服务人员要根据宾客人数将菜大致等分给每位宾客。

④跟上佐料。需要佐料的菜肴,分菜时要跟上佐料,并略加说明。

(4)几种特殊菜肴的分菜方法:

①鱼。首先要剔除鱼骨。其方法是用公勺压住鱼头,用公筷从头至尾把鱼肉拨在鱼盘一边,然后切断头尾,剔除中间鱼骨。剔骨时注意不要把鱼肉戳碎,要尽量保持鱼的原形。待鱼汁浸透鱼肉后,再用餐刀将鱼肉切成若干块,按宾主的先后次序分派。

②鸭。先用公筷压住鸭身,用公用餐具将腿肉和鸭脯切扒成若干均匀的鸭块,再按宾主次序分派。鸭头、翅、尾不分,留在碟上,随客人自行食用。

③肘子。用公筷压住肘子,用公用餐具将肘子切成若干块,再按宾主次序分派。

④冬瓜盅。冬瓜盅是夏令名菜,带皮的炖品。由于瓜身高,一般要做两次分派:第一次用公勺将上段冬瓜肉和盅内配料汤汁均匀分派给客人;第二次先用餐叉叉住瓜皮,后用餐刀从上向下切,横削去皮,一般分4刀切削完。

三、西餐上菜

(1)西餐上菜原则。先冷后热,最后是冷;从鲜美到甜味,从清淡至浓重,再到清淡;从生的到熟的。

(2)西餐上菜顺序。开胃品→汤→海鲜→主菜→甜点→咖啡或茶。

四、西餐派菜

(1)西餐派菜顺序。先宾后主、先女后男的顺序进行。

(2)西餐派菜方法。西餐的上菜与派菜方法按法式、英式、美式、俄式等会有所不同。具体将在西餐服务程序中详细讲解。

【实训步骤】

实训项目 上菜、分菜操作内容及标准

实训时间	实训授课2学时,共计90分钟。其中示范讲解30分钟,学员操作50分钟,考核测试10分钟
实训器具	圆形托盘若干,装满汤或菜的汤盆、菜盘、空汤碗及餐碟若干,长柄勺、汤勺、筷子、分菜叉、分菜勺若干,计时秒表1只
实训方法	(1)示范讲解 (2)学员分成8人/组,在操作室进行操作练习
操作步骤	操作内容与标准
上菜准备	中餐上菜位置选择在陪同右边,零点则灵活掌握,以不打扰客人为宜,但严禁从主人和主宾之间上菜。西餐上菜按女士优先的原则进行。按中餐、西餐上菜顺序上菜
上菜服务	报菜名:声音要洪亮,委婉动听,并伸手示意,上每道菜都要报菜名,对特色菜品要做适当介绍。展示菜肴:要求姿态优美。摆放菜盘:要求摆放对称美观,间距适当
分菜准备	确定分菜的方法:餐位分菜法、转台分菜法、旁桌分菜法、各客分菜法;使用分菜工具:叉、勺、筷子
分菜服务	分菜时注意手法卫生、动作利索、分量均匀、跟上佐料

【实训考核】

上菜、分菜技能评分表

组别：＿＿＿＿＿＿＿ 姓名：＿＿＿＿＿＿＿ 操作用时：＿＿＿＿＿＿＿

考核内容	考核要点	分值	组内互评	组间互评	教师评价
仪容仪表	注意服务用语和面部表情	2			
上菜位置与顺序	中餐上菜位置、西餐上菜位置	2			
分菜方式	准备用具，正确站位，分菜手法，分菜分量	4			
服务卫生	菜盘周围整洁，台面卫生整洁	2			
总分		10			

【课后练习】

一、单选题

1. 中餐上菜顺序为（　　）。
   A. 海鲜名贵菜肴→冷菜→肉类、禽类→蔬菜→汤→点心→面饭→甜菜→水果
   B. 冷菜→海鲜名贵菜肴→肉类、禽类→蔬菜→汤→点心→面饭→甜菜→水果
   C. 水果→海鲜名贵菜肴→肉类、禽类→蔬菜→汤→点心→面饭→甜菜→冷菜
   D. 肉类、禽类→海鲜名贵菜肴→冷菜→蔬菜→汤→点心→面饭→甜菜→水果

2. 西餐分菜的顺序，首先是（　　）。
   A. 男主宾　　　　B. 男主人　　　　C. 女主人　　　　D. 女主宾

3. 中餐分菜的方法有餐位分菜法、转台分菜法和（　　）。
   A. 旁桌分菜法　　B. 自助分菜法　　C. 零点分菜法　　D. 厨师分菜法

4. 西餐上菜顺序为（　　）。
   A. 开胃品→汤→海鲜→主菜→甜点→咖啡或茶
   B. 海鲜→汤→开胃品→主菜→甜点→咖啡或茶
   C. 开胃品→汤→甜点→主菜→海鲜→咖啡或茶
   D. 咖啡或茶→汤→海鲜→主菜→甜点→开胃品

5.中餐宴会上菜位置选择在( )之间。
 A.主人与主宾 B.副主人与副主宾
 C.陪同和翻译人员 D.儿童

二、判断题

1.中餐上菜原则是先冷后热,先咸后甜,先菜后点,先浓后淡,先高档后一般。
 ( )
2.中、西餐分菜时都应注意手法卫生、动作利索、分量均匀、跟上佐料。( )
3.中餐上菜时,冷菜吃完才能上热菜,热菜一道一道上,注意把握节奏。
 ( )
4.西餐上菜顺序是:甜点→开胃品→汤→海鲜→主菜→咖啡或茶。 ( )
5.各客分菜法适用于汤类、羹类、炖品或高档宴会分菜。 ( )

第七节 其他服务技能

一、客前烹制的方式

客前烹制是一种渲染气氛、体现水准、促进销售的服务方式。不论在中餐服务还是在西餐服务中,许多菜肴、甜品和饮料都可以在餐厅切割、烧制、燃焰,以达到烘托气氛、吸引客人的效果,它是一种高层次的服务艺术。客前烹制菜肴种类:西餐有沙拉、甜品、主菜等;中餐有石烹菜肴、醉虾等。

1.客前燃焰

有些菜肴和甜品是先在厨房里制成半成品,再由服务员在客人面前用酒燃焰,如火焰基围虾、苏珊饼、火焰黄桃、火焰冰激凌等。另外,有些饮品也可在客人面前燃焰、勾兑,如爱尔兰咖啡、皇室咖啡、魔鬼咖啡等。

2.餐厅切割

有些整形菜肴在客人面前展示后可在旁桌、服务柜台或服务车上切割分派,如中餐的北京烤鸭、扒鸭,西餐的惠灵顿牛柳、烤羊、烤火鸡、奶酪、甜品等。

二、菜单展示

(1)迎宾员或值台服务员在开餐前应认真检查菜单,保证菜单的干净、整洁、无破损。

(2)服务员要向客人介绍今日厨师长的特别推荐菜肴,并介绍该菜肴的特点。

(3)点菜完毕后,将菜单收回迎宾台。

三、香烟服务

1.点香烟

点烟时应注意服务姿态,一般多用火柴为宾客点烟,也有用打火机为宾客点烟的。

使用火柴为宾客点烟时,服务员左手持火柴盒,右手持火柴梗,用食指与拇指捏住火柴梗尾端,用中指推动火柴梗中部,由外向里将火柴在盒侧磷面上划着。除食指、拇指以外的其余三个指头稍向内呈弧形,避免划燃的火苗被风吹灭或火柴梗断裂、火星溅出等意外发生。在划火柴的过程中,服务员应侧身避开,待火柴完全燃烧后再送至宾客面前。点着香烟后,摇熄或吹熄火柴,将其装入火柴盒。

如果使用打火机点烟,应用右手握打火机身,用拇指按住打火机开关,在宾客侧面将火打着后再从下往上移送过去。无论用何种方式为宾客点烟,一般划一次火柴点一支烟,最多点两支。如果还有第三位宾客需要点烟,则应重新划火或打火为其点着。

点烟时,站立位置不宜过近,点火位置不宜过高,点着烟后即应熄火,要防止火苗烧伤宾客。

2.点雪茄烟

值台员待宾客选中某种牌号的雪茄后,先去掉雪茄烟上的包装玻璃纸,用雪茄钳将雪茄头的表层去除,点烟时服务员左手拿雪茄中部,右手持划着了的长梗火柴,将雪茄烟头置于火上缓慢转动,边点边转,让其充分燃烧,待"点烟见红"后,左手持烟晃动旋转数次,等火苗熄灭后递给宾客。有些高级的雪茄烟点三次才能真正点着。

点雪茄烟时,必须注意两点:一是持烟的手不能触及吸烟处,二是点烟工具不能用打火机。

四、撤换烟灰缸

(1)撤换烟灰缸时,服务员应用托盘。

(2)服务员在席间服务时要勤换烟灰缸(当烟灰缸中有两个以上的烟蒂时必须更换)。

(3)撤换烟灰缸时应注意尽量不打扰客人。

五、撤换餐具

1. 中餐台面撤换餐具方法

较高级的宴会上每道菜都要更换餐盘。中餐零点撤换骨盘的情况有：带壳、带骨的菜肴，如油爆虾、螃蟹等菜肴后需更换干净餐盘；带糖醋、浓味汁的菜肴，如咖喱鸡、糖醋鲤鱼等，要更换餐盘；汤碗用一次换一次；弄脏的餐具应立即更换；上名贵菜前要更换餐具。

2. 西餐台面撤换餐具方法

西餐每吃一道菜即要换一副刀叉，刀叉排列从外到里。每吃完一道菜就要撤去一副刀叉。待到客人食用甜点时，值台员即可将胡椒盅、盐盅、调味架一起收拾撤下。

六、更换台布

当餐厅就餐宾客较多时，需要进行"翻台"，饭店咖啡厅、西餐厅中多用小餐桌，也需要不断地更换台布。

在餐厅更换台布时，动作要迅速，尽量不要让宾客看见光台面。

【实训步骤】

实训项目1　凯撒沙拉客前烹制技能操作内容及标准

实训时间	实训授课2学时，共计90分钟。其中示范讲解30分钟，学员操作50分钟，考核测试10分钟
实训器具	圆形托盘、沙拉大木盆、木勺、木叉、口布、小沙拉木碗(冷冻过的)
实训方法	(1)示范讲解 (2)学员分成8人/组，在操作室进行操作练习
操作步骤	**操作内容与标准**
准备原料	洗净晾干的莴苣叶或生菜、炸面包粒、芥末、蒜蓉、鲜柠檬、橄榄油、红酒醋、凤尾鱼柳、鲜鸡蛋、奶酪粉、辣酱油、炸腌肉末、胡椒粉、盐粉
烹制沙拉	将凤尾鱼柳在木盆内捣成糊状，放入橄榄油、芥末搅匀；放入蒜蓉、辣酱油、红酒醋、蛋黄搅拌均匀；放入生菜或莴苣叶搅拌均匀；撒入奶酪粉、盐粉、胡椒粉、炸面包粒、炸腌肉末搅拌均匀
装盘上桌	用木勺、木叉将拌好的沙拉盛入沙拉小木碗内，再在上面撒少许炸面包粒和炸腌肉末，并送上桌

实训项目 2　菜单展示、撤换餐具(烟灰缸)、更换台布服务技能操作内容及标准

实训时间	实训授课 2 学时,共计 90 分钟。其中示范讲解 30 分钟,学员操作 50 分钟,考核测试 10 分钟
实训器具	圆形托盘、中、西餐台面和餐具、烟灰缸、菜单、台布等
实训方法	(1)示范讲解 (2)学员分成 8 人/组,在操作室进行操作练习
菜单展示	准备相应数量的菜单。客人落座后,服务员把菜单打开到第一页,双手拿菜单从客人的右侧递上。在西餐厅,要做到客人人手一份菜单,服务员按女士优先、先宾后主的原则依次将菜单送到客人的手中,同时礼貌地向客人说:"先生/女士,这是菜单请点菜。"在中餐厅,服务呈递菜单时不需人手一份,一般递给主人即可。 介绍特别推荐菜肴,并介绍该菜肴的特点。将菜单收回迎宾台
撤换烟灰缸服务	撤换烟灰缸时,服务员应用托盘托上干净的烟灰缸,用右手将干净的烟灰缸倒扣在用过的烟灰缸上。将两只烟灰缸一起放进托盘里,然后把干净的烟灰缸再摆回到餐桌上,避免烟灰到处乱飞
撤换餐具服务	中餐在宾客的右边进行,服务员左手托盘、右手先撤下用过的骨盘,然后送上干净的骨盘。撤盘应从主宾开始,按顺时针方向进行。 西餐撤盘前,注意观察宾客的刀叉摆法。如果刀叉平行放在盘上,即表示不再吃了,可以撤盘;如果刀叉搭放在餐盘两侧,说明宾客还将继续食用,不可贸然撤去。如宾客将汤勺底部朝天,或将匙把正对自己心窝处,则应弄清情况再做处理。宾客若将汤匙搁在汤盘或垫盘边上,通常表示还未吃完,此时不能撤盘。西餐撤盘时,左手托盘,右手操作。先从宾客右侧撤下刀勺,然后从其左侧撤下餐叉,分开放入托盘,然后撤餐盘,撤盘按顺时针方向依次进行
更换台布	先将餐桌上各种用具如盐瓶、胡椒瓶、花瓶等移到餐桌边上,张开双臂与餐桌宽度相等,以拇指和食指捏起脏台布最靠自己的一边,拉起并折上。 将干净台布铺盖在露出的桌面上,两边和中心折缝与对面的桌边对齐;抓住台布上层的边,拉开覆盖到餐桌的前缘;再次折脏台布。 将脏台布叠向餐桌的后部,用拇指和食指拎住剩下的带线缝的台面边缘,手腕轻轻抖动,拉直台布的边,最后撤掉脏台布;将更换的干净台布整理好,摆好餐桌上的各种用具如胡椒瓶、盐瓶、花瓶等

【实训考核】

其他服务技能评分表

组别：_____　　　　姓名：_____　　　　操作用时：_____

考核内容	考核要点	分值	组内互评	组间互评	教师评价
菜单展示	服务用语，注重推荐	2			
撤换烟灰缸	服务规范	2			
撤换餐具	中餐撤换餐具，西餐撤换餐具	4			
更换台布	动作迅速、标准；台面卫生、整洁	2			
总分		10			

【课后练习】

一、单选题

1. 不适合做客前烹制的菜肴是（　　）。
　A.黑椒牛柳　　　　B.苏珊煎饼　　　　C.红烧鲈鱼　　　　D.凯撒沙拉
2. 中餐撤盘应按顺时针方向，从（　　）进行。
　A.主宾　　　　　　B.主人　　　　　　C.副主人　　　　　D.陪同
3. 点烟服务中，一般划一次火柴最多点（　　）。
　A.一支　　　　　　B.两支　　　　　　C.三支　　　　　　D.四支
4. 零点餐中，（　　）暂时不需要更换骨盘。
　A.带壳、带骨的菜肴，如油爆虾、螃蟹等菜　　B.带糖醋、浓味汁的菜肴
　C.上名贵菜前　　　　　　　　　　　　　　　D.骨盘内较干净
5. （　　）不属于客前烹制服务方式的特点。
　A.渲染气氛　　　　B.促进销售　　　　C.节约成本　　　　D.体现水准

二、判断题

1. 在西餐厅，服务呈递菜单时不需人手一份，一般递给主人即可。　　　（　　）
2. 点雪茄烟时，点烟工具不用打火机。　　　　　　　　　　　　　　　（　　）
3. 西餐撤盘时，如果刀叉平行放在盘上，即表示不再吃了，可以撤盘。　（　　）
4. 在餐厅更换台布时，动作要迅速，尽量不要让宾客看见光台面。　　　（　　）
5. 服务员在席间服务时，当烟灰缸中有四个以上的烟蒂时，要换烟灰缸。
　　　　　　　　　　　　　　　　　　　　　　　　　　　　　　　　　（　　）

English for Hospitality

Section 10　The Front Desk Service

Part 1　Front Desk Reservation 客房预订服务

1.Lead-in

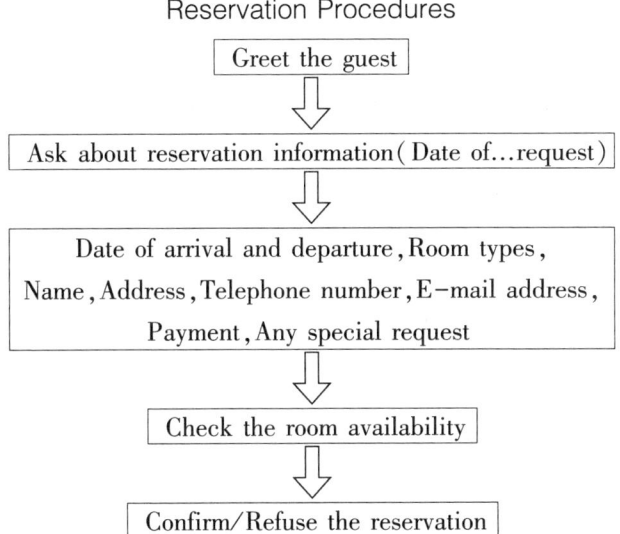

2.Useful Expressions

(1)What kind of room would you like/prefer? 您想要什么样的房间呢?

(2)Would you like a single room or a double room? 您想预订单人间还是双人间呢?

(3)For which date? /When for? 请问您要预订什么时间的?

(4)How long will you be staying? / For how many nights? 您要住多久/几个晚上?

(5)Are you with a company? 是团队吗?

(6)How many people are there in your party? 你们共有多少人?

(7)Just a moment,please.I'll check if there's a room available.请稍等,我查一下是否有空房。

(8)How will you be paying the bill? 您将怎样付款?

3.Dialogue

(A:Reservationist;B:Operator;C:Guest)

B:Good morning,Sunshine Hotel.What can I do for you?

C:I want to reserve a room.

B:A moment,please.I'll put you through.

A:Room Reservation.What can I do for you?

C:I'd like to book a room.

A:For which date,please?

C:From Sep.10.

A:How long will you be staying?

C:Five nights.

A:What kind of room would you prefer,sir? A single room,a double room or a twin room?

C:A twin room,please.

A:Yes.May I have your name and telephone number,please?

C:David Brown.My cell phone number is 13520131×××.

A:Mr.David Brown,cell phone number is 13520131×××.What time do you expect to arrive?

C:About 6 p.m.

A:For an unguaranteed reservation,we can only hold the room for you by 6 p.m. Because it is the peak season now. Would you like to make a guaranteed reservation by credit card?

C:No.I'll be there before 6 p.m.

A:Thank you very much for your calling. We look forward to seeing you on September 10.

C:Thank you.Goodbye.

A:Goodbye.

4.Role Play

Situation:Imagine that you will go on business to New York next Monday and you need to send an E-mail to book a single room in advance in the hotel.Please write the E-mail and your partner as a hotel reservationist will reply to you.

5.Exercise

Translate the following Chinese into English:

Section 10　The Front Desk Service

（1）您好,这里是喜来登酒店。有什么可以为您效劳的吗？
（2）我想预订一间豪华双人间,日期为 10 月 11 日至 14 日。
（3）请问标准间的房价是每晚多少钱？
（4）请问房间内可以上网吗？
（5）感谢您的预订,我们非常期待您的光临。

Part 2　Reception and Check-in 登记入住服务

1.Lead-in

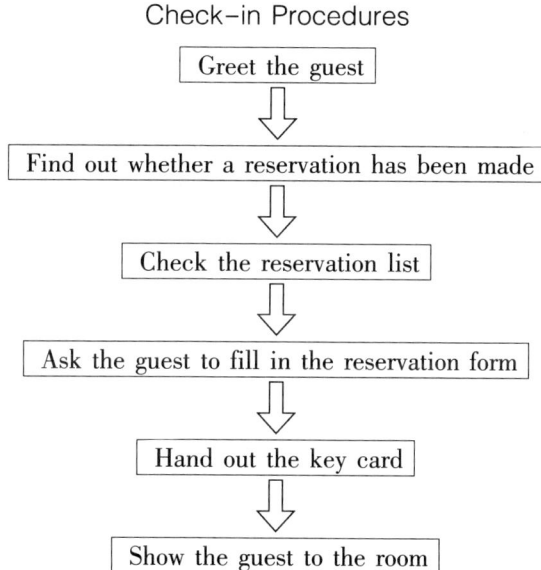

2.Useful Expressions

（1）Welcome to our hotel. 欢迎来到我们酒店。
（2）Do you have a reservation with us? / Have you made a reservation, sir? 先生,请问您预订过吗？
（3）Just a moment, please. I'll check the arrival list. 请稍等,我要查一下到客单。
（4）I'm sorry to have kept you waiting. 对不起,让您久等了。
（5）Yes, we do have a reservation for you. 是的,我们这儿是有您预订的房间。
（6）Sorry, there is no reservation in your name. 抱歉,没有以您的名字做的预订记录。
（7）Would you pay 1000 yuan deposit? 请预付 1000 元押金好吗？

197

(8) Here is your room key and breakfast voucher.这是您的房间钥匙和早餐券。

(9) You're welcome.Have a nice evening.不用谢。祝您晚安。

(10) I hope you will enjoy your stay with us.希望您在我们这里住得愉快。

3. Dialogue

(A:Clerk;B:Guest)

A:Good morning.Can I help you,ma'am?

B:I'd like to have a room in your hotel.

A:Have you made a reservation with us?

B:No,I prefer to make face-to-face booking now.

A:OK.What kind of room do you want?

B:I'd like to book a French-style suite.

A:Would you mind filling in the registration form?

B:I'll take care of it.(Filling out the form.) Here you are.Is it all right?

A:Yes,thanks.Would you please show me your passport? (After a while.)

A:Thank you...Here is your passport, Ms. White. May I reconfirm your departure date?

B:Yes,I should be leaving on the 9th.

A:Have a nice stay,Ms.White.

B:Thank you.

A:My pleasure.

4. Role Play

Situation:A guest comes up to the Reception Desk.He booked a single room for two nights two weeks before.He wants to check in.If you are the receptionist,please check the reservation and ask the guest to fill in the registration card.

5. Exercise

Match the job responsibilities on the right with the titles on the left.

1.room clerk   A.introducing to guests basic hotel information

2.reservationist   B.recording reservation information

3.bellboy   C.helping the guests register

4.doorman   D.taking the guests to their rooms

                E.checking hotel vacancies after receiving a reservation request

                F.greeting guests at the front door

Section 10 The Front Desk Service

Part 3　Business and Information Center 资讯服务

1.Lead-in

The services of Mail and Information Area usually include:

Handling messages and mails of the guests; Introducing facilities and services of the hotel; Showing the way to a certain place in the city; Introducing facilities of the surrounding area.

2.Useful Expressions

(1) Operator, may I help you? 总机,有什么可以帮您的吗?

(2) Good morning.Xinhua Hotel.Can I help you? 早上好。这里是新华酒店。我能帮您做什么吗?

(3) Could you please hold the line? 请稍等一下好吗?

(4) I'll connect you with the Reservations.我帮您接通预订部。

(5) You're wanted on the phone.有电话找您。

(6) Would you like a morning call? 您需要叫早服务吗?

3.Dialogue

(A:Operator;B:Guest)

A:This is the operator.Can I help you?

B:I'm leaving for Tokyo tomorrow morning.Will you please give me a call in the morning?

A:Certainly,sir.Your room number is 1235,right?

B:Yes,1235.

A:At what time?

B:At around 6:00 a.m.

A:We have a computer wake-up service.Please dials the date first and then the time.For 6:00 a.m.,press 5 and then 0600 for the time.There must be five digits in the final number.

B:5-0600.I see.

A:That's right,sir.Our computer will record your time and your room number.

B:Thank you.

A:You are welcome,sir.Have a good sleep.

4.Role Play

Situation:A guest calls and the operator answers the phone with a standard greeting.

The guest makes a request in English.Please make a dialogue between the guest and the operator.

5.Exersice

Complete the conversation according to the instruction.

（A：Operator；B：Guest）

A：Good morning.Mega Hotel.Operator speaking.How can I help you?

B：Yes,I want to speak to Room 223.

A：OK.＿＿＿＿1＿＿＿＿（请问入住客户叫什么名字?）

B：I'm looking for Mr.Simms,S-i-m-m-s.

A：＿＿＿＿2＿＿＿＿（好的,我马上为您转接。）

（After a moment.）

A：＿＿＿＿3＿＿＿＿（您好,我刚刚往西姆斯的房间打电话,但是无人接听。）
Would you like to leave a message?

B：＿＿＿＿4＿＿＿＿（好的,麻烦转告他,布朗先生今晚不能和他一起吃晚饭了。）That's it.

A：Yes.We will write that on paper.I'll leave it in his room.

Section 11　Restaurant Service

Part 1　Food and Beverage Reservation 餐饮预订

1. Lead-in

Details of Reservation includes Reservation list; Be fully booked; Decline a reservation; Minimum charge; Cover charge; Take out; Deuce.

2. Useful Extensions

(1) I'm afraid we are fully booked for tonight. 对不起，今晚都已经订满了。

(2) Would you like to make a reservation at another time? 您能否换个时间呢？

(3) Would you like a table in the hall or in a private room? 您想订大厅的餐桌还是包间的餐桌？

(4) A deposit of 20 dollars is required to secure your booking. 为了确保您的预订，请先交 20 美元的押金。

(5) I'm sorry, there aren't any seats for 12:00 noon, but we can give you a table at 1:00 p.m. 对不起，中午 12 点没有空位了，但下午 1 点我们可以给您安排一张桌子。

3. Dialogue

(A: Reservationist; B: Guest)

A: Good morning. Food and beverage reservations. May I help you?

B: Yes, I'd like to book a table for tomorrow.

A: Certainly, sir. How many of you are in your party, please?

B: Just two of us.

A: OK. And what time would you like your table?

B: At about 6:30 p.m.

A: No problem, sir. May I have your name and telephone number?

B: It's Tom Smith, and the number is 523-6748.

A: All right. So it's Mr. Tom Smith who reserves a table for two at 6:30 tomorrow
　　evening, and the number is 523-6768.

B: That's right.

A: Please call us if you want to cancel the reservation.

4.Role Play

Situation: Lily wants to reserve a table for five people tonight, and she wants to have dinner at 7:00. The reservationist should ask about the food type they like, the name of the caller and telephone number, and should repeat the reservation for confirmation at last.

5.Exercise

Read the following sentences, and complete the conversation.

a.I'll try. Thank you.
b.Sure. May I know your name, please?
c.Yes, sir. What time would you like your table?
d.Goodbye, and have a nice day!
e.Restaurant. May I help you?
f.I'm afraid I can't guarantee that. We have received many bookings. But I'll try my best.

A: _____1_____

B: I'd like to reserve a table for two tonight.

A: _____2_____

B: Around 7:30.

A: _____3_____

B: Michael Green. Any chance of a table by the window?

A: _____4_____

B: I understand. I would appreciate it if you can arrange that.

A: _____5_____

B: Goodbye.

A: _____6_____

Part 2　Food and Beverage Reception 餐饮接待

1.Lead-in

The job of a hostess usually includes greeting the guests, seating the guests, presenting the menu to guests, sending off the guests.

Section 11　Restaurant Service

2.Useful Extensions

(1) Do you mind changing for a larger table since you have two more people to come? 因为你们要多来两位客人,我们为您换张大桌子,您看怎么样?

(2) We don't have a vacant seat at the moment. Would you mind waiting a few minutes? 现在没有空桌。您介意等一会儿吗?

(3) I'm afraid it will be five minutes before I can seat you. 估计要再过5分钟才可以为您安排桌位。

(4) Can I have a high chair for my little daughter? 能不能为我的女儿拿一张高椅子?

3.Dialogue

(A: Hostess; B: Guest)

A: Good evening. Welcome to our hotel. What can I do for you?

B: We just walk in and would like to have dinner here. Is that possible?

A: I will try my best to arrange one for you. Where would you like to sit, madam?

B: We would like to sit in the non-smoking area.

A: All right. You can get a vacant table in the corner for three.

B: But could we move to the table further back that offers a view of the lake?

A: All right. That is also the non-smoking area. Please follow me. I will show you the
　　table. Have a seat, please.

B: That's wonderful. The view of the lake is terrific.

A: I will bring you the menu soon.

(A moment later)

A: I am sorry to keep you waiting. We are always busy on weekends. Please think it
　　over. I will come back later.

4.Role Play

Situation: A guest wants a table while it is not available. The guest insists on taking a table and tries all means, even tips the clerk. The hostess explains patiently to the guest.

5.Exercise

Complete the sentemes with the given words in their proper forms.

suppose	available	corner	choose	seat
prefer	reserve	peak	suggest	greet

(1) The mountain _____ is covered with snow all year round.

(2) Which is your _____, mutton or beef?

(3) Many people expressed their _____ for the original plan.

(4) Hostesses should always _____ guests with a smile.

(5) These seats are _____ for our special guests.

(6) Will she be _____ this afternoon?

(7) She made the _____ that we travel by plane.

(8) This hotel is even better than was _____.

(9) The parking lot is right on the _____.

(10) Please _____ yourself and I will bring the menu.

Part 3　Setting up Tables and Taking Orders
餐台布置及点餐服务

1. Lead-in

The items that are needed when the waiter sets up a table in Western food service are:

Butter plate and knife; Salad plate; Salad fork; Main plate; Main course fork; Dessert spoon; Soup spoon+Cup, saucer, and tea spoon; Glass; Napkin.

The items that are needed when the waiter sets up a table in Chinese food service are:

Spoon; Chopsticks; Tea set; Main plate; Dish; Glass; Mug; Tumbler; Napkin.

2. Useful Extensions

(1) Can I take the order now? 现在可以点菜吗?

(2) Would you like some appetizer to start with? 要不要先来点儿开胃菜?

(3) We offer special menus for different diets. 我们有特殊食谱, 可以满足不同的饮食需要。

(4) Which flavor would you prefer, sweet or chili? 您喜欢什么口味呢? 甜的还是辣的?

(5) Are you on a special diet? 您对饮食有什么特别的要求吗?

(6) Would you like your steak well done, medium, or rare? 您想要您的牛排做得老一点儿、中等程度, 还是生一点儿?

3. Dialogue

James and his wife go to the Western Restaurant to celebrate their anniversary. Carol, the waitress, helps them take orders.

Section 11 Restaurant Service

(A:James;B:Carol)

A:Please give us the menu.

B:Here you are.Please take your time.

(Five minutes later)

B:Are you ready to take orders now?

A:Yes.

B:What would you like for your appetizer?

A:Smoked Salmon.

B:What about soup?

A:I think dried mushroom soup will do.

B:What would you like for your main dish?

A:T-bone Steak.Does the steak come with a salad?

B:No,I am afraid it doesn't.But you can order one separately.

A:No,thank you.

B:Would you like something to drink?

A:Apple juice.

B:Do you like some dessert?

A:A cheese cake and a chocolate cake,please.

B:Anything else?

A:That's all.Thank you.

B:Your dishes will be ready soon.I will bring them to you immediately.

4.Role Play

Situation:A foreign guest who does not know much about Chinese food wonders what to order in the restaurant.The waiter asks about his/her preference and makes suggestion.

5.Exercise

Translate the following Chinese into English.

(1)您现在点菜吗,先生?

(2)有什么特色菜推荐吗?

(3)您要喝点儿什么呢?

(4)还要再点些别的吗?

(5)这道菜鲜嫩可口,十分好吃。

Section 12　Housekeeping Department

Part 1　Guest Room 引客进房

1.Lead-in

Types of Guest Room are Single Room; Double Room; Twin Room (Standard Room); Triple Room; Junior Suite; Business Suite; Duplex Suite; Tower Suite; Connecting Rooms; Deluxe Suite; Presidential Suite.

2.Useful Extensions

(1) Please come this way, sir. 请这边走,先生。

(2) Your room is facing the garden. It's very quiet. 您的房间正对着花园,很安静。

(3) I wish you would enjoy your room. 希望您在这个房间过得愉快。

3.Dialogue

(*A:Housekeeper;B:Guest*)

A: This is your room, Miss Lin. Here's your key card.

B: It's a lovely room.

A: Here's the light switch, wardrobe and the mini-bar. And here're the remote controls for the air-conditioner and the TV and this is the Internet access. You can surf the Internet free of charge. The Service Information Booklet gives you an idea about our services and facilities.

B: Thank you.

A: Is there anything else I can do for you before I leave?

B: No, thank you so much.

A: My pleasure.

4.Role Play

Situation: A floor attendant greets a guest on his floor and escorts the guest to his room. Then, the floor attendant introduces the facilities in the room.

Section 12　Housekeeping Department

5.Exercise

Complete the sentences with the given words in their proper forms.

| indicate | return | full | safe | correct |
| knock | activation | bring | piece | manage |

（1）David has a good knowledge of hotel _____.

（2）The flowers in the garden are in _____ bloom.

（3）Dark cloud is a(n) _____ of bad weather.

（4）My luggage arrived an hour ago _____ and sound.

（5）I'll _____ plenty of food with me on the trip.

（6）Sorry for the mistake. We will _____ it right away.

（7）The beautiful view outside the window _____ my imagination.

（8）The vase(花瓶)fell and was broken into _____.

（9）We had lunch together after _____ from abroad.

（10）Please _____ before entering.

Part 2　Room Cleaning 客房服务

1.Lead-in

Items that the housemaid usually checks during room cleaning include:
Sheet;Post cards;Pillow cases;Pens;Bath towels;Matches;Soap;Guest stationery;Washcloths;Envelopes;Bathmats;Laundry lists;Ashtrays;Guest laundry bags;Clothes hangers;Room-service menus;Glasses;"Do not disturb" cards;Toilet tissue;Telephone memo pads;Facial tissue;Shoeshine cloths.

2.Useful Extensions

（1）Housekeeping. May I come in? 房间清理。我可以进来吗?

（2）Turn-down service. May I come in? 开床服务。我可以进来吗?

（3）Can you please clean the bathroom first? I have just taken a bath. 你能不能先整理一下浴室? 我刚沐浴过。

（4）Could you vacuum the room first? It's a little bit dirty. 能不能先吸一下尘? 地面有点儿脏。

（5）Can I tidy up your desk? 我帮您整理一下书桌,好吗?

（6）Certainly,madam. We will bring it up as soon as possible. 当然可以,女士。我们会尽快给您送来。

3. Dialogue

(A:Housemaid;B:Guest)

A:Housekeeping.May I come in?

B:Yes,please.

A:Good evening,sir.May I do the turn-down service for you now?

B:Oh,thank you.But you see,I have to meet a guest here.Could you come back later?

A:Certainly,sir.What time will be convenient for you?

B:Could you come again one hour later?

A:Sure,sir.

B:Thank you.You have been very helpful.

A:You are welcome,sir.See you later.

4. Role Play

Situation:A housekeeper would like to clean the room,but the guest says he doesn't need it right now,as he's talking with his friends online.The housekeeper says she may come back later.

5. Exercise

Complete the conversation according to the instruction.

(A:Housekeeper;B:Guest)

A:Housekeeping.May I come in,please?

B:Yes,please.But what's that for?

A:_____1_____(我现在能为您做晚床吗？)

B:_____2_____(但是我们想看会儿电视。)

A:It won't take much time._____3_____(给您做完晚床,您看电视会很舒服。)

B:OK.

(After a while)

A:_____4_____(要不要我把窗帘给您拉上？)

B:Yes.It's getting dark.

A:Is there anything else I can do for you?

B:_____5_____(把卫生间打扫一下吧。)

A:No problem.

参考文献

[1]刘红专.客房服务与管理[M].桂林:广西师范大学出版社,2014.
[2]贺湘辉.饭店客房管理与服务[M].北京:清华大学出版社,2005.
[3]吴旭云.客房部的运行与管理[M].北京:中国旅游出版社,2012.
[4]黄英.饭店客房管理实务[M].北京:清华大学出版社,2008.
[5]朱承强.饭店客房管理[M].北京:旅游教育出版社,2004.
[6]范运铭.客房实务[M].重庆:重庆大学出版社,2009.
[7]本书编写组.旅游饭店星级的划分与评定释义[M].北京:中国旅游出版社,2010.
[8]姜红.餐饮服务与管理[M].大连:大连理工大学出版社,2011.
[9]陈静,谢洪勇.餐饮服务与管理[M].上海:上海交通大学出版社,2011.
[10]蔡万坤,蔡华程.餐饮管理.6版[M].北京:高等教育出版社,2023.
[11]陈乃法,吴梅.饭店前厅客房服务与管理.4版[M].北京:高等教育出版社,2022.
[12]李伟慰,谭子华,杨镇武.酒店服务赛事技能培训教程[M].北京:中国旅游出版社,2025.

参考答案

前厅部基础篇

第一章 前厅部概述
第一节 DBABC √×√×√
第二节 CACDD ×√√×√
第三节 DBBCD ×√√×√

第二章 酒店信息管理系统
第一节 DADCB √×√×√
第二节 ABCAA √×√×√

第三章 前厅部专业术语
第一节 ADBCC √××√√
第二节 BDDAC ×√×√√
第三节 BDBDC √××√√

客房部基础篇

第四章 客房部概述
第一节 DACBA √×√×√
第二节 BCAAD √√√×√×
第三节 DBACC √×√√√
第四节 ACBDB √√√√√
第五节 ACACB ×√√√√

第五章 客房的功能设计与设备用品配备
第一节 BACCC √√√×√
第二节 ACCBC √√×√×
第三节 BACBC √√×√√

第六章 清洁器具和清洁剂
第一节 CABCC √√×√×
第二节 BCACA √×√×√

餐饮部基础篇

第七章 餐饮部概述
第一节 ABCCB ×√×√×
第二节 ABCBA √×√×√
第三节 BDCDD √×√√√

第八章 菜肴与酒水知识
第一节 ADBAC √××√√
第二节 BAABB √√×××

第九章 餐饮服务基本技能
第一节 ABDCB ×√×××
第二节 DCDAB √××√×
第三节 DCBCA √××√√
第四节 DACBA ××√√√
第五节 CBDAB ×√×√×
第六节 BDAAC √√××√
第七节 CABDC ×√√√×

English for Hospitality

Section 10
Part 1
1. Hello, this is Sheraton Hotel. What can I do for you?
2. I'd like to book a deluxe double room from October 11th to 14th.
3. How much will the standard room cost for one night?
4. Is there any access to the Internet?
5. Thank you for the reservation. We are looking forward to your coming.

Part 2
1—D 2—C 3—A 4—F

Part 3

1.Can I have the name, please?

2.OK, I'll put you through right now.

3.Hello, I have just called to Simms' room, but there is no response.

4.OK, please pass the message to him that Mr.Brown can't have dinner with him tonight.

Section 11

Part 1

1—e 2—c 3—b 4—f 5—a 6—d

Part 2

(1) peak　　　(2) choice　　　(3) preference　　(4) greet　　　(5) reserved

(6) available　(7) suggestion　(8) supposed　　　(9) corner　　(10) seat

Part 3

1.Can I take the order now?

2.Do you have any recommendations?

3.Would you like something to drink?

4.Would you like anything else?

5.This dish is fresh and tender, It's terrific.

Section 12

Part 1

(1) management　(2) full　　　　(3) indication　　(4) safe　　　　(5) bring

(6) correct　　　(7) activated　(8) pieces　　　　(9) returning　(10) knock

Part 2

1.May I do the turn-down service for you now?

2.But we want to watch TV for a while.

3.It must be much comfortable after done the turn-down.

4.Shall I draw the curtains for you?

5.Clean the bathroom, please.